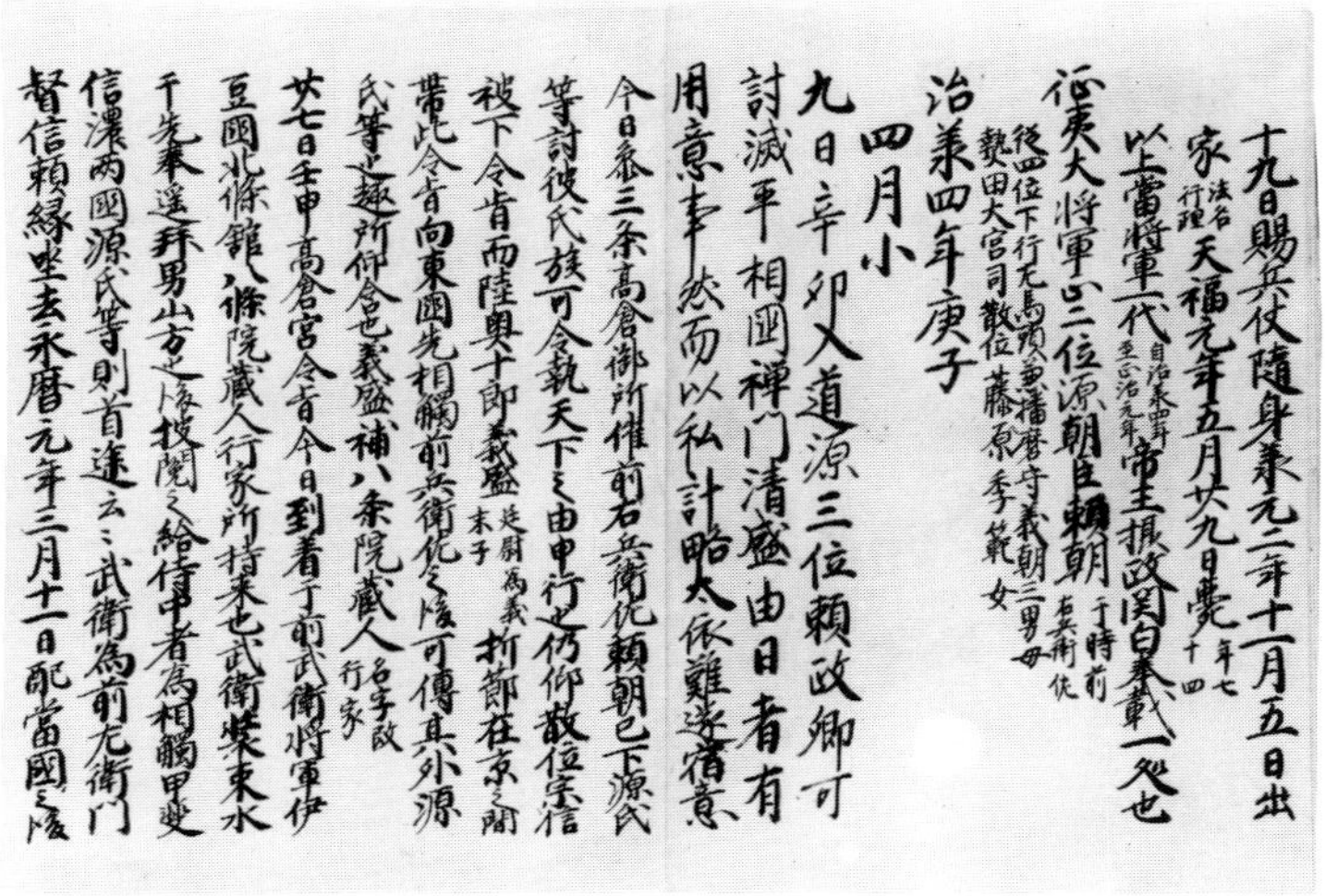

十九日賜兵仗隨身兼元二年十一月五日出
家 法名行理 天福元年五月廿九日薨 年七十四
以上當將軍一代 自治承四年至正治元年 帝王摂政関白春秋一〆也
征夷大将軍正二位源朝臣頼朝 于時前右兵衛佐
従四位下行左馬頭兼播磨守義朝三男 母熱田大宮司散位藤原季範女
治承四年庚子
四月小
九日辛卯入道源三位頼政卿可
討滅平相国禅門清盛由日者有
用意事然而以私計略太依難遂宿意
今日参三条高倉御所催前右兵衛佐頼朝以下源氏
等討彼氏族可令執天下之由申行之仍仰散位宗信
被下令旨而陸奥十郎義盛 廷尉為義末子 折節在京之間
帯此令旨向東国先相触前兵衛佐之後可伝其外源
氏等之趣所仰含也義盛補八条院蔵人 名字改行家
廿七日壬申高倉宮令旨今日到着于前武衛将軍伊
豆国北条館八条院蔵人行家所持来也武衛装束水
干先奉遥拝男山方之後披閲之侍中者為相触甲斐
信濃両国源氏等則首途云々武衛為前左衛門
督信頼縁坐去永暦元年三月十一日配当国之後

（巻一 巻首）

（巻一 表紙）

『吾 妻 鏡』吉 川 本
（吉川重喜氏所蔵）

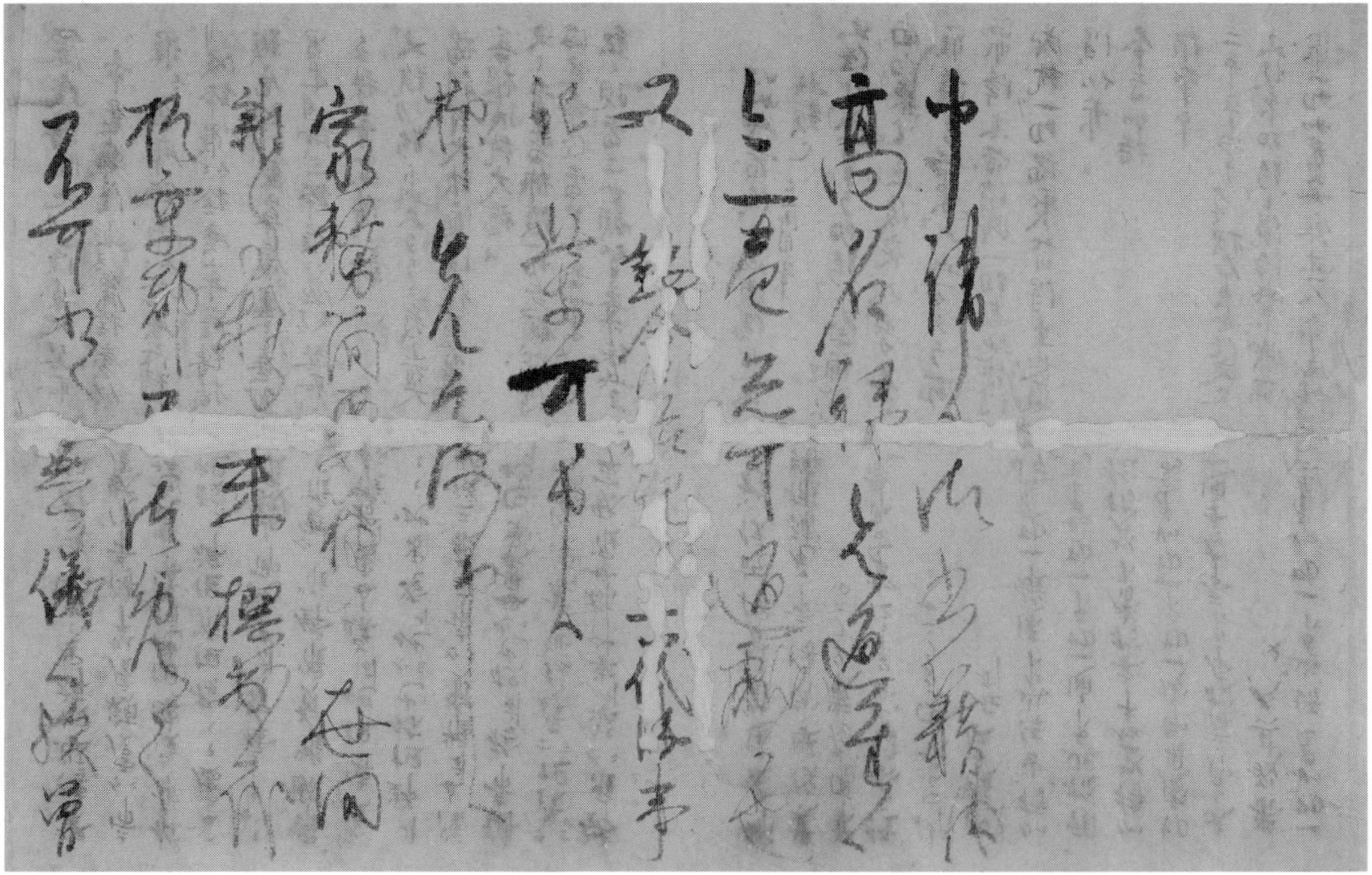

長井貞秀書状　（称名寺所蔵・神奈川県立金沢文庫保管）〔本書57ページ参照〕

五味文彦

増補 吾妻鏡の方法

事実と神話にみる中世

〈新装版〉

吉川弘文館

はしがき

本書の出発点は『平家物語』にある。『平家物語』を歴史学の素材として扱えないであろうか、と考えて、その解剖を試みたのが前著『平家物語、史と説話』(平凡社、一九八七年)であった。文学作品をどう歴史学で扱ったらよいか。試行錯誤の連続であったのだが、それをほぼ書き終えた時、今度は『吾妻鏡』を扱わなければならない、と思いたった。『平家物語』で試した方法を使って、中世政治史の重要な史料である『吾妻鏡』を考えてみよう、ということ。

さらに鎌倉時代の通史を書くなかでその試みの重要性を痛感した。『鎌倉と京』(大系日本の歴史5、小学館、一九八八年)の「あとがき」では『吾妻鏡』についてこう述べたのだった。

なにしろこの書は、戦国時代の武将や徳川家康《とくがわいえやす》に重視された歴史書であり、それに登場する頼朝《よりとも》以下の人物は、日本の政治家の諸類型をすべて満たしているといってもよい。またそこで描かれた幕府という権力は、東国の武士のもとに生まれ成長していった独自性のゆえに、日本の政治や社会の特性を理解するカギともなるように思われる。

本書はこうしてできたものである。

構成は、『吾妻鏡』が対象とした時代についての素描を序章におき、第Ⅰ部に『吾妻鏡』の性格に関する論稿、第Ⅱ部に『吾妻鏡』を主として利用した鎌倉幕府政治史に関する論稿を配した。そして、『吾妻鏡』の基礎的な問題に関する論稿を第Ⅲ部として加え、増補版とする。テキストは『新訂増補国史大系』(吉川弘文館)の『吾妻鏡』である。本書が今後の『吾妻鏡』の研究に少しでも資すればと思っている。

目 次

第Ⅱ部

第Ⅲ部

序章　『吾妻鏡』の時代

はじめに――東国事情――

『吾妻鏡《あずまかがみ》』が対象とした時代は一口で鎌倉時代といわれ、『吾妻鏡』はその時代の末期に、幕府の成立と発展を描く歴史書として編纂された。そうした時代を幕府の東国《とうごく》的性格に視点をおいて素描しようというのが、ここでの試みである。

源頼朝《よりとも》が治承四年（一一八〇）八月に挙兵した時の都の貴族の反応は、たとえば『玉葉《ぎょくよう》』の記主九条《くじょう》兼実《かねざね》が「彼の義朝の子、大略謀叛を企つる歟、あたかも将門の如し」（九月三日条）と記したごとく、平将門《まさかど》の乱をすぐに思い出すような性格のものだった。とりあえず追討使《ついとうし》派遣という段取りになるのだが、遅々として進まず、やっと駿河国までたどりついたものの、

凡そ逆党の余勢、幾万騎を知らず、東山・東海の諸国、併しながら以て与力し、官軍の勢、本より五千余騎にて追落さる、（『玉葉』十一月一日条）

という有様だった。逃げ帰った追討使にかわって、第二の手段としたのは美濃・尾張の国境をもって

防衛ラインとするものである。

関東の事、美濃国に居住の源氏等に仰せて、且つは要害を守護し、且つは追討せしむべきの由、仰せ遣すべし、　（『吉記《きっき》』十一月六日条）

この防衛ライン構想は、翌年正月には、平宗盛《むねもり》を畿内近国惣官職《きないきんごくそうかんしき》に補任《ぶにん》することにより強化され、その効果あってか美濃・尾張境の墨俣《すのまた》の戦いでは、平氏が頼朝軍をやぶる戦果を得ることになる。この後、戦線は膠着して二年を経過したのをみても、一応の成果はあったわけである。[1]

ここに東国については、二つの認識があったようである。一つは、そこに何か事があったならば手の届かない地として意識され、いざとなれば切り捨ててしまうのもやむをえない国々としての東国である。通常、「坂東《ばんどう》」「関東」と称されていた。

もう一つは、京を中心とした西国《さいごく》社会とは異なった社会として意識された国々で、墨俣はその境界にあたり、これを越えて侵入されたならば、西国社会の独自性がおびやかされると考えられていた。

この二つの東国観は、地理的・歴史的条件のなかでつくられてきたもので、地理的にみれば、前者の東国は足柄《あしがら》の「坂」を境界とし、後者の東国は墨俣川・伊勢湾の水を境界とするといえよう。また歴史的にみれば、東国社会に育った東国武士団の動きと大きく関わっていた。

たとえば保元《ほうげん》の乱で崇徳上皇《すとくじょうこう》方についた源為義《ためよし》は味方の劣勢をみて、

東国へ御幸をなし奉り、あしがら・箱根をきりふさぎ、東八箇国の相伝の家人等相催して、都へ

返入れまいらせ候はん事、案の内に候、

（『保元物語《ほうげんものがたり》』中）

と坂東八ヵ国での巻き直しを進言したという。また平治の乱で「東国」に落ちていった源義朝《よしとも》は、いったん、尾張国に逃れると、そこからさらに、

東国にくだり、兵相具してのぼらんずるぞ、

（『平治《へいじ》物語《ものがたり》』中）

と考えたのであった。東国の二重性をよく物語っていよう。

こうした東国の二重性は、頼朝にもはっきりと継承されている。富士川に平氏をむかえてこれをやぶりながら上洛を断念した頼朝は、その後は坂東に引き籠り、ここを直轄下においた。ところが坂以西については、駿河を武田信義《のぶよし》に、遠江を安田義定《よしさだ》に託したうえに、三河以西には叔父の源行家《ゆきいえ》を派遣している。東国の方からもその二重性は強く意識されていたのであった。

したがって駿河から尾張までは坂東と西国の中間地帯として両属性を帯びていた。そのことと関係があろうか。治承五年（一一八一）六月に、平氏の南都焼打で焼失した興福寺《こうふくじ》造営のため課役が諸国にあてられた時、尾張・三河や甲斐もそのなかに含まれている。だがやがて平氏の没落が決定的となるにおよんで、頼朝は墨俣までを直轄支配下にいれ、それ以東の東国の独自の支配を達成することになる。

この後、東国が幕府のもとでいかに位置づけられていったのか、という問題を考えるについて、まずはこうして幕府の成長とともに強く意識されていった東国の独自性が、ひろくどんな環境から生み出されたものなのかをみてみたい。その際、手がかりを宗教者の活動に求めることにしよう。この時

代は鎌倉新仏教という宗教運動がおきており、その背景にはきっと東国との関わりがあると考えられるからである。

一例をあげれば親鸞《しんらん》がいる。よく知られているように、親鸞は流罪の地、越後から東国の常陸に赴き長期にわたって滞在したのである。そうした宗教者の東国をめざす活動を考えながら、この時代のあり方をみてみよう。

1 世界のひろがり

『徒然草《つれづれぐさ》』第四十九段に、兼好《けんこう》は「人はただ、無常の身に迫りぬる事を心にひしとかけて、束の間も忘るまじきなり」と記し、さらに、

心戒といひける聖は、あまりにこの世のかりそめなる事を思ひて、閑かについゐけることだになく、常はうづくまりてのみぞありける、

と、心戒上人《しんかいしようにん》の行動を語っている。これは『一言芳談《いちごんほうだん》』にもみえる話であるが、何か妙に心にひかれるものがある。無常観の身体表現とでもいえようか。その徹底した消極的姿勢のなかに逆に強い自己主張が読みとれる。恐らく兼好をひきつけたのもそこにあったろう。

『一言芳談』は、念仏の教えに関わる法語を集めたもので、法然《ほうねん》をはじめ明遍《みようへん》や敬仏《きようぶつ》・明禅《みようぜん》らの

話が多く載せられている。そのなかに心戒の言がまじっているのは、心戒の位置をいささかでも物語っているであろう。

　心戒聖人四国修行の間、或は百姓の家の壁に書付けて云、念仏ならで念仏申て往生とぐべしと
　云々、

とみえるのも『一言芳談』である。心戒はたんに「うづくまりて」いたのではなかった。四国に修行に出かけ、百姓の家々に念仏を申せと勧進していたという。あの身体表現の背後には、積極的な念仏勧進の行動があったわけである。

　それだけではない。心戒に関わる説話は、『発心集《ほっしんしゅう》』にみえ、さらに『延慶本平家物語《えんぎょうぼんへいけものがたり》』にみえている。それらによれば、心戒はもと平宗盛の養子で俗名を阿波守宗親《むねちか》といった。平氏の滅亡後、出家して高野山に籠ったが、重源《ちょうげん》が渡宋した時の縁をたどって宋に渡り、そこで身命を惜しまず、雨露に身を任せて修行した末、帰朝している。「居所も定めず雲風に跡を任て更に行へも知らず」というのが帰朝後の姿であった。時には「夷が住む悪路、津軽、壺の碑など云方」に住んだとも。西は宋の国から東（北）は夷《えぞ》ヶ島にいたるまでの広範囲の修行・活動がその特徴といえよう。しかもそれはひろく念仏を勧進してのものであったようだ(2)。

　ここに思い出されるのは、「大仏の聖」重源であろう。心戒に先立って渡宋し、「入唐三度聖人《にっとうみたびのしょうにん》」といわれ、諸国を経廻《へめぐ》るとともに、東大寺の再興にあたった。齢六十を過ぎてからの勧進活動は容易

なことではなかったが、五畿七道諸国に聖《ひじり》を派遣して組織的な勧進を試みた。京の後白河院、奥州の藤原氏、関東の頼朝、そうした権力者の後援も得て東大寺の再興を果たしたのである。また自らは南無阿弥陀仏と称し、同朋の僧にも一字つけて、空阿弥陀仏・法阿弥陀仏などと名づけ、独自の念仏勧進を行なったことも忘れてはならない(3)。

心戒と重源に共通するのは、日本の隅々から宋にまで及ぶ活動である。ただ重源が組織的で上からの勧進であるのに、心戒が個人的で下からの勧進という相異はあるものの、彼らに共通した広範な活動は、それまでの聖や念仏者とは大きく異なるところであった。

たとえば十二世紀初頭に念仏勧進を行なった永観《えいかん》や瞻西《せんせい》。彼らの行動範囲は京周辺に限られている(4)。だがそうならば、心戒や重源と同時代の法然の活動範囲こそごく限られていたともいえる。しかし法然には同じ時期に心戒・重源らがいた点において決定的に違う。法然の弟子は全国に散らばり、教えを隅々にまでもたらした。また法然が浄土宗を開く直前には、博多を中心に栄西《えいさい》が禅宗を唱えていた。つまりこの時代になって、日本の内部世界が拡大し、さらに外部世界との交渉が活発になっていたのである。

このことが鎌倉仏教の開花には大きな意味をもっていたと考える。宗教者たちは、内部世界と外部世界とを目で見、耳で聴き、肌で感じとったことであろう。その実感の蓄積が重要であったに違いない。この後、道元《どうげん》が宋に渡り、親鸞が東国に移り住んだことを考えると、ますますそう思わざるをえない。では日本の内部世界はいかに拡大し、また外部世界との交渉はどうなされてきたのか。十一世紀にまでさかのぼって考えてみることにしたい。

2 銭の流通にのって

十一世紀になった藤原明衡《あきひら》の『新猿楽記《しんさるがくき》』。これは右京に住む右衛門尉《うえもんのじょう》一家に仮託して、当時の世相を活写している。その八郎の真人は「商人の主領」として描かれ、「利を重んじて妻子を知らず、身を念《おも》ひて他人を顧みず」とある。あたかも日本商人の原型のような人物であったが、活動の範囲は、東は「俘囚《ふしゅう》の地」から西は「貴界《きかい》の島」に及び、交易の品々は唐物《からもの》・本朝物《ほんちょうもの》多数であったという。

ここに記された俘囚の地から貴界の島にいたるまでが、十一世紀の日本の領域であったわけで、俘囚の地とは陸奥国奥《おく》六郡・出羽国山北《せんぼく》三郡の俘囚の長の支配地をさし、貴界の島は九州の南の地である。意外と狭い範囲であって、商人の活動もごく限られていた。だがその頃から大きな変動が奥州や博多でおきつつあった。

目を奥州に向けよう。十一世紀末の嘉保年間（一〇九四～九六）、俘囚の長の安倍《あべ》氏の跡を受けた藤原清《きよ》衡《ひら》は、それまで根拠地としていた奥六郡を南に下り平泉に出た。それは奥六郡の主から、奥羽世界の主への転進を意味するものであった。奥州白河関《しらかわのせき》から津軽外《そと》ヶ浜《はま》にいたる陸奥・出羽両国を支配下においたのである。そこを貫通する南北の道には、一町ごとに阿弥陀像を描いた笠卒塔婆《かさそとば》が建てられ、ちょうど中央に位置づけられたのが、平泉《ひらいずみ》であり、中尊寺《ちゅうそんじ》・多宝塔《たほうとう》であったという。

平泉は、京から移植された浄土信仰がさかえて寺院が造られ、都市づくりがなされたが、そのことからも明らかなように、藤原氏は、朝廷とは独立した性格にいささか乏しかった。奥羽両国の田数《でんすう》帳《ちょう》を所持し、両国の支配権を握ったものの、決して朝廷から自立したものではなく、朝廷による両国支配と共存していた。

したがって藤原氏の果たした役割は、奥羽世界を支配領域として統一しつつ、外ヶ浜までを日本の領土となす先兵であったとみるべきである。それを象徴するかのように、中尊寺供養願文《くようがんもん》(5)には、清衡は「東夷《とうい》の遠酋《おんしゅう》」とあり、かつ「正六位上藤原清衡」と記されている。明らかに朝廷の内部に明確に位置づけられていた。また藤原泰衡《やすひら》が頼朝に討たれた後、あわてて出された泰衡追討宣旨《ついとうせんじ》には、「陸奥国住人泰衡は辺境に雄飛《ゆうひ》し」、「奥州出羽両国を掠《かす》め籠《こ》め、公田庄田《こうでんしょうでん》の乃貢《のうぐ》を輸さず」と、その行動が記されている。(6)さしずめ藤原氏は辺境将軍として位置づけられていたといえるであろう。(7)

朝廷が藤原氏に期待したのは、土貢としての特産物、なかんずく馬と砂金の貢納である。駿馬と黄金を求めて奥州に下っていく人々の数は増えた。それとともに奥羽には馬と金を年貢とする庄園が各地に生まれ、公領の年貢にも馬や金が課された。商人も頻りに奥州に下っていった。文治三年(一一八七)、東大寺造営のために金を寄せるように朝廷から要請された藤原秀衡は、最近は商人が下って

きて掘り尽くしており、希望にはそえないとこたえたほどである。(8)

こうして東方世界が拡大していったのに応ずるがごとく、西方でも新たな情況が生まれていた。十一世紀頃から博多に来着する宋商との貿易の利を求めて京のさまざまな勢力がこれに関与するようになったからである。当初は文人貴族の源経信《つねのぶ》や大江匡房《おおえのまさふさ》などが大宰府の長官となり、文物の輸入に積極的であったが、やがて延暦寺や石清水《いわしみず》八幡・東大寺などの有力寺社が博多周辺の寺社を末寺・末社化して貿易の利を求めだし、博多は国際的貿易港として喧噪の巷と化した。

これに拍車をかけたのは、院の近臣による日宋貿易への関与である。彼らは大宰府の長官となるか、博多に倉敷をもつ後院領《ごいんりょう》の肥前国神崎庄《かんざきのしょう》などの周辺の庄園を知行するか、そのいずれかによって宋商との貿易を試みた。

その際、貿易を有利に運ぶためには、重要な輸出品である金が必要となった。大宰府を知行した摂関家の藤原忠実《ただざね》は、奥羽に五つの庄園をもっており、貿易が本格的に展開すると、年貢の金の増徴を奥州藤原氏に要求している。(9) 明らかに東方への関心と西方への関心はひとつに結ばれていた。

平氏にあっては、清盛《きよもり》の父忠盛《ただもり》が早くから鳥羽院《とばいん》の近臣として神崎庄を知行して、日宋貿易に関与していた。清盛は大宰府の長官となり、後院領を知行し、ついには宋の使節を瀬戸内海を経て摂津福《ふく》原《はら》に招き、後白河院《ごしらかわいん》との会見を実現させ、日宋貿易は本格的に開始された。

それとともに重要輸出品としての金が注目されたのはいうまでもない。嘉応二年（一一七〇）には藤原秀衡《ひでひら》が鎮守府将軍《ちんじゅふ》となり、陸奥国からの貢金が期待されたが、平氏はさらに陸奥国内に所領を設けて金の産出を考えた。平重盛は奥州気仙郡の金を宋の育王山《いくおうさん》に送ったという。日宋貿易と奥州の世界とはこうして平氏によって有機的に結びつけられることになった。平氏の家人となった北九州の武士・商人は次第に海外へと足を伸ばしはじめる。『宋史』の日本伝は、この頃より日本人の渡宋の記事を多く載せている。

すでに記したように藤原明衡の『新猿楽記』の描く商人八郎の真人は、西は貴界の島から東は俘囚の地までをかけめぐっていたが、もし十二世紀後半に同じ作者が商人の姿を描いたならば、西は唐から東は夷ヶ島までと記したことであろう。『宋史』は、「倭人は鯨波《げいは》の険をおかし、舳艫《じくろ》あいふくみ、そのものをもって来りうる」と記している。

こうして商人の手を経て奥州の金が宋にもたらされると、宋からは大量の銭が輸入された。都市の発展と、庄園・公領の需要にうながされたのである。源平の争乱の始まる直前のこと、「銭の病《ぜにのやまい》」といわれる奇病が流行したが、銭はまさに流行病のごとく拡大された国土の隅々まで行きわたった。かつて律令国家が蓄銭叙位令《ちくせんじょいれい》を発し、銭の使用を勧めたことが嘘のようである。明らかに内部世界は拡大し、外部世界との交渉は密になっていた。

ここに鎌倉新仏教が噴出してくる要因があったと思われる。ひろがる世界と銭の浸透、新仏教もまた銭の流通とともに流布したのではなかろうか。個から個にわたる銭の普遍的性格、それとともに聖性を帯びていたのが当時の銭の特質である。仏に帰属すれば仏物となり、神に帰属すれば神物ともなる。銭の流通は仏神の教えとともにひろまったといえよう。

3　説話が語る東国

京都西山松尾《まつのお》の証月房慶政《しょうげつぼうけいせい》上人に『閑居友《かんきょのとも》』という説話集がある。[10]「承久四年の春、弥生の中のころ、西山の峯の方丈の草の庵にて記しをはりぬる」と末尾に記されており、鴨長明《かものちょうめい》の東山日野の閑居での作品『方丈記《ほうじょうき》』や『発心集《ほっしんしゅう》』と対応する性格のものである。

一体、説話集は院政期になって多く編集されてきたが、たとえば『今昔物語集《こんじゃくものがたりしゅう》』が天竺・震旦《しんたん》・本朝の話を多数載せたように、古今東西におよぶ知的好奇心がその根底にはあった。説話集の編者・語り手をみても、人一倍好奇心の強い人物が名を連ねている。『今昔物語集』については叡山《えいざん》の僧であろうというぐらいしかわからないが、『江談抄《ごうだんしょう》』は、語り手が大江匡房であり、聞き手は藤原信西《しんぜい》の父実兼《さねかね》、『富家語《ふけご》』『中外抄《ちゅうがいしょう》』の語り手は藤原忠実《ただざね》といった具合である。みな日宋貿易に何らかの形でかかわっている。

説話集こそは内部世界の拡大、外部世界との交渉の所産といえようが、ここでとくに『閑居友』に注目するのは、著者が自身宋に渡り、現地で説話を採集しているからである。たとえば下巻の第六および第七の二話は、「唐土に侍し時、人の語り侍しは」と始まる、宋にて収集した説話である。

慶政は建保五年（一二一七）に宋に渡っており、泉州で南蛮人に会うとペルシャ文を書かせ、栂尾《とがのお》の明《みょう》恵《え》に送ったという。明恵もまた渡宋・渡天の志をもっていたが、それを断念した経緯があった。慶政が説話収集を主目的に渡ったとは断言できないものの、巻頭に載せた話が、真如法親王《しんにょほっしんのう》が唐土に渡り、ついで天竺を志したものであることを考えると、そうした説話の場を実際に見聞しようとした意図があったことは疑いない。

慶政と同じ頃に活動し、説話集『古今著聞集《ここんちょもんじゅう》』を編んだ橘成季《なりすえ》の場合、宋に渡ることこそなかったものの、京を中心に伊勢・摂津その他の地に、自ら出向いていって見聞した話を多数収めている。まさに「著聞集」なのである。

院政期の説話集はどちらかといえば、『宇治大納言物語《うじだいなごんものがたり》』にしても、『江談抄』や『富家語』にしても、都の貴族のもとに集まってきた話が編集されたものである。同じく知的好奇心とはいえ、自らが歩いて見聞したものと、そうでないものとの決定的な違いがある。それはすでにみた鎌倉新仏教と院政期仏教との違いと同じようなことといえるであろう。

だがそうはいっても、長明や慶政と同じ頃に説話集を編んだ源顕兼《あきかね》についても、自ら歩いて得た見聞を説話として載せるタイプであったかというと、そうもいえない。しかしそれだけに、単純な見聞談とは違って、『古事談《こじだん》』には時代の核心をついたような、うがった説話の多いのが特徴である。

その第三の僧行に載る説話をみてゆくと、院政期の話には諸国を場とするものはひとつもみえず、いずれも京とその周辺の僧の話であり、この時代の世界がいまだに狭いことを示しているが、そのなかで院政期を象徴するのは、二百六十九段の鳥羽僧正覚猷《かくゆう》の話である。

覚猷臨終の時、弟子らは遺財等を処分してほしいと頻りにのぞんだ。再三の勧めに、覚猷やむなく硯・紙を取り寄せて書いた。「処分は腕力によるべし」と。これを伝え聞いた白河院は自らも覚猷の弟子を任じていたことから、遺財等をすべて手にするとともに、改めてこれらを弟子に分配した。「腕力」がものをいう末法の時代たる院政期をまことによく物語る話といえる。それが鎌倉時代になると、どういう話になってくるのであろうか。三百五段に東国修行の僧の話がみえる。

京から東国に赴いた修行の僧。武蔵国にいついて法華経を読んでいたある日、国人との双六《すごろく》に打ち負けた。賭博の常、負けがこんでついにその身をも賭にいれ、それにも負けてしまった。勝った国人は僧を陸奥国に連れていって馬にかえるという。このことを聞いたのが当国の一向専修《いっこうせんじゅ》の僧徒。彼らは僧を救うべく布を出しあったが、一つだけ条件をつけた。今後はこの恩を思い、法華経を捨てて専修念仏をせよと。だが僧は頑として法華経を捨てるのを拒んで、これがため念仏の僧徒は手をひいてしまい、僧は哀れにも縄に付けられて陸奥方へ連れ去られていった、という。

この話で興味深いのは、まず法華経読みの持経《じきょう》者と一向専修の念仏者の信仰に寄せる熱心さというか、意地であろう。だがそれも、話がはるか東国のものである点に編者の眼目はあったと考えられる。京での話であったならば、ことさらに説話として取りあげるほどの題材ではなかったかもしれない。さらに持経者が国人との双六に打ち負け、辺境の陸奥国に連れてゆかれ馬にかえられるという話の結末も、大いに関心をそそったかと思われる。

東国の仏教者の話という点でみてゆくと、『閑居友』全三十二話のうちには、第五話「あづまの聖のてづから山おくりする事」、第九話「あづまのかたに不軽拝みける老僧の事」、第十五話「駿河の国、宇津の山に家居せる僧の事」などがある。やはり関心は東国に強かったとみえる。なおそのなかの「不軽拝みける老僧」とは、法華経不軽《ふきょうぼん》品を拝む持経者である。

これらから、東国を対象に法華経や念仏の布教がことに熱心になされていた点を指摘できよう。それは東国がフロンティアとして開かれていったことと関係がある。すでにみたように、国土は津軽外ヶ浜まで拡大され、金や馬を求めて商人が下っていった。また『古事談』の説話の、双六と馬と布と人身売買の存在からうかがえるように、流通経済の発展も認められよう。東国出身の僧無住《むじゅう》の『沙石《しゃせき》集《しゅう》』には、飢饉の年に母を養うため下人となって身を売り、「あづま」に連れられてゆく男の話があるが、東国では多くの労働力が必要とされていたのであった。

また延応元年（一二三九）に陸奥国に出された幕府の法令は、年貢の銭納を禁じるとともに、白河関から陸奥国に入ってくる商人らの銭貨所持を停止している。(11) 明らかに陸奥国からの絹や金などの現物年貢を期待しての措置であったが、同時にそこには銭貨の流通とともに馬や金を求めて下ってくる商人群の存在がうかがえる。

このように東国はフロンティアとして、多くの仏教者を誘った。そればかりか、東国での流通経済の発展は人々をして個として目ざめさせ、その個人の救いを渇望させることになったのであろう。

そこで次に、こうして開かれていった東国と幕府との関係についてみてみたい。

4　東国の幕府、幕府の東国

鎌倉幕府は治承四年（一一八〇）の挙兵の時から政治的主張の強い権力体であった。まず以仁王《もちひとおう》の令《りよう》旨《じ》を利用して東国一帯の支配権を主張していた。そしてさらに、寿永二年（一一八三）の十月宣旨では東国支配権を獲得している。これは秀衡の陸奥・出羽両国の支配を包含するもので、「御館は奥六郡の主」「予は東海道惣官《そうかん》」というのが、両者の関係についての頼朝の認識であった[12]。

頼朝が容易に上洛できなかったのは、奥州藤原氏の脅威があったからだといわれる。事実、頼朝の上洛は藤原氏の滅亡によって実現する。もともと幕府の固有の基盤である関東は、院政期を通じて京の政権と奥州世界とのはざまにあった。そこに源氏の貴種《きしゆ》たちが下向しては、関東武士団に擁されながら、私闘をくりかえしていたのである。頼朝もそうした一貴種に他ならない。そのなかで頼朝が権力を築いてゆく過程において範型としたのが、奥州藤原氏であり、西国の平氏であったろう。

結局、二つの権力をつぶすことによって、二つの権力が築いてきた諸権限を掌中にし、幕府権力の基盤においたのである。奥州の藤原氏の所領と平氏の所領を没収し、そこに地頭をおいて、関東御家《かんとうごけ》人《にん》を任じたのはその表れである。

幕府の支配領域としての東国の範囲は、頼朝が挙兵して鎌倉に入った段階では、伊豆・相模・武蔵と房総三ヵ国の南関東。平氏を富士川の合戦でやぶり、ついで常陸の佐竹氏をやぶって鎌倉に戻った時点で、駿河・常陸・下野を含めてほぼ関東全域にいたった。

やがてこの関東全域からひろく支配権を伸張させるようになったのは、すでに述べた寿永二年（一一八三）の十月宣旨である。それまでは以仁王令旨を根拠に東海・東山・北陸三道の支配権を主張していた頼朝は、義仲《よしなか》が平氏を西に追った後を受け、朝廷との接触によって、これら三道の支配権を公認させたのである。その内容は頼朝の力により東国の庄園・公領をもとのごとく安堵するというもので、朝廷の支配権を認めつつもそれとは別次元なところで東国の支配権を確立させたのであった[13]。

だがそうした権利の主張と授権とは別に、幕府は限定された固有の領域としての東国に独自の世界をつくりあげていった。文治元年（一一八五）、平氏が滅びた時、平氏追討のため派遣した東国の武士が許しを得ずに勝手に任官したことで頼朝は大いに怒り、墨俣以東への帰郷禁止令を出している。彼らを「駘馬《たいば》の道草喰い」と批難した頼朝は、もしも墨俣以東（尾張・信濃以東）に戻ってきたならば斬罪に処すとしている[14]。

ここで尾張以東とされた東国は、さらに文治二年（一一八六）には、三河・信濃・越後以東へと後退し、ついで建久年間までには遠江・信濃以東の東海・東山道の十五ヵ国にまで後退する。(15) だがそれは幕府の支配権の後退を意味するのでは決してなく、幕府の固有な支配領域における濃密な支配を達成するとともに、その力によって全国に軍事支配を及ぼそうとしたものと評価すべきであろう。

実際、承久の乱において、幕府が追討宣旨に対抗して動員した武士たちは遠江以東の十五ヵ国の武士であり、嘉禄元年（一二二五）に整備された鎌倉大番役《かまくらおおばんやく》を割り充てられたのも、同じく遠江以東十五ヵ国の御家人であった。(16)

この東国において、幕府は朝廷とは別に独自の法令を出している。文治三年（一一八七）八月には鶴《つるが》岡放生会《おかほうじょうえ》に向けて「関東庄園等」に命令を出し、翌年の六月には二季放生会の間の殺生禁断を「東国」に命じ、あわせて諸国に宣下されんことを朝廷に奏聞《そうもん》している。建久六年（一一九五）八月には東国の庄園に「強窃二盗《ごうせつにとう》」「博奕《ばくえき》輩」などを住まわせている地頭があれば、その地頭職《じとうしき》を改替《かいたい》するとしている。(17)

さらに東国では武士のみならず「民庶《みんしょ》」の裁判を行ない、二本所間の堺相論も裁くなど、幕府法廷は充実をみたのであった。(18)

幕府の主たる財政的基盤も東国に求められた。文治四年（一一八八）三月に頼朝が朝廷に送った事書《ことがき》は、下野国中泉《なかいずみ》・中村・塩谷《しおや》等の庄園について、「件の所々、没官注文に入らず候と雖も、坂東の内として、自然知行し来り候」と述べている。(19) こうした挙兵以来の「自然知行《しぜんちぎょう》」の東国領が幕府の大きな経済的基盤であった。平氏没官領《へいしもっかんりょう》に関する幕府と朝廷の交渉では、没官領はいうまでもなく、東国の所領のうち頼朝の方で「便宜の御領《べんぎのごりょう》」とさえ認めれば、幕府の所領とされたのである。(20)

そうした東国の関東御領《かんとうごりょう》とともに関東知行国の公領も東国にひろがっていた。元暦元年（一一八四）六月に武蔵・駿河・三河の三ヵ国の知行国《ちぎょうこく》を認められた幕府は、翌文治元年八月に、武蔵・駿河・伊豆・相模・上総・信濃・越後・伊与の八ヵ国に倍増させたが、さらに文治二年（一一八六）には伊与が下総にかわり、新たに豊後も追加されて九ヵ国となった。これらのほとんどの国々は東国にあり、わずかに豊後のみが違っていたが、これは義経追討にともなう便宜的な措置であり、追討が一段落すると頼朝は豊後を辞退し、文治年間には東国のなかから八ヵ国を関東知行国とする体制が定着した。(21)

ところが文治六年（一一九〇）に上総・信濃・越後・下総の四ヵ国が関東知行国から離れた。(22) これは前年に奥州藤原氏を滅ぼし、陸奥・出羽両国を幕府直轄地としたことと関係があろう。その後は表に示したごとく、四ヵ国を東国のうちから関東知行国とする体制が承久の乱まで維持されたのである。

これら関東御領・知行国の経営は政所《まんどころ》が行なうところで、年貢の収納から土地の検注《けんちゅう》、年貢の本所への送進などは政所職員の業務とされた。建久元年（一一九〇）の頼朝の上洛を契機としてさらに政所は充実をみて、諸国庄園の地頭職の給与・安堵をも政所が行なうようになった。また東国の諸国の大田《おおた》文《ぶみ》の作成や保管にもかかわった。

関東知行国（建久元～承久３）

	武　蔵	駿　河	相　模	（伊豆・遠江・陸奥）
建久元	源義信	源広綱	源惟義	源義範（伊豆）
		12.　藤憲朝		
建久７	源朝雅			
正治２		4.　1中原季時	4.　1藤原重頼	4.　1平時政（遠江）
元久元	源惟義		3.　6平義時	
2				8.　9平時房（遠江）
		9.21平時房		
				9.21藤原重頼（遠江）
承元元	1.14平時房	1.14源惟義		
2	藤原重頼(?)	平時房		源親広（遠江）
3				
4	平時房	中原季時		
建保４				1.27大江広元（陸奥）
5	12.12源義氏		12.12平時房	12.12平義時（陸奥）
6	7.　源親広			
承久元		1.22平泰時		
	11.13平泰時	11.13平義村		
3				

こうして経済的基盤を東国に置いた幕府は、東国の開発を推進してゆく。文治五年（一一八九）には上総・下総・安房三ヵ国の荒野開発を命じ、正治元年（一一九九）四月には東国全域の地頭に対して、「水《すい》便《べん》の荒野《こうや》」の開発を命じたのであった。(23)

幕府は東国によって立ち、東国あっての政権として成長を続けたものといえよう。そして承久の乱ではこの東国の力を結集して京方の勢力を退けたのであった。

5 東国の法

承久の乱後の幕府の東国支配を考えるとすれば、次に掲げる建長六年（一二五四）に出された唐船破却《とうせんはきやく》令《れい》(24)が手懸りを与えてくれる。時は将軍に宗尊親王《むねたかしんのう》をむかえた執権北条時頼《ときより》の時代である。

唐船者五艘之外不レ可レ置レ之、速可レ令ニ破却一、

建長六年四月廿九日　　勘甚

（二階堂行泰）筑前々司殿　　実綱

大田民部大夫（康連）殿　　寂阿

唐船を五艘に制限しつつ、それら以外を破却せよというもの。きわめて簡単な内容であり、それだけに文意をとるのは難しく、法令の対象についてもこれまでに大宰府管内であるとか、あるいは相模国内であるなど、さまざまに指摘されてきたが、法令を施行するのが筑前前司（二階堂行泰《ゆきやす》）・大田民部大夫（大田康連《やすつら》）の二人で、彼らが政所執事・問注所執事《もんちゅうじょ》であることに注意したい。

幕府の法令は守護や地頭充《あ》てに個別に施行されるもののほかに、西国については六波羅探題《ろくはらたんだい》充てに出され、鎮西では大宰府守護所充てに出されている。だが問注所・政所充てであれば、これは幕府の固有の領域に充てたとみるべきであり、しかも法令には相模国や鎌倉中との限定がないので、東国全

般について出されたものといえよう。事実、政所・問注所が東国全体に法令を施行している例は数多く、(25)のちの元応元年（一三一九）には六波羅施行の三河国以下六ヵ国を幕府施行の国々に編入し、孔子《くじ》によってそれらを政所分と問注所分に配分していることも(26)参考となる。

つまり幕府は東国に法令を施行する際には、政所と問注所を通じて行なっていたのである。またそのことから唐船制限は東国について行なわれたものとわかる。東国は幕府の固有の領域であっただけに破却という強制力をもちえたであろう。ひろく全国的な統制が不可能ななか、幕府は東国を往来する唐船を統制しつつ、日宋貿易における優越的な地位を確保したものと理解できよう。なお唐船といえば金が思い出されるが、その点で注目されるのが、延応元年（一二三九）の関東御教書《かんとうみぎょうしょ》である。

一　陸奥国郡郷所当事

以㆘被㆑止㆓准布㆒之例㆖、沙汰人百姓等、私忘㆓本色之備㆒、好㆓銭貨所済㆒之間、年貢絹布追年不法之条、只非㆓自由之企㆒、已公損之基也、自今以後、白河関以東者、可㆑令㆑停㆓止銭流布㆒也、且於㆓下向之輩所持㆒者、商人以下慥可㆓禁断㆒、但至㆓上洛之族所持㆒者、不㆑及㆓禁断㆒、兼又絹布麁悪甚無㆓其謂㆒、早存㆑旧所当本様可㆑令㆓弁進㆒之由、可㆘令㆓下知㆒給㆖之状、依㆑仰執達如㆑件、

暦仁二年正月廿二日　　修理権大夫（時房）　判

武蔵前司（泰時）殿

これは陸奥国の年貢を准布《じゅんぷ》や銭貨で所済するのを停止し、絹布などの本様の年貢を納めるように命

じ、かつその実施のため白河関以東に商人らが銭貨を所持して下ることを禁じたもので、修理権大夫北条時房《ときふさ》が奉者《ほうしゃ》となり、充所《あてどころ》は前武蔵守北条泰時《やすとき》となっている。(27)執権泰時充てのため時房一人が奉者となっているのであるが、充所となっている泰時の地位・権限についてまず考えてみよう。

泰時を陸奥国内の津軽郡等の郡郷の地頭とみなし、他の地頭にも同様な御教書が充てられたというのが一つの解釈であり、これまで行なわれてきたが、(28)本文の文言からは郡郷地頭としての泰時に充てたとみることはできない。そこでの泰時は明らかに陸奥一国内に命令を下知する立場にある。その場合、泰時の地位について二つの可能性が考えられよう。一つは関東の直轄領たる陸奥国に対する実質的支配者（関東代官）、もう一つは関東知行国としての陸奥国の知行人である。

ところで陸奥国は延応をさかのぼる寛喜三年（一二三一）に関東知行国となったことが知られているが、これは承久の乱後に兵粮料所《ひょうろうりょうしょ》として備中国を知行していた幕府が、この年にそれに代えて陸奥国を知行するにいたったものである。しかもそれまで備中国を知行していたのは泰時であった。(29)そうであれば泰時は関東知行国の知行人の可能性が高い。しかしその通りとしても関東代官の可能性を否定するものではなく、いずれにしても泰時が陸奥国の支配者であることは動かないであろう。陸奥国は泰時の時代には北条得宗家《とくそうけ》に握られていたのである。

この法令によれば、陸奥国の郡郷の年貢は本様であることが強制され、白河関での商人統制が実施されている。これによって、陸奥国の絹布をはじめ金や馬等の現物年貢は北条得宗家の手に入ることになったわけで、ここに北条氏による日宋貿易への関与が推測できよう。泰時は六波羅探題として在京したことがあり、京方の動きへの関心は強く、朝廷の制度を幕府に移植することに熱心であった。承久の乱後にいったん途絶えていた陸奥国を再び関東知行国となしたのは、京の権門による日宋貿易の利に注目してのものとみる見方も十分に成立可能である(30)。

そこで再び建長の唐船破却令にもどってみると、これは三人の奉行人が伝達するという異例のものである。ところが翌月一日の人質に関する法令も同じくこの三人の奉行人により伝えられており、『吾妻鏡』はそのことを「相州より問注所に仰せらる」と記し、相州《そうしゅう》（時頼）の命によるものだと述べている。そうであれば唐船破却令も時頼から命令、伝達されたものとわかる。

ここから次の二点が指摘ができよう。第一点は、幕府の固有の領域である東国の実質的支配権は執権の北条氏によって握られていたということ。いつこうした体制が築かれるにいたったかははっきりしないが、寛元四年（一二四六）に前《さきの》将軍頼経《よりつね》が京に送還された事件（宮騒動）頃からとみられる。

第二点は、これ以前から陸奥の金を握っていた北条氏は、唐船破却をタテに他を排除して日宋貿易を独占することが可能となったということである。一般に統制令は統制する側の独占を意味している。

このように承久の乱後になると、しだいに執権北条氏が幕府の実権をおさめ、政治的・経済的に東国を支配下にいれたのであるが、そうした東国の中心に位置したのが鎌倉である。鎌倉は、頼朝が父義朝《よしとも》の遺跡を継ぐと称して入部した要害であり、頼朝とその後継者は「鎌倉殿《かまくらどの》」とよばれ、東国十五ヵ国の御家人は鎌倉殿の番役《ばんやく》を勤仕するために、鎌倉に宿所《しゅくしょ》・屋地《やち》をもち、東国の年貢も鎌倉に運ばれて消費された。次にその鎌倉についてみることにしよう。

6 鎌倉の法

東国の府である鎌倉の支配の様相をこれも法令によって探るとすれば、次に掲げる鎌倉中の挙銭《きょせん》の法が注目される。(31)

一　鎌倉中挙銭、近年号二無尽銭一、不レ入二置質物一之外、依レ不レ許二借用一、甲乙人等以二衣裳物具一、置二其質一、盗人亦令レ売二買贓物一者、所犯忽可レ令二露顕一之間、窃以二贓物一入二質物一、令二借用一之処、被レ盗主見二付質物一之時、銭主等称二世間之通例一、不レ知二其仁幷在所一之由申レ之云々、所存之旨、甚以不当、於二自今以後一者、入二置質物一之日、可レ令レ尋二知負人交名在所一、若沙汰出来之時、至レ不レ引二手次一者、可レ被レ処二盗人一也、以二此旨一面々可レ相二触奉行保内一之状、依レ仰執達如レ件、

建長七年八月十二日

相模守(時頼)　判
陸奥守(重時)　判

(二階堂行綱)
伊勢前司殿

鎌倉は商業活動が盛んになるに従い、商業統制がひろく行なわれるようになった。これ以前の建長三年（一二五一）には、小町屋の設置が大町以下七ヵ所に制限される(32)など、さまざまな法令が出されているが、この挙銭法もその一例である。挙銭という小口金融に関して、質物を入れた人の交名《きょうみょう》と在所とを記しておくようにと命じている。

この法令は執権《しっけん》・連署《れんしょ》が署判を加える関東御教書で出されており、充所の「伊勢前司」二階堂行綱《ゆきつな》は後に政所《まんどころ》執事《しつじ》となった奉行人《ぶぎょうにん》である。その行綱に、「此の旨を以て、面々、奉行の保内に相触るべし」と命じているところをみれば、行綱は保《ほう》を奉行する保奉行人の「面々」の一人だったといえよう。この表現からみて、もともとこの法令には行綱をはじめとして保奉行人の名がすべて記され、回覧されるような形式（廻文《めぐらしぶみ》）をとっていたものと考えられる。

そうであれば、これは、北条泰時によって京都から鎌倉に導入された保の具体的内容を物語る史料でもある。

まず引付衆《ひきつけしゅう》であった行綱が保奉行人であったことからみると、保奉行人の地位は相当に高かったものと考えられる。京の保は保官人《ほうのかんじん》（保検非違使《ほうのけびいし》）が担当するところであったが、行綱もかつて検非違使となったことがあるので、恐らく鎌倉の保奉行人には検非違使を経たような実務の奉行人（右《ゆう》筆《ひっ》）が任ぜられたことであろう。

また弘長元年（一二六一）の関東新制《かんとうしんせい》(33)では、保奉行人に対していくつかの法令が地奉行《じぶぎょう》・検断奉行《けんだんぶぎょう》・政所・侍所《さむらいどころ》などから伝達されている。保奉行人はあたかも諸国の守護に相当する地位にあったわけで、鎌倉に対する幕府の重視がよく知られよう。

こうして幕府は保を通じて、鎌倉中の警察・土地・商業統制などを行なっていたが、そのなかで特別な存在であったのが浜の地である。『海道記《かいどうき》』は由比《ゆい》ヶ浜《はま》には数百艘の船が停泊し、千万宇の宅が軒を並べていたと、その賑わいを記している。

薪馬蒭直法事

炭一駄代百文　　薪三十束三把別百文

萱木一駄八束代五十文　　藁一駄八束代五十文

糠一駄俵一文代五十文

件雑物、近年高直過レ法、可レ下ニ知商人一者、

又和賀江津材木事、近年不法之間、依レ難レ用ニ造作一、被レ定ニ其寸法一、所謂榑長分八尺、若七尺、令ニ不足一者令レ点ニ定之一、奉行人可レ申ニ子細一之由云々、

ここにあげたのは建長五年（一二五三）に出された物価と材木規格の統制に関する法である。(34) 物価統制令がどこを対象としたものか明らかでないが、鎌倉中を含んでいることは間違いあるまい。(35) また和賀《わか》江津《えのつ》については材木の規格について特別な命令が出されている。

この和賀江は貞永元年（一二三二）に勧進聖人《かんじんしょうにん》往阿弥陀仏《おうあみだぶつ》により修築された港湾であり、それには北

条泰時が助成し、泰時の家令《かれい》平盛綱《もりつな》が派遣されているので、北条氏が管領していたと考えられる。また近くの「浜御《はまのみ》倉《くら》」は武蔵国の年貢が納められ、泰時の子経時が管領したとみえており、平盛綱がそこでおきた怪異につき奉行をしたということもあった。(36)

　そうであれば和賀江津での材木規格令は北条氏によって出された可能性が高いが、これらを載せた『吾妻鏡』は奉行した人物として、「小野沢《おのさわ》左近大夫入道、内島《うちじま》左近大夫将監盛経《もりつね》」の二人をあげている。小野沢光蓮《こうれん》は北条氏の御内人《みうちびと》で、鎌倉中の地奉行の一人（もう一人は御家人の後藤基政《もとまさ》）。内島盛経も同様に北条氏の御内人である。(37)やはり和賀江津対象の法令は北条氏によって出されたとみるべきであろう。

　和賀江津は鎌倉の港湾であり、東国の海上交通の中心であった。日蓮がのちに筑紫から鎌倉、さらに陸奥、夷ヶ島へと、大船・小船が往来する、と書状に述べているのをみても、鎌倉の港湾としての重要性がうかがい知れる。先にみた唐船の統制はそのような東国を往来する唐船の統制令だったわけである。

　かくして東国は鎌倉を中心に独自な構成をとってゆき、多くの人々を誘いこんだ。しかるにその一人に親鸞がいたのである。最後に、親鸞にとっての東国を考えてみよう。

7　常陸国と親鸞

東国といっても一様ではない。鎌倉幕府の固有の領域としての東国十五ヵ国のうちでは、鎌倉とその周辺の駿河・伊豆・相模・武蔵の東海道の四ヵ国が東国の中心地を形成しており、さらに周縁の諸国の一角に、親鸞の赴いた常陸国がある。

どうも鎌倉時代の常陸は特別な国であったらしい。親鸞がここに住んだだけではない。奈良西大寺《さいだいじ》にあった律宗の忍性《にんしょう》が下って根拠地としたのがここの三村寺《みむらでら》である。父の墳墓のある陸奥に旅した一遍《いっぺん》が鎌倉に入る前に布教を試みたのも常陸である。そのほかにも日蓮宗・禅宗も入ってきて、常陸は鎌倉と並んで新仏教のすべてがそろって盛んな布教を行なった土地である。

仏教説話をみても常陸の話が格別に多いのはどうしてであろうか。たとえば無住の『沙石集』、住信《じゅうしん》の『私聚百因縁集《しじゅひゃくいんねんしゅう》』は、いずれも編者が常陸に住して採話している。一例をあげれば、『沙石集』には府中の富裕な持経者の話が載っている。さらに『閑居友』も「常陸国の男、心をおこして山にいる事」という話を載せ、『古今著聞集』も「常陸国の猿、如法経《にょほうきょう》写経に成功の事」の話を載せる。他の東国諸国に比較にならぬほどに多い。

こうしてみると、常陸国は東国のなかでも独自な発展があって、そのことと関連して京との間にも特殊な結びつきがあったのであろう。そういえば、鎌倉時代を通じ、常陸は一貫して東国の辺境に位置づけられていた。それは常陸の地理的位置とも関連した、政治・経済的、文化的な性格である。これを象徴的に示しているのが、建長二年（一二五〇）十一月に出された幕府の一法令[38]であろう。

内容は陸奥・常陸・下総の三ヵ国の守護に充てて、博奕を停止したものである。これら三ヵ国はいずれも太平洋岸に連なる国々であり、地理的に東国の辺境に位置していることは明らかであるが、そこで博奕が停止されたのは、「放遊浮《ほうゆうふ》食《しょく》の士」の博奕がことに盛んであったからという。鎌倉の流通・経済圏とは違った独自の社会圏が認められよう。

東国が鎌倉を中心に独自の発展をたどることになったその発展過程で、三ヵ国は東国のそのまた東国として独自の地域的性格を帯びるようになった、といえるであろう。興味深いことに『親鸞聖人《しんらんしょうにん》門侶交名牒《もんりょきょうみょうちょう》』からうかがえる、親鸞より直接に教えを受けた門弟もこの三ヵ国と下野国に多い。内訳は、常陸二十人、陸奥七人、下総四人に下野六人となっていて、他に東国では武蔵一人を数えるにすぎない。やはりこれら三ヵ国は、東国では特別な地域であったに違いない。

そのうちでも親鸞は常陸を選んだのであるが、それについては親鸞の個人的事情もさることながら、政治的条件が大きな意味をもっていた。陸奥は幕府の直轄地としての色彩が強く、北条氏による独自の支配が行なわれており、下総は幕府草創以来の豪族千葉氏の支配がなされていることを考えると、三ヵ国のうちでは常陸のみが、鎌倉の政権と直結しない独自性を保ち、幕府体制から比較的に自由な国となっていたわけである。宝治二年（一二四八）には悪党の蜂起が問題となっていた。[39]

さかのぼってみれば、源頼朝が挙兵し、幕府をつくりあげる運動に、常陸国の住人は遅れをとった。北半分の奥郡を中心に勢力のあった佐竹氏、南半分で国府を中心に蟠踞《ばんきょ》していた常陸平氏などの有力武士団は挙兵に加わらなかった。この影響は長く続き、常陸国内には関東の武士団が地頭として派遣され、あたかも幕府の植民地のような状態におかれたため、在地住人の成長は阻まれたが、そのぶん違った発展の方向を目ざすことになったのであろう。

もともと京からみても常陸国は特別な位置にあった。東海道のはての地であり、武神として鹿島社が祭られ、王城鎮護の神とされていた。田積四万町は陸奥国につぐ大国であり、親王任国とされたことにも明らかなように、常陸の受領《ずりょう》となることを中・下級貴族はひとしくのぞんだ。また遠流《おんる》の国として、不遇な貴族が流され、都の文化をもたらした所でもある。

そうした歴史的な前提と、鎌倉期の位置とがあいまって、常陸は東国に向かった宗教者たちを吸いよせたわけである。実際、親鸞は約二十年の長きにわたってこの地に滞在し、多くの人々と接触するなかで、信仰を深めていった。寛喜三年（一二三一）、親鸞は、あらためて専修念仏に徹する心境を確かめたと述べている。主著『教行信証《きょうぎょうしんしょう》』を著したのも、この常陸在住の間であった。

こうして親鸞は、開かれた東国から新しい信仰の世界を切り開いていったのである。

おわりに――転換の時代――

親鸞がなくなったのは弘長二年（一二六二）。その六年後、「文永五年之比、東に俘囚をこり、西には蒙古よりせめつかひつきぬ」と日蓮が述べたように、蒙古の使者がやってきて、また蝦夷の叛乱がおきた。日本は末法の時代に入るとともに、内部世界を拡大させ、外部世界との交流を深めてきた。その一つの帰結がこの外部から侵入してきた二つの事件といえよう。だが、

唐の物は、薬の外はみななくとも事欠くまじ。書どもは、この国に多く広まりぬれば、書きも写してん。唐土舟の、たやすからぬ道に、無用の物どものみ取り積みて、所狭く渡しもて来る、いと愚かなり、（『徒然草』百二十段）

とあるように、二度の元寇《げんこう》によって侵入が終わったのではない。むしろそれを契機とした外部からの「無用の物ども」の侵入により、否応なくもろもろの価値は多元化し、分裂していった。

東国に生まれた幕府の動きは、まさにそれを象徴していよう。北条氏得宗家を中心とした幕府は自らを「公方《くぼう》」と称するようになっていた。朝廷の独占していた「公」を、幕府が公然と名乗るようになったのである。それは幕府の固有の領域である鎌倉において、あるいは二度の元寇の激戦地である九州において、とくに主張されるにいたった(39)。

この東国からの新たな自己主張とともに、『吾妻鏡』が編纂されるにいたったとはいえないであろうか。幕府にも自身の歴史をかえりみる時代が到来したのである。同じ頃、鎌倉幕府の成立した時期に活躍した東国武士の英雄的姿を描いた『曾我物語』がつくられたのも、忘れてはならない。先がみえないだけに、さまざまな試みが始まり、そのぶん何ともいかがわしく、だがまた活力が溢れていた時代、それこそ『吾妻鏡』のつくられた時代であったと考える。

注

（1）拙稿「平氏軍制の諸段階」（『史学雑誌』八八―八）。

（2）拙稿「東大寺浄土堂の背景」（『院政期社会の研究』、山川出版社、一九八四年）。

（3）石田尚豊「重源の阿弥陀名号」（『日本美術史論集』、中央公論美術出版、一九八八年）。

（4）拙稿「勧進聖人の系譜」（前掲『院政期社会の研究』所収）。

（5）天治三年三月二十四日中尊寺供養願文（「中尊寺所蔵文書」）。

（6）『吾妻鏡』文治五年九月九日条。

（7）奥州藤原氏の支配の性格をめぐっては、一方に高橋富雄『奥州藤原氏四代』（吉川弘文館、一九五八年）にみられる「武家政権」として奥州両国を支配したという性格規定があり、他方では大石直正「中世の黎明」（小林清治・大石編『中世奥羽の世界』、東京大学出版会、一九七八年）にみられる「広域軍政府」程度のもので、奥羽両国衙も平泉藤原氏からは独立していたという性格規定がある。前者の見解はやや藤原氏の権力を過大視していようし、後者の見解は、逆に奥羽両国衙をもおさえていなかったとするが、大田文が平泉で焼失して他にはなかったことの意味は大きく、両国衙は藤原氏の支配下にあったとみてよいであろう。
（8）『玉葉』文治三年九月二十九日条。
（9）拙稿「日宋貿易の社会構造」（『今井林太郎先生喜寿記念　国史学論集』、河北印刷、一九八八年）、同「説話の風景」（『平家物語、史と説話』平凡社、一九八七年）を参照。
（10）美濃部重克校注『閑居友』（三弥井書店、一九七九年）。
（11）『吾妻鏡』延応元年正月十一日条。
（12）『吾妻鏡』文治二年四月二十四日条。
（13）佐藤進一「寿永二年十月の宣旨について」（『歴史評論』一〇七号、一九五九年）。
（14）『吾妻鏡』文治元年四月十五日条。
（15）石井進『日本中世国家史の研究』（岩波書店、一九七〇年）Ⅰ部第三章　幕府と国衙の地域的関係。
（16）『吾妻鏡』承久三年五月十九日条、嘉禄元年十二月二十一日条。
（17）『吾妻鏡』文治三年八月一日、文治四年六月十九日、建久六年八月二十八日条。
（18）佐藤進一『鎌倉幕府訴訟制度の研究』（畝傍書房、一九四三年）、石井進前注(15)論文等。
（19）『吾妻鏡』文治四年三月十七日条。
（20）元暦元年三月七日後白河院院宣（『延慶本平家物語』第五末）は平氏没官領をめぐる交渉の文書であるが、それに「縦え平家知行の地にあらずと雖も、東国御領山内庄以下の便宜の御領、申し請はれるに随ひて、御下文あるべし」と、後白河院側から提案がなされている。この文書については、石井進「平家没官領と鎌倉幕府」（中世の窓同人編『論集中世の窓』、吉川弘文館、一九七七年）を参照。
（21）以上、石井進前注（15）書Ⅰ部第四章　幕府と国衙の個別的関係。

(22)『吾妻鏡』建久元年六月二十九日条には幕府の「知行八ヶ国」とみえることから、この年まで八ヵ国を知行国としていたと解されてきたが（前注（21）石井書）、これは伊勢神宮の役夫工米の未済に関するもので、前年までの幕府の知行国であった。この年に上総が知行国でなくなったことは『吾妻鏡』建久元年二月十一日条、下総が知行国でなくなったことは同二月十日条（下総守には源義定が任じられたが、義定がこれ以前遠江守であった時の遠江は関東知行国ではなかった。六月二十九日条も参照）、信濃が知行国でなくなったのは『公卿補任』貞応元年藤原資経条（知行国主は信濃守資経の父経房となる）、越後が知行国でなくなったのは同建保六年藤原頼房条（知行国主は不明）による。

(23)『吾妻鏡』文治五年二月三十日条、正治元年四月二十七日条。なお永原慶二「中世の東国の新田と検注」（『日本中世社会構造の研究』、岩波書店、一九七三年）を参照。

(24)『吾妻鏡』建長六年四月二十九日条。

(25)『吾妻鏡』建長二年四月二十九日、建長三年七月二十日条等。

(26)『鎌倉年代記』元応元年五月五日条。

(27)『中世法制史料集』巻一—九九条。

(28)遠藤巌「中世国家の東夷成敗権について」（『松前藩と松前』九号、一九七六年）等。

(29)『明月記』寛喜三年八月二十三日条。関東知行国については石井前注（21）論文参照。

(30)当時の京の権門の日宋貿易を物語るのは、『民経記』仁治三年七月四日条の「一条入道相国沙汰する所の唐船帰朝し、銭貨十万貫渡す、其の上種々珍宝等有り」の記事であろう。西園寺公経による貿易の経営であるが、公経は陸奥を関東知行国となる直前まで知行していた。その陸奥守は公経の家司三善長衡であり、長衡は「陶朱之類」といわれるほどの富裕を誇ったという（『平戸記』）。そうした公経の日宋貿易が泰時の関心をよんだのではなかろうか。

(31)『中世法制史料集』巻一―三〇五条。
(32)『吾妻鏡』建長三年十二月三日条。
(33)『中世法制史料集』巻一―三三七〜三九七条。
(34)『吾妻鏡』建長五年十月十一日条。
(35)翌年にこの物貨統制令が撤回された時、政所執事に対し相模国について法令の施行を命じている（『吾妻鏡』建長六年十月十七日条）。
(36)『吾妻鏡』貞永元年七月十二・十五日条、寛元三年五月二十二日条。
(37)『吾妻鏡』暦仁元年十月七日、建長三年十二月三日、建長三年八月二十一日条。
(38)『吾妻鏡』建長二年十一月二十八日条。
(39)『吾妻鏡』宝治二年四月三十日条。
(40)拙稿「公方」（網野善彦ほか編『ことばの文化史　中世(3)』、平凡社、一九八九年）。

第 I 部

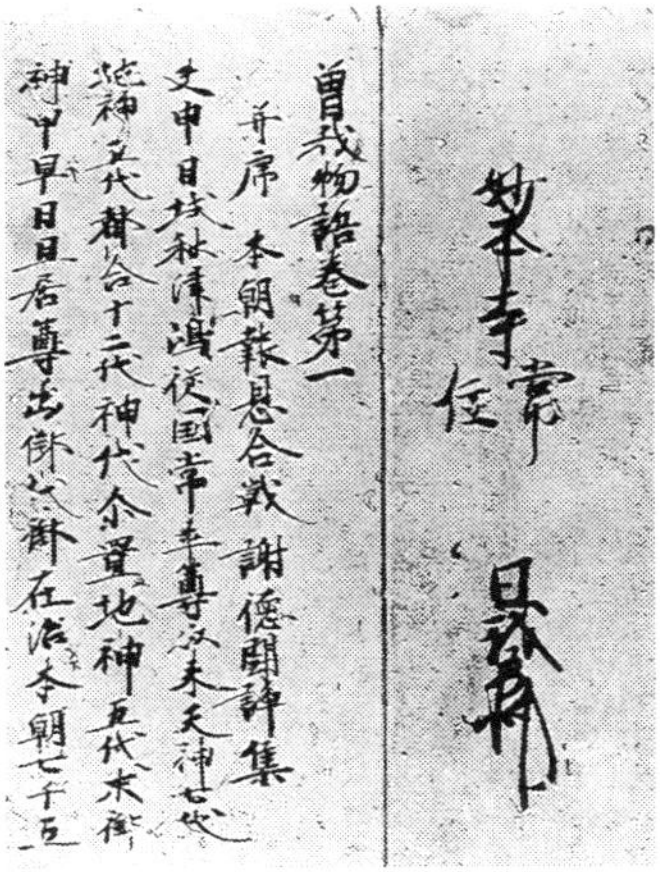

曾我物語　巻一
（真名本、伊東祐淳氏蔵）

一　『吾妻鏡』の構想

はじめに

鎌倉幕府とよばれる新しい政権の誕生の意味を探り、その基本的性質を理解するためには、幕府の成立から滅亡にいたる全過程をみてゆく作業が求められよう。しかしそうした作業を単純に行なっても、必ずしも成果があがるとは限らない。いまひとつ違った切り口も必要とされる。

その際に注目したいのが『吾妻鏡《あずまかがみ》』である。幕府の成長と発展を記したこの歴史書を読み解いて、幕府自身が自己の政権をどう位置づけていたのか、あるいはどうしてこうした編纂物をつくろうとしたのか、といった点を探ってゆけば、幕府の性格がほのかにでもみえてくるのではなかろうか。

ともすれば『吾妻鏡』の使われ方は、その書かれた記事を正確に理解し、そこから事実関係をとらえる方法がとられてきた(1)。しかしこれが幕府関係者の手になる歴史書である点からすれば、それだけですませてしまうのは駄目であろう。ここでは、『吾妻鏡』がどんな構想のもとでつくられたのかを探ってみたい。いわば『吾妻鏡』の作品論を展開しようというのが、小稿の課題である。

1　はじまり

『吾妻鏡』は治承四年（一一八〇）四月九日、以仁王《もちひとおう》の令旨《りょうじ》が下されたところから始まっている。一体、どうして以仁王の令旨が始まりなのであろうか。

そもそもある構想にもとづいた書物ならば、著者がもっとも意を使うのは始めと終わりの部分であろう。何に始まって、何に終わるか、そこに構想の意図が凝縮しているといってよい。まして歴史書となれば、始源を何に求めたのかはきわめて重要なことだったと考えられる。

その目で令旨の行く方を追ってゆけば、八条院蔵人《くろうど》の源行家《ゆきいえ》によって伊豆国北条館にもたらされ、そこで源頼朝の手で披《ひら》かれるのだが、そこには北条時政《ときまさ》が同席していた。

爰に上総介平直方朝臣五代孫北条四郎時政主は、当国の豪傑なり、武衛を以て聟君となし専ら無二の忠節を顕す、こゝに因りて最前、彼の主を招きて、令旨を披かしめ給ふ、

と『吾妻鏡』にみえる。『吾妻鏡』の語りたかった始源とはこれであろう。つまり令旨が頼朝と時政とによって披かれる、そこに鎌倉幕府の成立をみたのである。

令旨と頼朝と時政の結びつきとは、正当性のシンボルと、東国に下ってきた武士の長者《ちょうじゃ》の貴種《きしゅ》と、東国《とうごく》の豪族的武士の三つの合体に他ならない。そのいずれを欠いても、幕府は成立しなかったであろ

う。令旨抜きであったならば、すでに以前に頼朝と時政の結びつきは存在した。頼朝抜きでは、東国の源氏に充てられた令旨の効果はない。時政抜きでは、頼朝の現実的根拠はまったく失われてしまう。この三つの緊密な結びつきに、幕府の成立をみた『吾妻鏡』の編者のみる目は、幕府成立の秘密をまことによく言いあてているというべきであろう。

だが令旨と頼朝の二つはともかく、他の豪族ではなく、時政がそれらと結びついている点に『吾妻鏡』のもうひとつの意図をうかがうことができる。というのも時政から始めねばならぬほどの必然性はないように思うからである。他の豪族ではいけないのだろうか。頼朝は挙兵にいったんは成功したものの、石橋山《いしばしやま》の合戦にやぶれ、以後、東国の豪族の許を経廻《へめぐ》りながら、鎌倉に到着している。その豪族とは三浦・千葉・上総《かずさ》・秩父《ちちぶ》等の諸氏である。『吾妻鏡』の記述は、そのなかで頼朝の器量が認められるところとなり、東国の主に成長していったという風に描かれているのだが、他の諸豪族のそれぞれにとっても、令旨を帯した頼朝との出会いは重要な意味をもっていたはずである。

○吾れ源家累代の家人として幸ひにも貴種再興の秋《とき》に逢ふなり、（三浦氏）
○源家中絶の跡を興せし給ふの条、感涙眼を遮る、言語の覃《およ》ぶ所に非ず、（千葉氏）
○其の形勢、高峻《こうしゅん》の相《そう》無くんば、直ちに討取り平家に献ずべし……殆ど人主の体に叶ふなり、これにより て忽ち害心を変ず、（上総氏）

このように『吾妻鏡』に記された頼朝との接触の情況は、もしそれぞれの豪族が後に滅ぼされることもなく、幕府において実権を有することができたならば、それぞれの豪族における「吾妻鏡」の始まりとして意識されたに違いなかろう。

もともと東国の豪族が都から下ってくる貴種を迎えることはひろく行なわれてきた。これ以前、頼朝の父義朝《よしとも》を房総半島に迎えたのは上総氏である。義朝が下総国相馬御厨《そうまのみくりや》に乱入した時、そのバックには上総常時《つねとき》がいたといい、また義朝が相模国大庭御厨《おおばのみくりや》に乱入した時、義朝は「上総曹司《そうし》」とよばれていたことが知られている。

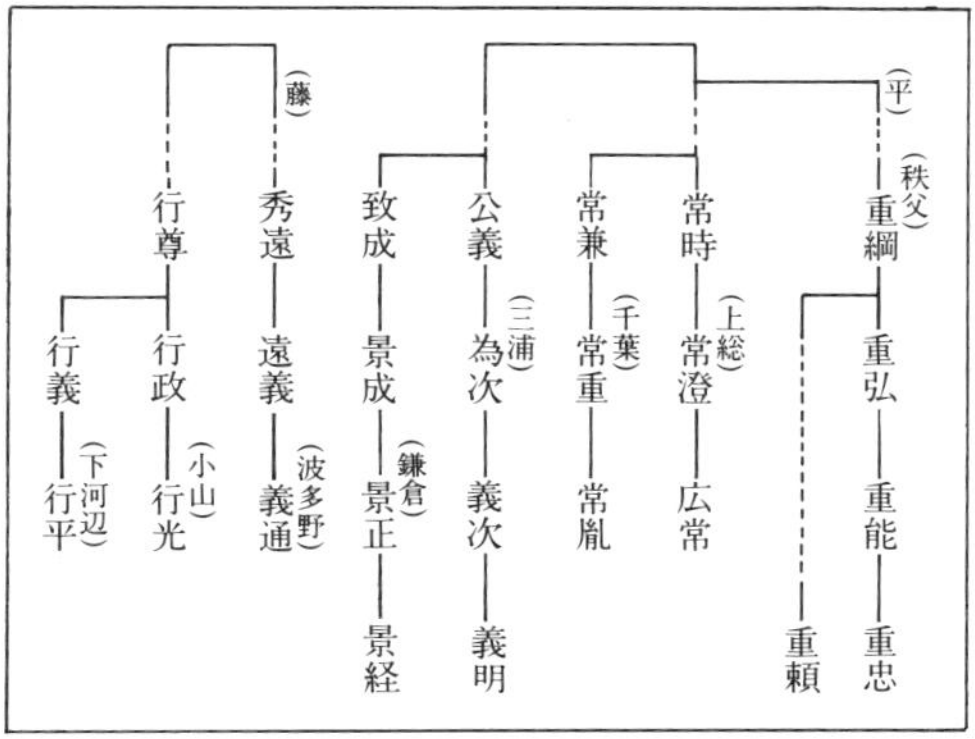

やがてその義朝を相模国鎌倉に迎えたのは三浦氏である。義朝は鎌倉亀谷《かめがやつ》に居館を構え、三浦氏の娘との間に長子「鎌倉悪源太《あくげんた》」義平《よしひら》を儲けている。この義平は、武蔵国大蔵館《おおくらのやかた》に住む叔父の義賢《よしかた》を討ったが、義賢もまた武蔵国秩父氏に迎えられていたのであった。

これは東国の豪族の「家」が、貴種との結びつきでおこされたこととよく関係していよう。はるか後になるが、寛喜二年（一二三〇）閏正月に朝廷の滝口《たきぐち》に人がいないということで、かつて滝口に人を出した家々から子息を一人ずつ出すことが命ぜられた。その家々とは「小山・下河辺《しもこうべ》・千葉・秩父・三浦・鎌倉・

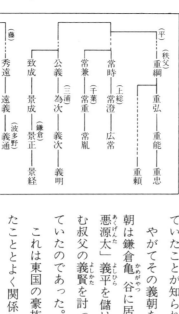

宇都宮・氏家・伊東・波多野《はだの》」などの東国の武士である。

そこで『尊卑分脈《そんぴぶんみゃく》』によりながら、それらの「家々」がいつ頃おこされたかをみてゆくと、系図にみえるごとくいずれも源氏の貴種との接触の時点に求められることがわかる。北条の家もまた、頼朝を迎えた時政に始まるのである。

そこから、こういうことがいえよう。頼朝の挙兵から南関東への進出は、多くの家々を生み出す効果があったと。家とは何よりも意識の問題であり、その意識に媒介された結合の問題である。関東の家々は都から下ってきた貴種の動きに触発されて生まれ、またその家々が連合して貴種を擁してつくりあげたのが幕府という「武家」の権力なのである。

後の承久元年（一二一九）正月、将軍実朝《さねとも》は鶴岡《つるがおか》の社頭で殺害されたが、その後継者として皇族将軍の下向を要請した使者は、「宿老《しゅくろう》の御家人《ごけにん》」が連署する奏状《そうじょう》を携えていた。その二年後におきた承《じょう》久《きゅう》の乱では、討幕の宣旨《せんじ》に抗して、幕府は東国十五ヵ国の「家々の長」に対して出陣するように触れている。

明らかに幕府は東国の家々の集団からなっていたのであり、頼朝の初期には南関東の家々だったものが、東国十五ヵ国の家々へとひろがり発展してきたわけである。

『吾妻鏡』は、その家々のなかでも中心に位置したのが北条氏であると主張している。よく知られているように将軍家の関係者とともに、北条氏についても「北条殿《ほうじょうどの》」「北条主《ほうじょうぬし》」「江間殿《えまどの》」など敬称を付しているのはそのあらわれといえる。そして幕府の端緒を、以仁王の令旨を時政が頼朝とともに披くことに求めたのであった。幕府は東国の家々を代表する北条氏と、令旨を帯した「将軍」頼朝とともに始まったというのが、『吾妻鏡』の主張するところなのである。

2　二つの作品

不思議なことに『吾妻鏡』は北条時政を「当国の豪傑」とは述べるが、頼朝を聟にとったということ以外には多くを語らない。その点で『吾妻鏡』はいたって不親切である。

そんななかで、時政の前歴を考える場合、多くの示唆を与えてくれるのが『曾我物語《そがものがたり》』である。(2) この作品は『吾妻鏡』の前史を扱うとともに、ほぼ頼朝の時代全体についても語っている。しかも幕府成立時代の、『吾妻鏡』にはないさまざまなことをも語っている。これにより『吾妻鏡』の欠落は大いに補えるのだが、ふと思うことは、この二つの作品はまったく別個につくられたものなのであろうかという疑問である。

成立年代はともに鎌倉末期。だが一方は幕府の実録、他方は曾我兄弟の仇討に取材した物語。両者の密接な関係を想定する方がおかしい、といわれればそれまでである。しかし歴史への接近は、こうした二つの形をとるのが普通ではなかろうか。たとえば律令国家形成期に生まれた『日本書紀《にほんしょき》』『古《こ》事記《じき》』の二つをみてみよう。律令国家の正史・実録たらんとした『日本書紀』、それに対して皇統の系譜と神話を描いた『古事記』、この二つの関係を、『吾妻鏡』と『曾我物語』になぞらえてみることは許されないだろうか。一方が実録、他方が語りという、二様の歴史への接近がうかがえよう。

あるいは『愚管抄《ぐかんしょう》』と『平家物語《へいけものがたり》』の関係を、そこにみることができるかもしれない。慈円《じえん》が神代から承久の乱前までの歴史を、諸文献と自己の見聞とによって綴ったのが『愚管抄』。慈円によって扶持された藤原行長《ゆきなが》が中心になって、源平争乱期の人々の姿を語りの世界で描いたのが『平家物語』。まさにこれら二つの関係は、正伝と異伝、正史と神話、実録と語りということで、ひとつの歴史を重層的にふくらみをもって、機能的に相互補完しつつ位置づけていたとみることができるように思う。

そこで真名本《まな》の『曾我物語』による歴史の流れをみてゆこう。

全十巻のうち第一巻は「それ、日域秋津島と申すは」と日本国の始まりを記し、平氏の流れ、源氏の流れを述べて、頼朝の世となったことを語り、ついで伊豆国伊東氏の一族の内紛を述べて、曾我兄弟の仇討の発端となった事件を描いている。

巻二、三は、伊豆に流された頼朝が伊東から北条に移り、やがて鎌倉に入り関東の主となるまでを詳しく描いている。

ここまでの特徴の第一は、日本の原初にまでさかのぼって、そこから歴史を系譜的に構成している点にある。これは『吾妻鏡』にはまったくうかがえない点である。特徴の第二は、歴史の構図が対立的な捉え方になっている点。天神と地神、鬼王と天王、文と武の二道、平氏と源氏、惟喬《これたか》・惟仁《これひと》の位争い、工藤助継《すけつぐ》と伊東祐親《すけちか》、祐経《すけつね》と祐親、俣野《またの》と河津《かわづ》、伊東と北条と、いずれも常に対立的な図式で描かれている。

この対立的図式は、さらに曾我兄弟に対する工藤祐経という形で第四巻以後の叙述の枠組みとなるが、実はその対立を含むがごとくに、時政と頼朝との対立の構造が存在している。曾我兄弟の保護者となる時政、祐経を側近として寵愛する頼朝、といった対立関係が両者を覆っているのである。

ここにおいて『曾我物語』と『吾妻鏡』とは、同じ歴史の構図で描かれていることがわかる。つまり時政と頼朝の関係を曾我兄弟の仇討譚にかりて捉えたのが『曾我物語』であり、同じ関係を幕府の成立と発展の実録において捉えたのが『吾妻鏡』であったといえよう。

さらに『曾我物語』を追っていくと、巻二の終わりの部分で、頼朝と時政の接触があり、続く巻三の全体は、時政と頼朝が結びついて、いかに天下一統をなしたかが描かれている。まさにこれは、頼朝挙兵前史を正面から扱ったもので、『吾妻鏡』の欠落部分を見事に補うものである。

『吾妻鏡』の補完という面では、駿河・伊豆・相模・武蔵の武士団の日常生活が克明に描かれている点にも注目する必要がある。巻一の伊豆の奥野《おくの》の狩倉《かりぐら》に集まったのはその「四ヵ国の大名たち」、巻狩りも終わると、相撲《すまい》の興となってあの俣野・河津の対戦があった。巻四以後になると、曾我兄弟が祐経を敵と狙うなか、三原・那須・富士野の狩倉での関東武士団の姿が鮮やかに描かれ、あるいはそうした武士団の交流が生き生きと叙述されている。

『吾妻鏡』の世界からは垣間見る程度だった光景が、『曾我物語』では全面的に展開されていることを知る。一幅の絵となり、ドラマになっている。後世、これが歌舞伎のなかでさまざまに形を変えてとりいれられたのも宜なるかなである。いわばそれは東国武士の英雄的姿であり、『曾我物語』はこの時代を彼らの英雄時代として捉えていたといっても過言ではない。

さらに興味深いのは、曾我兄弟の成長とともに、鎌倉幕府が成長し、その成長にあわせて『曾我物語』の物語的世界も膨らんでゆく構成である。挙兵以前の四ヵ国の武士団の集うた奥野の狩倉の世界は、ひろく関東一帯の世界へと拡大しており、それを数量的に、また視覚的に描き出している。兄弟の足取りは、上野・下野へとひろがり、やがて富士野に勢揃いする武士は四ヵ国のほか、安房・上総・下総・常陸・下野・上野・信濃の大名たちであった。

もはや『吾妻鏡』と『曾我物語』との緊密な関係は明らかであろう。これまではともすれば、両作品については、本文の異同関係から内容がどう違うのかが問題とされ、本文に同じ部分を認めると、一方が他方をどのように利用したかを考え、異なった部分を認めると、まったく別個に考察してきた。そこでは、両者が相俟って幕府成立期の歴史が描かれているという視角は育たなかった。

しかしここに両者の緊密な関係をみたのであるから、さらに両者の共通の基盤を探る必要がある。そこで曾我兄弟の背景の世界を問題としてみよう。

まずあげられるのは駿河以下四ヵ国の大名たちである。伊豆の奥野に集まったあの大名たち。次に曾我兄弟の親族たち。幼い二人が遊びゆくところを、『曾我物語』は、

　打ち列れて遊ぶ所はどこどこぞ。三浦介義澄は伯母聟なれば、是にても五、六日は遊びけり。和田左衛門尉義盛は母方の伯母聟なれば、是にても二、三日遊びけり、……伊藤は一門広かりける上、母は渋谷庄司重国の女房の妹なり、……

と語る。そして五郎の烏帽子《えぼし》親《おや》の北条時政。

　建久元年庚戌神無月中半のころ、曾我十郎助成は弟の筥《はこ》王を引き具して、年来通ひて遊びける北条殿の御宿所に入りつつ、男になさんずる由を申入れて、名をば北条五郎時宗とぞ呼びにける、

とみえる。このように北条氏の存在はきわめて大きい。そういえば駿河・伊豆は早い時期から時政が守護となっており、北条氏の分国《ぶんこく》として永く維持された。武蔵もまた途中から分国となっており、相模は政所《まんどころ》支配下にあったが、その政所を北条氏が握るにいたる。つまり四ヵ国の支配権は『曾我物語』のつくられた鎌倉末期にはいずれも北条氏の強い支配下にあったのである。しかも曾我兄弟の親族の多くは北条氏に被官《ひかん》化されていった。

つぎに仇討の舞台となった富士野はどうであろうか。『吾妻鏡』の文治二年（一一八六）六月九日条は富士領が関東御領《かんとうごりょう》であると記し、同四年六月四日条はここがかつて平家の所領だったと記し、その領主として北条義時《よしとき》の名をあげている。さらに富士郡については、済物《さいもつ》は後白河院《ごしらかわいん》に進上されているも

のの、田所職《たどころしき》の給与を北条時政が行なっているのをみれば、時政の所領であったとわかる（文治五年十一月八日、三年十二月十日条）。どうみても富士野一帯は北条氏の所領だったわけである。

もはや明らかであろう。『吾妻鏡』と『曾我物語』とは、北条氏を共通の基盤としているのである。『曾我物語』もまた、北条氏の側から構想された作品といってよいかもしれない。

3　王殺し

よく知られているように『曾我物語』は御霊《ごりょう》信仰と深く結びついている。曾我兄弟の御霊を鎮める物語というのである。ここで興味深いのは、曾我兄弟の御霊神が富士郡の鎮守とされた点である。『曾我物語』は次のように語る。

虎は今一度伊出の屋形の跡を見むとて、駿河の国小林の郷に入りにけり。ある森の中に社あり。前に鳥居を立てたり。里の者に合て、この社をば何の社かと申す。またいかなる神をか祝ひ奉る、と問ひければ、これは曾我十郎殿と五郎殿とが富士の郡六十六郷の御霊神とならせ給ひて候ふ間、富士浅間の大菩薩の客人《まろうど》の宮と崇め奉る御神、と申しけれ、

すでにみたように富士郡は北条時政の所領であった。そうすると曾我兄弟の御霊は北条氏によって富士郡の鎮守神とされたのであって、いわば北条氏の守護神に転じたといえるであろう。

ではどうして曾我兄弟は死んで御霊神となり、北条氏の守護神に転じたのか。兄弟の目的は達したのではなかったのか。確かに父の敵工藤祐経は討ち取った。しかしその後、頼朝の前に進んでいって、

君一人を汚し進せつつ、後代に名をば留め候はむと存じ候ひし、

と、頼朝を討ち果たそうとして失敗、十郎は仁田忠常《にたただつね》に討ち取られ、五郎は捕らえられて処刑されたのであった。曾我兄弟の御霊への転化は、実に頼朝殺害の失敗にあったといえよう。しかるにその兄弟の保護者が時政であり、その計画の場が時政の所領であり、また兄弟の御霊を祀ったのが北条氏であるとなれば、曾我兄弟を頼朝殺害へと導いたのは時政ということになる。

ここにおいて『曾我物語』の神話的性格として、王殺しをみることができよう。京から流れてきた異人である頼朝を王に迎え、王国をつくった。だがその王の力が衰退した時、王殺しによって再生の力をつけようと試みた。王殺しのフォークロアである。(3) そういえばこの富士野の狩りは、頼朝の後継者として頼家《よりいえ》が初めて鹿を射た記念すべきものでもあった。

富士野御狩の間、将軍家督若君始めて鹿を射らしめ給ひ候、……此の後、今日の御狩を止められ訖、晩に属し、其の所に於いて山神矢口等を祭らる、

と『吾妻鏡』は記している。この部分は『曾我物語』の記すところではないが、もともと富士野の巻狩とは将軍（王）の代替りに向けて設定された儀式的性格の濃いものだったわけである。(4)

その儀式の場において王殺しのために差し向けられたのが曾我兄弟である。目的は祐経という王の

側近を殺すことにより、一応は達成されたが、なお王殺しに挑んで失敗する。だがその失敗によって御霊として祀られることになり、ここに王殺しは象徴的な形で完成する。

こうしてみると、『曾我物語』は、東国に生まれた王権の起源と再生に関わる神話を主要なモチーフとしていたことがわかる。

ではそうした『曾我物語』に対し、『吾妻鏡』は何を訴えようとしているのであろうか。

『吾妻鏡』は全部で五十二巻。治承四年（一一八〇）四月九日にはじまり、文永三年（一二六六）七月二十日をもって終わる。初代将軍頼朝に始まり、宗尊《むねたか》親王が京に送還されたところで筆が擱かれている。その形式は将軍の代ごとの将軍年代記である。

王殺しとの対応でいえば、将軍が京に送還されたところで終わっているのがなんとも興味深い。皇族将軍の誕生は幕府が早くから希望していたところであった。実朝が殺害された時も、「将軍」として後鳥羽《ごとば》の皇子の下向が朝廷に奏請されている。それがかなわず摂関家から将軍を迎えることになったのだが、そうした経緯を経てやっと実現した皇族将軍をも京に逐ってしまったのである。まさにこれは衰弱した王を追放する、王殺しにあたるとはいえまいか。

考えてみれば、頼朝の子頼家は伊豆に押しこめられて殺されている。実朝は鶴岡の社頭で殺されている。王殺しそのものである。その後の将軍は殺されることこそなかったが、頼経《よりつね》・頼嗣《よりつぐ》・宗尊といずれも京に送られている。擬似的な王殺しと評価できるに違いない。

したがって、『曾我物語』と同様に、『吾妻鏡』も王殺しのモチーフに貫かれていたのである。『吾妻鏡』はすでにみたように、皇族である以仁王の令旨が出されたところに始まる。それが東国に下ってきて、頼朝と結びついて王権は誕生した。それに対応するかのように『吾妻鏡』は、皇族将軍の王が京に帰されて終わる。つまり、王権の誕生とくりかえされる再生の歴史を『吾妻鏡』は描いたのであった。

とはいえ、『吾妻鏡』は、もともと文永三年（一二六六）以後も編纂が企画されていたものであって、最初から文永三年でもって終わるべき性質のものではなかった、とみる見解もある。また文永三年以後もつくられたが失われてしまった、とする見方も可能であろう。(5) だからそんな首尾一貫したモチーフは認め難い、と問われるかもしれない。

しかし数ある諸本はみな文永三年をもって終わっており、かりに文永三年以後の編纂の計画があったとしても、文永三年で一応の終わりをみていることの意味はやはり大きい。それなりの首尾一貫性を認める必要性があるように思う。

4　継　承

『吾妻鏡』は完本ではなく、途中、十二年間分欠けている。しかも頼朝と朝廷との接触があった寿永二年（一二〇三）、頼朝の死につながる落馬のあった建久九年（一一九八）、北条泰時《やすとき》のなくなった仁治三年（一二四二）など、きわめて重要な事件がおきた年に限ってその欠落が目立つ。そこにある種の作為の存在を嗅ぎあててきたのが、これまでの研究である。

「大胆に言い切ってしまうならば、北条氏執権政治護持の立場からする真実の歪曲、美化、あるいは隠蔽という『吾妻鏡』の編者にとっての至上の要請の前に、これらの年々の叙述は困難をきわめ、遂に未完成のままほうり出される仕儀に立ち至ったのではあるまいか」と石井進氏は指摘する[6]。

欠落部分には叙述困難な重要事件が存在したのであろう、というこの指摘は大変興味深い。ただ『吾妻鏡』の実録指向からすれば、重大事件はその事件なりに淡々と述べればよいのであって、叙述困難というほどのことでもないようにも思う。たとえば頼家を追い落とす事件については詳細に語っており、実朝殺害事件も記している。陰謀があったのではないかとされる北条義時の死も、あるいは三浦氏を滅ぼした宝治《ほうじ》合戦《かっせん》についても、みな考えてみれば叙述困難といえなくもないが、しっかりと記している。

そうみてゆくと、欠落は偶然的散佚によるとも考えられるが、ただ建久七年（一一九六）からの三年分がまとまって欠けているのまでも偶然として処理できるかとなると、ややためらいを覚える。建久九年はともかく、七・八年はさほど重要な事件はなく、また他にはこのようにまとまって欠けることはない。しかもこれが頼朝の将軍年代記の最後の三年分である点で、何らかの偶然と片づけるわけにはいかない面を多分に有している。

ではまったくの偶然ではないとすれば、どんなことが考えられようか。まず思い浮かぶのは、『吾妻鏡』編纂技術上の問題である。将軍年代記の性格をもつ『吾妻鏡』は、それぞれの将軍の代ごとに性格が異なっており[7]、担当者を各々別に個定めて編集にあたらせたとみられる。そのことをよく物語っているのは、頼経将軍記と頼嗣将軍記の二つが、寛元二年（一二四四）五月から十二月までを重複しながら同一内容について違った記事を載せている点である。そうした担当者の違いによって、『吾妻鏡』は各年代記の間で相当な違いが生まれたと考えられる。

そこから頼朝将軍の年代記の担当者は建久六年（一一九五）まではなんとか編集したが、あと三年を残して完成にこぎつけることができなかった、とみたらどうであろうか。しばしば分担執筆者一人の遅れによってなかなか全体がまとまらないという経験はよくあることである。

これはそれなりに説得的な見方と思うが、そこでは『吾妻鏡』は未完の作品であることが前提となっている。確かに『吾妻鏡』は未完成であるといっていいほどに誤脱も多く、それだけに心魅かれる解釈ではある。しかし『吾妻鏡』を完成品として考えてみて、そのうえであえて三年分をわざわざつくらなかった可能性はまったくないのであろうか。つまり最初から三年分は構想されていなかったという可能性も検討する必要がある。

頼朝将軍記の終わっている建久六年の重要事件には、この年三月の東大寺大仏殿の落慶供養のための頼朝の上洛がある。その上洛をもって、あるいは頼朝将軍記を終えたかったのかもしれない。そこで上洛の意味を探ってゆくと、東大寺供養を無事すませたあと、六月三日に長子頼家の参内しているのが興味深い。鎌倉に帰っては、頼家の厩もはじめて建てられている。上洛は頼朝の後継者として、頼家を朝廷に披露し、認知させる機会だったのである。(8)

ここで頼朝将軍記の始めと終わりとをつきあわせてみれば、京で出された令旨が東国にもたらされてそこで将軍（王）が生まれ、建久七年にいたってその将軍が京にのぼり、将軍の後継者が誕生したというストーリーになる。まさに王権の誕生と継承とが語られているのである。首尾一貫したものだったといえよう。これが建久九・十年の頼朝の死を最後におくとするならば、たんなる頼朝一代記の意味しか見出されないように思う。

ここで『曾我物語』を再び思いおこしたい。そこには王殺しによる王権の再生の物語という性格があった。しかるに『吾妻鏡』の頼朝将軍記では王権の継承による再生が意図されている。両者は微妙な違いを示しているが、じつはそれこそ一つのもののタテとヨコの両面といえなくもない。いわば王権の誕生と再生とを異なる形式とニュアンスで示したのが、『曾我物語』と『吾妻鏡』の頼朝将軍記ではなかったろうか。

こうみてくると、頼朝将軍記が建久六年で終わっているのも十分意味あるものだったといえよう。『吾妻鏡』は頼朝将軍記だけとしても、それのみで立派に『曾我物語』と対応しており、幕府の誕生と成長のドラマを表現していたのである。

だが『吾妻鏡』はそれにとどまらず、さらに頼家将軍記以下をつけ加えていった。そこで主として記されているのは、すでにみてきたように王殺しによって再生を果たし、力をつけてゆく幕府の姿であるが、その中心に常にいたのが北条氏の家督得宗家である。『吾妻鏡』が将軍の継承について詳しく語るのは当然にしても、さらに得宗＝執権の継承についても詳細に語っている。

○元久二年（一二〇五）七月十九日、牧御方奸謀を廻らし、朝雅《ともまさ》を以て関東将軍となし、当将軍家を謀り奉るべきの由、其の聞えあり、仍尼御台所……羽林（実朝）を迎へ奉られ、即ち相州亭に入御の間、遠州召し聚めらる所の勇士、悉く以て彼所に参入し、将軍家を守護し奉らる、同日丑剋、遠州俄に以て落餝せしめ給ふ、

○同廿日、遠州禅室伊豆北条郡に下向し給ふ、今日相州執権事を奉らしめ給ふ、

これは尼御台所《あまみだいどころ》（政子）の力によって遠州（北条時政）から相州（義時）に執権の職が継承されたことを物語っている。さらに元仁元年（一二二四）の義時から泰時への継承も、義時の跡を継いで「関東の棟梁《とうりょう》たるべきは、武州なり」と指示した政子の力によるものであった。

こうして執権は北条氏の家督に血統として継承されてゆく体制が整えられ、康元元年（一二五六）十一月には、時頼は子の時宗の代官として執権を北条長時《ながとき》に譲ったのであった。ここに直系の血統に継承される得宗＝執権家の揺るぎない位置が確立するのである。

血統によって伝えられる得宗家に対して、将軍家の方では血統の継承は二代で終わっている。頼朝・頼家についで三代の将軍となった実朝は、頼家が頼朝の「遺跡《ゆいせき》」をついで将軍となったのとは違い、「関東長者《かんとうのちょうじゃ》」として将軍宣下を受けている。血統によるのではなかった。その後の藤氏《とうし》将軍は頼経・頼嗣の二代で終わり、宗尊・惟康《これやす》も二代で終わっている。この、将軍は遷代の職であり、得宗家は血統に継承されるという観念こそ、『吾妻鏡』のもうひとつの大きな主張であったと思われる。

おわりに――『吾妻鏡』の成立――

最後に、『吾妻鏡』はいつ誰によりつくられたのか考えてみよう。これへの答えは鎌倉末期に、北条氏に近いところで、といった漠然としたものしかこれまでに提出されてこなかったが、この問題の解決の糸口は、『吾妻鏡』は果たして最初から『吾妻鏡』とよばれていたか、というふうなところにあるのではなかろうか。

一体、「鏡」と称される歴史書は『大鏡』に始まって南北朝期の『増鏡《ますかがみ》』にいたるまで、すべて和文体であるのに、『吾妻鏡』のみ和風の漢文体であるのはどうも落ちつかない。きっと後世に付された命名であったに違いない。鎌倉末期にはこうした記録は、一般的には「記」とよばれていたが、『百練抄《ひやくれんしょう》』『皇帝紀抄《こうていきしょう》』のごとく、「抄」とよばれた可能性もあろう。ただ「抄」とみた場合、『吾妻鏡』の記事はあまりにも詳細でかつ集成的なので、「記」と命名されたとみた方が実態に近いと思われる。

次に上の字はどうであったか。「記」に対応するとすれば、漢文体であるから「吾妻」はまず考えられない。そうなると、当時京都から幕府をさしてよんでいた「関東」と「鎌倉」の二つが有力である。「武家」も考えられなくはないものの、これは六波羅探題《ろくはらたんだい》をさす場合が多く、恐らくそうは命名されなかったと思う。そうしたところから注目されるのが次の金沢文庫《かなざわぶんこ》文書中の一書状である(9)(口絵参照)。

申請候御書籍内、高名禄(マヽ)令二返進一候、今一巻忩可二返献一候也、又鎌倉□(治カ)記、六代勝事記、此等可レ申候、

抑先度申候家務簡要抄、世間雑事抄、未二撰出一候哉、於二京都一已御免候了、不レ可レ有二異儀(議)一候歟、

曾(下欠)

長井貞秀《さだひで》の書状と推定されているもので、「京都」とあるのは金沢貞顕《かねさわさだあき》が六波羅探題として在京中のことを意味する。貞秀が文庫内にある書籍の借り出しについて出した書状であり、「鎌倉□記、六《ろく》代勝事記《だいしょうじき》」に触れている。ここにみえる「鎌倉□記」こそ『吾妻鏡』そのものではなかったか、と思う。何よりも「記」とあり、「鎌倉」とあって、『吾妻鏡』の性格によくみあう。しかも並んで記されている「六代勝事記」は高倉天皇から承久の乱の仲恭《ちゅうきょう》天皇にいたるまでの歴史書であり、並列さ

れて記されるにふさわしい書物といえよう。一字読めない部分についても、「治」の字をあてたこれまでの解釈は認められるのではないか。

長井貞秀の死は延慶二年（一三〇九）三月、金沢貞顕の六波羅探題在任は乾元元年（一三〇二）から延慶元年、したがってこの時期までには「鎌倉治記《かまくらじき》」なる書物はできていたといえよう。(10)

さらに興味深いことに、「鎌倉治記」と並列されている『六代勝事記』は、承久の乱に関して『吾妻鏡』とまことによく似た記事を有しており、「安元の比《ころ》より貞応の今にいたるまで」と述べていることから、承久の乱直後の貞応年間（一二二二～二四）に成立したとされる。このため『吾妻鏡』の原史料のひとつとしてあげられてもいるが、(11)その説の当否はここでは措くとして『六代勝事記』と『吾妻鏡』との密接な連関は指摘できるに違いない。

もちろん、「鎌倉治記」が『吾妻鏡』そのものであるという確証はないのだが、その可能性は十分に高いように思われる。それとともに『吾妻鏡』が金沢氏の周辺でつくられた可能性をもあわせて推測したい。金沢氏は北条氏一門きっての文人武士であった。宗尊将軍とともに下向してきた儒者の清原教隆《のりたか》から学問を学んだ金沢実時《さねとき》、その子顕時《あきとき》は清原俊隆《としたか》に学問を師事し、浄土・禅宗をおさめている。貞顕はその顕時の子であった。こうした一族であれば『吾妻鏡』を編纂するにまことにふさわしいばかりか、そのうえにさまざまな『吾妻鏡』の編纂に関わる記事が金沢氏周辺と結びついているのも見逃せない。まず元久二年（一二〇五）六月二十二日条にはこうみえる。

今日未の剋、相州の室（伊賀守朝光の女）男子平産（左京兆是なり）す、

義時の子政村が生まれた記事であるが、「左京兆是なり」とは当然のこと、政村が左京兆《さけいちょう》（左京《さきょう》権大夫《ごんのだいぶ》）とよばれるようになった文永二年（一二六五）以後でなければ記すことはできないものであって、『吾妻鏡』の編者による注記であろうと、これまでの研究に指摘されてきている。ただ政村が左京兆であった文永十年までの間に『吾妻鏡』が編纂されたとみるのは問題であって、政村の極官が左京兆なので、その後も左京兆といえば政村をさしたという指摘もみえる。(12)

それはさておき、どうして政村に限ってこうした注記を『吾妻鏡』の編纂者は加えたのかをここでは問題にしよう。というのも、『吾妻鏡』の他の記事にはみえないこの注記から編纂者と政村とのある種の関係をうかがえるとみられるからである。そこで政村と金沢氏との関係はとみると、顕時の母が政村の娘なのである、まことに近い関係にあったわけである。

次に貞永元年（一二三二）十二月五日条をみることにしたい。

故入道前大膳大夫広元朝臣、存生の時、幕府の巨細を執行の間、寿永・元暦以来、京都より到来の重書幷びに聞書、人々の款状《かじょう》、洛中及び南都北嶺以下の武家より沙汰し来る事の記録、文治以後の領家地頭所務条々式目、平氏合戦の時、東士勲功次第注文等の文書、公要に随ひ、右筆の輩の方に賦り渡すに依りて、所処に散在す、武州（泰時）この事を聞き、季氏・浄円・円全等をして目録を整へ、左衛門大夫に送らると云々、

大江広元《ひろもと》の手許にあったさまざまな記録や文書が右筆の奉行人にくばり渡されて散らばってしまったので、これらを尋ね集め、その目録を「左衛門大夫」に送ったという内容である。こうした文書や記録が『吾妻鏡』編纂に使われたのであろうと、これまで説かれてきているのだが、(13)ここで注目されるのは目録の送られた「左衛門大夫」である。この人物は二年後の文暦元年（一二三四）三月五日条にみえる長井「左衛門大夫泰秀」に相違ないであろう。彼は大江広元の孫にあたり、すでにあげた書状で「関東治記」「六代勝事記」に触れている長井貞秀の曾祖父にあたる。

『吾妻鏡』の編纂を行なう時、金沢氏に親しい長井氏の手許にあったはずのこの鎌倉初期以来の記録や文書の目録は大いに役立ったに違いない。また『吾妻鏡』には「広元伝説」ともいうべきものがあったことは、早くから指摘されているところである。(14)あるいはそれらも長井氏を経て『吾妻鏡』のなかに入ったといえるかもしれない。

ところで、「広元伝説」をはじめとして『吾妻鏡』の頼朝将軍記には説話的な記事が数多く見出されるが、なかでも下河辺《しもこうべ》行平《ゆきひら》については頼朝将軍記にとくにまとまってみえる。治承四年（一一八〇）五月十日条をみよう。

下河辺庄司行平、使者を武衛に進らせ、入道三品用意の事を告げ申すと云々、

これは『吾妻鏡』の巻頭近くにあり、行平が使者を頼朝に送って、源頼政《よりまさ》に挙兵の準備のあることを知らせてきている。東国の武士で『吾妻鏡』に最初に登場するのが北条時政、その次が行平である。

これ以後、行平は実に頻繁に登場し、同年十月二十三日の相模国府での本領安堵《ほんりょうあんど》では「行平、元のごとく下河辺庄司たるべきの由、仰せらる」と特別に記されており、翌年四月七日の御所近習番《ごしょきんじゅうばん》では「江間四郎」北条義時についで第二番目に名を列ねている。以後、行平は弓矢のこと、合戦での恩賞のこと、あるいは頼朝の近習のことで数々のエピソードとともにあらわれ、ついに頼朝将軍記の終わり近く、建久六年（一一九五）十一月六日条では、

下河辺庄司行平の事、将軍家殊に芳情を施さる、の余り、子孫に於いて永く門葉に準ずべきの旨、今日御書を下さると云々、

と、頼朝の一門に准ずる待遇を獲得するにいたったという。おそらくこうした記事の多くは、行平の子孫が提出した行平にまつわる何らかの事蹟によったのではないかと思われるが、その行平の子孫は北条氏の御内人《みうちびと》となり、本領の下河辺庄《しもこうべのしょう》は北条氏の所領となっている。しかも金沢氏がそこを知行しており、一部は称名寺《しょうみょうじ》領に寄進されたのであった[15]。行平の伝説も、したがって金沢氏と頗る関係があったのである。

かくして『吾妻鏡』の編纂関係の記事の多くは金沢氏の周辺へと結びついていくが、さらにこうした形式の奉行人の日記と同じような日記で『吾妻鏡』が編纂されたのであろうと推測される『建治《けんじ》三年記』や『永仁《えいにん》三年記』も、金沢氏の文庫の所蔵にかかっていた。

以上から『吾妻鏡』は、おそらく十三世紀末頃に金沢氏の手により編纂されたとみる。それでは

『吾妻鏡』とペアの作品とみられる『曾我物語』はいつ、いかにして、という問題が次に生まれてこよう。だがそれは後の課題にしておこう。そうでなくとも、これまでの論述のなかに推測があまりに多過ぎる。一度、確かな地点にもどって、そこから再び考えることとしたい。

注

（1）『吾妻鏡』の基本的性格については、八代国治『吾妻鏡の研究』（明世堂書店、一九一三年）がある。

（2）テキストには『妙本寺本曾我物語』（角川書店、一九六九年）とそれによった『真名本曾我物語』（平凡社、一九八七年）を使用し、両書の角川源義・福田晃の解説を参照した。

（3）丸谷才一『忠臣蔵とは何か』（講談社、一九八四年）参照。

（4）千葉徳爾『狩猟伝承研究』（風間書房、一九六九年）、石井進『中世武士団』（小学館、一九七四年）等。

（5）この付近、益田宗「吾妻鏡の伝来について」（中世の窓同人編『論集中世の窓』、吉川弘文館、一九七七年）参照。

（6）石井進「吾妻鏡の欠巻と弘長二年の政治的陰謀（?）」（『中世の窓』八号、一九六一年、後に『鎌倉武士の実像』、平凡社、一九八七年所収）。

（7）石田祐一「吾妻鏡頼朝記について」（前注（5）『論集中世の窓』所収）。

（8）拙著『鎌倉と京』（小学館、一九八八年）、一七五頁。

（9）『鎌倉遺文』二三五三二号。

（10）この貞秀の書状については、関靖「金沢文庫の再吟味（五）」（『歴史地理』六二―二号、一九三三年）

参照。

（11）平田俊春「吾妻鏡と六代勝事記」（『吉野時代の研究』、山一書房、一九四三年）。これへの批判に、益田宗「吾妻鏡のものは吾妻鏡にかえせ」（『中世の窓』七号、一九六〇年）があり、その反批判に平田「六代勝事記をめぐる諸問題」（『金沢文庫研究』一二―八～一二号、一九六六年）がある。

（12）前注（5）益田論文。

（13）前注（1）八代書。

（14）石母田正「文治二年の守護地頭停止について」（『法学志林』五六―一号、一九五八年）。

（15）舟越康寿『金沢称名寺寺領の研究』（『横浜市立大学紀要』一〇号、一九五二年）。

二　合戦記の方法

はじめに

本稿の出発点は『徒然草《つれづれぐさ》』にある。『平家物語《へいけものがたり》』の成立事情を語ったあの二百二十六段である。そのうちの「九郎判官の事は委しく知りて書き載せたり、蒲冠者《かばのかじゃ》の事はよく知らざりけるにや、多くの事どもを記し洩らせり」という指摘に注目したい。兼好《けんこう》は勘どころを実によく押さえている。この一文もまさにそういった型のものといえるのではないか。

実際、『平家物語』は義経《よしつね》について詳しいのに対し、範頼《のりより》についての記事はまことに少ない。たとえば義仲《よしなか》との間の合戦では、大手の大将軍範頼の動きにはほとんど触れず、搦手《からめて》の大将軍義経の動きにそって、宇治川《うじがわ》先陣・河原合戦《かわらかっせん》と、描写してゆく。

一《いち》の谷《たに》の合戦でも、大手の大将軍範頼、搦手の大将軍義経の陣立を記したあとは、合戦記事は義経の行軍にそって、三草合戦《みくさかっせん》・鵯　越《ひよどりごえ》と続く。その後の屋島《やしま》・壇《だん》の浦《うら》の合戦もみなしかりである。

この点を、『平家物語』が義経を主人公に描きたかったためだと即断すれば、もはやそこから次に考える余地はなくなる。「参河守範頼、やがてつゝゐてせめ給はゞ、平家はほろぶべかりしに……あそびたはぶれてのみ月日をくられけり」（巻十藤戸）といった箇所を引用して、思考は打ち切られよう。

だがここで『徒然草』のごとく、「九郎判官の事は委しく知りて書き載せたり」と評価できれば、一体、『平家物語』はどのようにして義経とその合戦のことについて知りえたのか、という問題を提出することができよう。そしてこれを範頼との対比でいえば、範頼の合戦記は入手できなかったが、義経については入手できた、という風に言い換えることもできる。

しかしそう言い切るのには少し早すぎよう。まずは合戦記がいかにしてつくられたのかを考える必要がある。

1　合戦記とは

手始めに『平家物語』巻八の法住寺合戦《ほうじゅうじかっせん》について考えてみたい。合戦に関する史料はいくつかあるが、貴族の日記としてこれに触れたものでいちばん詳しいのは吉田経房《つねふさ》の『吉記《きっき》』である。他に九条兼実《かねざね》の『玉葉《ぎょくよう》』や、藤原行隆《ゆきたか》の日記をもととしたとみられる『百練抄《ひゃくれんしょう》』も現存するが、(1)『吉記』を含めていずれも合戦の具体的内容を記したものではない。

およそ貴族の日記から合戦を再現し、叙述することはきわめて難しいであろう。もともと合戦の具体的経過に貴族の関心が乏しいからでもあるが、その点を『吉記』寿永二年十一月十九日条によって確かめておこう。

後聞、御所四面皆悉放火、其煙偏充二満御所中一、万人迷惑、義仲軍破二入所々一、不レ能二敵対一、法皇駕二御輿一、指レ東臨幸、参会公卿十余人、或鞍馬、或匍匐、逃二去四方一雲客已下、不レ知二其員一、女房等多以裸形、武士伯耆守光長、同子廷尉光経已下合戦、其外併以逃去、義仲於二清隆堂辺一追参、

これをみてもおおよその合戦の経過は記されているので、ひとまず全体像はおさえられよう。しかしこれによって合戦の具体的描写をなすのは無理であって、利用したとしてもさらに別の記録が必要だったに違いない。

そこで『平家物語』(延慶本《えんぎょうぼん》)の描写を考えてみる。まず陣立が記され「大将軍知康以下近国の官兵、北面の輩・公卿殿上人・中間山法師已上二万余騎」の御所方に対し、「木曾が方兵には二科次郎盛家、高梨ノ六郎高直(忠)、根井幸親、同男楯六郎親忠、樋口次郎兼光、今井四郎兼平以下者共一千余騎」と木曾方が記されている。何よりもまず、ここでは木曾方の兵が圧倒的に少ない点が興味深い。

合戦は、その木曾勢が法住寺御所に向かい、西面を固める鼓判官知康《つづみほうがんともやす》との間に始まる。ところが程なく、御所の北面に火をかけて木曾勢が攻めいると、ほとんど戦闘らしい戦闘もないまま勝敗の決着はつき、以後の『平家物語』の描写は、御所から落ちて行く人々の動向とその追捕《ついぶ》に尽くされる。

「名もをしみ、恥をも知る程の者、皆打死にけり」と記された後、摂津源氏の敗走、出羽判官光長《みつなが》父子の討死が語られる。

続いて貴族・僧侶の動向が記される。天台座主《てんだいざす》明雲《めいうん》が楯六郎《たてのろくろう》の手に、三井長吏《みいのちょうり》円恵《えんえ》が根井小彌太《ねいのこやた》の手にかかって最期を遂げたこと、豊後少将藤原宗長《むねなが》が武士に射られたのをやっとのことで八島四郎に保護された話など、次々に語られていって、法住寺合戦の描写は終わる。

こうした合戦の叙述をみてゆくと、全体が木曾方からの視点により語られていることに気づく。『古事談《こじだん》』に記されているエピソード、御所方の安藤右馬大夫右宗《すけむね》の活躍の話はみえず、『愚管抄《ぐかんしょう》』が詳しく記す天台の明雲や寺門の円恵の死も、簡単に記すのみである。この点からして、『平家物語』が利用した法住寺合戦記は、木曾方によりまとめられたものとはいえないであろうか。

よく知られているように、木曾義仲は大夫房覚明《たいふぼうかくめい》という「手書《てかき》」を具していた。「此覚明はもと儒家の者也、蔵人道広とて、勧学院にありけるが、出家して最乗房信救とぞ名のりける」「高倉宮の園城寺にいらせ給ひし時、（中略）南都の大衆返牒をば此信救にぞかゝせたりける」（『平家物語』巻七）と、もとは儒家であったが、出家して信救《しんぎゅう》と名のり、以仁王《もちひとおう》の乱では興福寺《こうふくじ》の大衆の返牒《へんちょう》を書いた人物という。乱後は「南部をば逃て、北国へ落下、木曾殿の手書して、大夫房覚明とぞ名のりける」と、義仲に手書として仕えたとある。

こうした手書によって義仲の合戦記がまとめられていたとすれば、『平家物語』がどうしてあのように、義仲について豊富な記述をもっているのか、という謎も解けてこよう。信濃の横田河原《よこたがわら》の合戦に始まり、寿永二年（一一八三）の木曾・鎌倉の不和の事件、平氏との北国合戦《ほっこくかっせん》などのいずれをみても、木曾方からの視点によって描かれている。法住寺合戦でもかの覚明は、義仲が関白になろうとしたのを制した人物としてみえている。

ここにおいて義経においてもそうした手書が存在し、その記した合戦記が『平家物語』に利用されたのであろう、という推測が可能となる。だが、そのことに触れる前に、当時の合戦が合戦後にどのようにまとめられたものなのか考えておかねばならない。

法住寺合戦のおきる直前の寿永二年九月末、後白河法皇の命を受けて鎌倉に下っていた院の使者が、頼朝の奏請《そうせい》を記した「折紙《おりがみ》」と「合戦注文《かっせんちゅうもん》」とを持参し帰洛している。折紙とは三ヵ条にわたる頼朝の要求であり、これにそって頼朝の東国支配権を認める十月宣旨《せんじ》が出されたことをみても、これへの朝廷の関心は大きかった。『玉葉』の記主九条兼実の関心も強く、後々のためにその内容を日記に載せているが、合戦注文については「合戦記不レ遑二具注一」とほとんど関心を示していない。(2)

だが頼朝とその配下の武士にとっては、合戦注文はとても大事なものであったに違いない。武功が記され、それにそって恩賞が与えられるからである。頼朝の提出した合戦注文《かっせんちゅうもん》がどのようなものかは明らかではないが、おそらく挙兵以後の何度かにわたる合戦を集約したものであろう。

ここで思い浮かべるのは『陸奥《むつ》話記《ものがたり》』である。それの末尾にはこの書が「国解《こくげ》」と「衆口《しゅうこう》」とからなっていると記されている。衆口は人々の伝聞や語りといったものであるが、国解とは陸奥国からの朝廷への合戦の報告に他ならない。つまり国解は合戦記を集約したものである。

そうした合戦注文や国解を作成するためには、さらに個々の合戦についての具体的な合戦記が必要である。その作成を考えるうえでよい材料を提供してくれるのが、武家の記録『吾妻鏡《あずまかがみ》』であろう。それは合戦を業とする武士たちの活動を詳しく語っており、合戦記がいかにしてつくられたかをも記している。またそれ自体が合戦記そのものによって構成されていると考えられる。それだけにまたとない史料ではあるが、今までこの面からの検討はあまりなされてこなかったように思う。

そこで一例として、治承四年（一一八〇）十一月初旬の佐竹合戦《さたけかっせん》の記事をみたい。前月に富士川《ふじがわ》の合戦に勝利した頼朝は上洛を断念すると、鎌倉に落着くと思いきや、そのまま背後の脅威となっている常陸の佐竹秀義《ひでよし》を攻めた。この合戦で大きな活躍をしたのは上総介広常《ひろつね》であるが、広常らは首尾よく要害金砂城《かねさじょう》を落とし、秀義を奥州に追い払って頼朝の陣営に帰参したのであった。その十一月七日・八日条を次にあげる。

○七日乙卯、広常以下士卒、帰二参御旅館一、申二合戦次第及秀義逐電、城郭放火等事一、軍兵之中、熊谷次郎直実、平山武者所季重、殊有二勲功一、於二所々一進二先登一、更不レ顧二身命一、多獲二凶徒首一、仍其賞可レ抽二傍輩一之旨、直被二仰下一云々、

○八日丙辰、被レ収二公秀義領所常陸国奥七郡幷大田糟田酒出等所々一、被レ宛二行軍士之勲功賞一云々、

この記事によれば、合戦が終わると、軍士からの合戦の次第についての報告があり、さらに主なる敵将の動静や合戦場での戦闘の経過の報告があったことがわかる。その際に誰がどのような軍忠《ぐんちゅう》を尽くしたかについても報告があったらしく、それらが口々に語られ、記録にとどめられた。そして翌日にその軍忠にそって勲功賞が軍士らに与えられた。ここで重要な点は、このように合戦の次第が次々に報告された場の問題であり、そのことの記された記録の問題である。

まず場は、ここでは「御旅館」とあるから、合戦の大将軍の面前といえよう。その場で軍士の報告にもとづいて合戦記がつくられ、それにそって翌日、恩賞が軍士に授けられたのである。

この例はそれ以上のことを記していないが、『吾妻鏡』のなかでこうしたことをより詳細に書きとめているのが、建保元年（一二一三）五月に鎌倉を戦場としておこった和田合戦《わだかっせん》の記事である。北条義時《よしとき》の挑発により和田義盛《よしもり》によっておこされたこの合戦の記事は、『吾妻鏡』の無機質な記事のなかでは最も精彩にあふれ、それ自体文学作品といっても過言ではない。

合戦の詳しい経過は省略する。五月の二、三日の両日にわたって続いた鎌倉を戦場とする合戦が終了した翌四日、諸所から和田党の首二百三十四が固瀬河《かたせがわ》の辺に集められた。続いて将軍実朝は、幕府西御門で疵ついた軍士を集めての実検を行ない、さらに軍士らへの勲功の浅深の尋問をなした。

将軍面前のこの場が、軍士らによる軍忠の報告の場であったといえよう。その際に、政所《まんどころ》前における合戦での勲功をめぐっては、三浦義村《よしむら》と波多野忠綱《はだのただつな》との間で「嗷々《ごうごう》」の論戦があったというから、どうもそこでは次々に軍士の合戦の報告があって、功名を争うようなこともあったらしい。将軍はそうした報告を聞きながら、軍功を認定することになるのだが、戦った軍士らも傍輩が口々に言うのを聞きながら、合戦の経過をふりかえり、互いの功を確認し、合戦についての共通の認識を得ることになったのである。

さて五日には、勲功賞が軍士に与えられ、六日には義盛にかわり新たに侍所別当《さむらいどころべっとう》に任ぜられた北条義時の命によって、合戦で死亡したり、生虜になった武士の注文が作成されている。勲功賞は、前日の軍士の報告にそって作成された合戦記にもとづいてなされたとみられる。

こうした経過からみても合戦記事は、合戦の大将の面前で集約されて作成された合戦記を入手すれば、具体的で的確な合戦描写が可能となるといえよう。『吾妻鏡』が和田合戦について著しく詳細な記事を載せているのは、おそらくその合戦記にもとづいているからと考える。

ではそれは誰の手になる記録であったのか。西御門前での将軍の実検を奉行したのは、「山城判官行村為二奉行一、行親・忠家相二副之一」とあって、山城判官行村に金窪行親《かなくぼゆきちか》・安東忠家《あんどうただいえ》の二人である。さらに三浦義村と波多野忠綱とが政所前での先登《せんど》の功を争った時、審議の奉行には行村があたっている。(3)また合戦での死者や生虜《いけどり》等の交名《きょうみょう》を尋ね記したのは、行村・行親・忠家らである。ここにみえる三人が和田合戦の軍奉行《いくさぶぎょう》であった。このうちの行親・忠家は北条義時の被官として行動し、行村の補佐的活動をしているのに対し、行村は合戦の原因となった安念法師《あんねんほうし》の叛逆の取調べを行なったのを手始めとして、一貫してこの事件に関与しており、(4)行村こそ将軍指揮下の軍奉行だったといえよう。

行村の父は政所別当となった二階堂行政《にかいどうゆきまさ》であり、兄行光《ゆきみつ》も政所別当となり、さらに執事別当《しつじべっとう》として活躍した吏僚である。(5)行村自身は政所別当にこそならなかったが、検非違使《けびいし》に任ぜられて山城判官《やましろはんがん》と称し、侍所の検断奉行《けんだんぶぎょう》として活動した。まさに和田合戦に関する詳細な書き手にふさわしく、合戦について知りたくばまず行村の記録を求めねばならない、といった性格の人物であろう。その子孫は幕府評定衆《ひょうじょうしゅう》として活動している点からも、この行村の作成になる合戦記が『吾妻鏡』に使われたとみるのがいちばんふさわしいように思う。

『吾妻鏡』の分析にやや手間どったが、合戦記の作成のされ方がある程度わかったのではなかろうか。それから考えれば、『平家物語』の義仲の合戦の様子は、手書として従軍した大夫房覚明が残した合戦記がもとになっていたといえようし、さらに義経についても、その手書による合戦記が利用されたと考えられる。そこで次に、義経の合戦にそくしてこの点を考えてみることにしよう。

2　義経合戦記

元暦元年（一一八四）になると、『平家物語』での合戦の主役は明らかに義仲から義経に転ずる。『平家物語』の合戦の様子の叙述の基礎となったものも、そこで変わったはずである。その点を探る手懸りを与えてくれるのも、これまた『吾妻鏡』である。

それには西征した軍士からの報告がたくさん載せられており、そこから個々の合戦の合戦記のつくられ方を知ることができる。また当時作成された合戦記そのものが『吾妻鏡』の編集の際に利用された可能性も高い。後年の記事には、大江広元《おおえのひろもと》が「平氏合戦之時、東士勲功次第注文」を所持していたとみえる。(6)

まず元暦元年正月二十七日の、義仲との合戦についての報告記事からみることにしよう。

遠江守義定・蒲冠者範頼・源九郎義経・一条次郎忠頼等飛脚参着、去廿日遂二合戦一、誅二義仲幷伴党一之由申之、三人使者皆依レ召参二北面石壺一、聞二食巨細一之処、景時飛脚又参着、是所レ持二参討亡囚人等交名注文一也、方々使者雖二参上一、不レ能二記録一、景時之思慮、猶神妙之由、御感及二再三一云々、

これをみると、源義定《よしさだ》・範頼・義経らの大将軍からそれぞれ使者が出され、頼朝の許に報告の届いたことがわかる。やはり合戦が終わると、各大将軍の許で合戦の集約がなされていたのである。しかし頼朝の許にもたらされたのは口頭での報告であって、まだ合戦記にはまとめられていなかったらしいが、追っ付け梶原景時《かじわらかげとき》からは「討亡囚人等交名注文《きょうみょうちゅうもん》」が届き、頼朝の御《ご》感《かん》に預かっている。そこに合戦での記録への関心の高さがうかがえる。景時はおそらく全体の軍奉行であったろう。

ここで頼朝が合戦の記録をすこぶる重視した一件は、すぐ次の合戦の報告に大きな影響を与えた。

義仲との合戦に続く二月の一の谷の合戦では、範頼・義経の両将からただちに合戦記録が作成されて頼朝の許にもたらされている。

十五日甲戌、蒲冠者範頼・源九郎義経等飛脚、自二摂津国一参二着鎌倉一、献二合戦記録一、其趣、去七日於二一谷一合戦、平家多以殞命、

これにみえるように、合戦が終わると大将軍の許で合戦記が作成されたのである。実は、この大将軍ごとという点が大事なところで、『平家物語』が義経の合戦についてのみ大きくスペースをさいているのは、作者が義経の合戦記だけを利用した結果であるといえよう。逆に範頼の合戦記については利用しなかった、ないしは入手できなかったとみられる。

そこで義経の合戦記の具体像を探ろう。

西海飛脚参、申二平氏討滅之由一、廷尉進二一巻記一中原信泰、書レ之云々、是去月廿四日於二長門国赤間関海上一
(中略)藤判官代(邦通)跪二御前一、読二申此記一、

義経が壇の浦の合戦の戦勝報告をもたらしてきた時の『吾妻鏡』文治元年(一一八五)四月十一日条の記事である。これによれば義経は「一巻記」を送ってきたのであるが、それは「中原信泰」が書いたものという。この手書はどういう人物であろうか。

その年の暮、頼朝は没落した義経に同意してきた「結構衆《けちこうしゅう》」の罪科を朝廷に求めたが、そのなかに「少内記信康伊与守右筆」の名がみえる。これに応じて朝廷は「少内記中原信康」を解官《げかん》したのであったが、(7)

中原姓である点といい、「伊与守右筆」と義経の右筆であった点といい、彼こそ壇の浦合戦の「一巻記」を記した「中原信泰」その人とみてよいであろう。

信康は安元二年（一一七六）正月に算道の挙により左京進《さきょうのじょう》に任ぜられており、(8)いつからか義経の右筆となって、おそらく義経の推挙により内記《ないき》に任ぜられたのであろう。内記とは、いうまでもなく文筆の人の任ぜられる官職である。義仲の手書に具せられた覚明が「儒家の者」といわれた点が、ここに思い出される。信康は、まさに義仲における覚明のごとき存在であったに違いない。

『平家物語』によれば、覚明は多くの牒状《ちょうじょう》や願書の作成にも携わっていた。「清盛入道者、平氏之糟糠《そうこう》、武家之塵芥《じんかい》也」（巻四）と書いて清盛を怒らせた興福寺牒状をはじめとして、源行家《ゆきいえ》に従って伊勢神宮への願書を記し、さらに義仲に従っては山門への牒状などを執筆している。(9)手書は単に合戦記を記すだけではないのである。その点から義経の文書についてみると、『延慶本平家物語』（巻十一）には、失われた三種の神器の一つ宝剣のことを宇佐神宮《うさじんぐう》に祈った義経の願書が載せられている。(10)また義経は鎌倉に下って頼朝に款状《かじょう》を提出した。『吾妻鏡』に載る有名な腰越状《こしごえじょう》である。(11)あるいはこれらは信康の手になるとはいえないであろうか。ともにその真偽については定かでない部分が多いが、十分に検討に値する文書といえよう。

この時期の義経にとって、右筆の存在は欠くべからざるものがあった。すでにみたような合戦記の作成もそうであるが、他にも義経は畿内近国を中心に兵士役や兵粮米《ひょうろうまい》の賦課・免除にかかわっており、(12)その事務のためにも、さらに権門・寺社から寄せられてくる東国武士の濫妨《らんぼう》の訴えを聞き、(13)頼朝から西国に所領を与えられた人々にその所領を沙汰しつけることなど、(14)きわめて多くの事務をこなす必要があったのである。そこに信康の文筆の才が高く買われることになり、義経に従軍することになったのであろう。

かくして義経の合戦記は中原信康が作成したものといえる。そうであれば、それが頼朝の許に送られ、そのまま失われずに幕府に残されていたとすれば、『吾妻鏡』はこれを利用したものと考えられる。一方、『平家物語』も信康の手になる合戦記を利用していたとすれば、『吾妻鏡』と『平家物語』とはきわめて似通ったものとなっているに違いない。

事実、これまでの研究は二つの書の密接な関連を指摘している。たとえば石母田正「一谷合戦の史料について」(15)は、一の谷の合戦に関する二つの記事を具体的に比較しながら、

以上によって、吾妻鏡の一谷合戦の記事が平家物語と不可分の関係をもつことはあきらかになったとおもう、

と指摘している。ただすぐそれに続けて、「のこる問題は、いずれが他を模倣したかということである」と、両者のどちらがどれを典拠としていたのかという問題に飛躍してしまったが、その点は、同じ合戦注文を両書がそれぞれに使ったということで理解されるであろう。

さらに最近の平田俊春「屋島合戦の日時の再検討」(16)においても、「『吾妻鏡』の二月十八日、十九日

条の屋島合戦の記事は、日時の相違を除いては、『平家物語』の合戦記事と全く吻合している」との指摘がなされている。

かくて『吾妻鏡』も『平家物語』も、ともに義経の合戦注文をもとに構成していたとみられる。よくいわれているように『平家物語』の描く源平合戦の主人公は義仲と義経である。それはもちろん、この二人が目覚しい活躍をして後々まで記憶にとどめられていた結果にもよろうが、そのことよりも義仲や義経には詳細な合戦記が残されており、それが利用されたからとみた方がよいのである。

ただ利用されたといっても、その合戦記の原本が『平家物語』の作者によってそのまま活用されたというのではなかろう。むしろ、それらは覚明や信康と分ち難く結びついて流布したものと思われる。二人は没落したり、解官された後、おそらくそれぞれ義仲や義経の語り手として生き残ったことであろう。建久六年（一一九五）、覚明が箱根山にいることが発覚し、頼朝は山中から外に出ることを禁じたのであったが、[17]この例にもみえるように、後々まで覚明や信康は合戦記を携えて、義仲・義経のことを語り伝えていったと考えられる。

3　合戦記の方法

『平家物語』における義仲・義経の合戦描写は主として合戦記によるとみたのであるが、もちろん合戦描写のすべてが合戦記によったのではない。『陸奥話記』の記すような「衆口」も必要だったのであり、さまざまな伝聞や語りがとりいれられたと思われる。ここでは合戦記による合戦描写の特徴を探って、語りによるそれとの違いを考えてみたい。

まず第一にいえるのは、合戦記では、戦闘の経過が初めから終わりまで集約されていることにより、合戦の全体像がはっきり捉えられていて、きわめて骨格の整った叙述が可能である点があげられる。断片的なエピソードの積み重ねではない、ストーリー性の濃い叙述がなされている。

第二に、合戦記の作成が勝者の側によってなされたことから、合戦の視点が勝者の側にある点があげられる。その結果、味方の華々しい勲功が描かれ、味方の勝利の原因が詳しく語られている。だが、だからといって敵方の動向がまったく無視されたわけではない。合戦が終わると生虜の尋問があり、敗者の内情も聴取され、合戦記に記されたからである。

第三に、合戦記が味方の軍士の軍功を確認することを目的としているために、手強い敵に向かう勇敢で身命を捨てての戦いぶりが語られている。その際、敵が手強ければ手強いほど、勇敢さは強調されることになるから、強くて偉大な敵将の勇猛ぶりと、その悲劇とが記される傾向が強い。

和田合戦を例にとれば、朝夷名三郎義秀《あさいなさぶろうよしひで》がその敵将である。「義秀、猛威を振ひ、壮力を彰はす、既に以て神の如し、彼に敵するの軍士等、死を免るゝは無し」と讃えられる。そして義秀に勇敢に向かっていった軍士たちの奮戦の記事が次々に続く。高井重茂《しげもち》が討死にし、北条朝時《ともとき》が疵を蒙り、足利

義氏《よしうじ》・武田信光《のぶみつ》らが勇ましく合戦する様子が記されている。彼らは義秀に向かってこそ名があがったのである、(18)

ここで思い出されるのは『保元物語《ほうげんものがたり》』における源為朝《ためとも》ではなかろうか。白河殿《しらかわどの》の門を固める為朝に向かって清盛《きよもり》・義朝《よしとも》の軍勢が次々に襲いかかるが、命を落とし、疵を蒙る軍士が続出する。『保元物語』はそうした合戦場面を描いたもので、それ以外にはとりたてて合戦めいたものは描写していないといっていいほどである。しかもその戦闘も僅か数時間に過ぎない。だがそれが『保元物語』の中で大きな印象を与えるのは、為朝が敗者の勇将・英雄として大きくクローズアップされているからであろう。

そこに合戦記の手法がみえるといってよい。『保元物語』がどのような合戦記に拠ったのかは、拠るべき史料が不足している。ただ合戦の中で伊賀国住人山田小三郎維行《これゆき》が八郎為朝に向かって行く時、馬の口をとる舎人に対し「明日は疵の実検、軍の評定あらむずるに、山田が八郎に射られたりける矢めはいづくぞ、鎧はこらへたりけるか、口には似ざりけりなむどいはれけん時は、何とか答べき」と述べているのが興味深い。やはり戦が終わると、疵の実検が行なわれ、評定が開かれて軍功の認定がなされたのであり、『保元物語』もそうした場で記された合戦記のようなものが、もとになっているといえよう。

さてこのように合戦記による合戦描写の特徴を考えてきたのであるが、次にそうではない型の合戦描写と比較してみたい。とりあげるのは、『平家物語』巻四の以仁王の乱の時の橋合戦《はしかっせん》である。これが合戦記によるのではないとみるのは、描写の視点が一貫して勝利した平家側にあるのではなく、宮方にあるからである。

　宮は宇治と寺とのあひだにて、六時までをん落馬ありけり……平等院にいれたてまて、しばらく御休息ありけり、

と、宮方が平等院《びょうどういん》に滞留しているところに平家方が襲ってくる。「六波羅には、すはや宮こそ南都へおちさせ給ふなれ、おかけてうちたてまつれとて、大将軍には……、さぶらひ大将には……、都合其勢二万八千余騎」と記されている。

　この二万八千余騎という軍勢にしてからが過大である。『山槐記《さんかいき》』『玉葉』からうかがえる軍勢ははるかに少なく五百騎を切るようであり、園城寺《おんじょうじ》から南都に赴いた軍勢の「一千余騎」についても五十騎という。[19] もちろん合戦記による描写でも軍勢は過大に書かれる傾向にはあるのだが。

合戦の経過もまた具体性に欠ける。宮方の五智院《ごちいん》の但馬や筒井《つつい》の浄妙明秀《じょうみょうめいしゅう》らの悪僧の活躍は一見すると華々しそうではあるが、誰と戦ってどうのということではなく、橋の上での孤軍奮闘が描かれているに過ぎないのである。ついで藤原忠綱《ただつな》の馬筏《うまいかだ》による渡河作戦の話が語られる。

　この馬筏の話は橋合戦の話全体のメインであり、これにより平家方は勝利することになる。だがそれも敵味方に共有されるエピソードではあっても、合戦記によらねばならぬような性格の話ではない

といえよう。

総じて橋合戦の章はこの馬筏の話にうかがえるごとく、いくつかのエピソードを集めたものといった色彩が濃い。それだけに印象としては強く残るが、合戦の流れそのものに欠ける。また忠綱以外の平家側の軍勢の活躍についてはほとんど触れておらず、この描写から合戦の実像を探ることはとても無理といえる。

だがそれらの欠点にもかかわらず、この合戦叙述が古来有名であり、また印象深いのは、ひとつに宇治の川と橋が合戦の舞台に選ばれている点にあり、もうひとつにはそこでの合戦が音声《おんじょう》豊かに描かれている点にある、実に演劇的なのである。さらにそのことからいえば合戦への視点は先に宮方にあるといったが、そうではなく第三者的である。そこには作者の目よりも、宇治の川と橋に生きている人々の目があるといった方がよいかもしれない。三井寺の悪僧や藤原忠綱の合戦の相手は、実は橋であり川であったのではないかとさえ思えてくる。

宇治の橋といえば橋姫伝説に彩られており、源平合戦の少し前からこの橋の維持・修築は勧進聖人の手によってなされていた。また宇治の地は、宮方について戦った摂津渡辺党《わたなべとう》ともつながりがある所で、渡辺党の一族が宇治槙島《まきしま》の惣官《そうかん》の下で狩・漁猟の活動に携わっていたのである（20）。橋合戦はそうした宇治の川と橋に生きる人々の眼前でくりひろげられ、またその人々に伝えられたものといえるように思う。

橋合戦に劣勢の平氏側が、馬筏によって渡河するのも興味深い。この時に馬筏で渡った忠綱は後々まで「鬼神」として語り伝えられることになる(21)。増水した宇治川を渡るなどとても考えられなかったに違いなく、その驚きが「鬼神」として表現されたのであろう。合戦そのものは実にあっけないのであるが、宇治の橋と川に生きる人々にはまことに眼に焼きつく光景であったろう。その光景が色彩と音声豊かに表現されることになったところに橋合戦の印象深さがあったとみる。

この音声の豊かさについてはすでに触れられているところではあるが(22)、それは合戦の語りの世界の厚みをましている。

かたき平等院にとみてんげれば、時をつくる事三ケ度、宮の御方にも時の声をぞあはせたる。先陣が「橋をひいたぞ、あやまちすな、橋をひいたぞ、あやまちすな」と、どよみけれ共、後陣はこれを聞きつけず、

といった具合である。これに続いて鏑矢《かぶらや》の矢合の音、双方からの大音声の名のり、と続く。擬音も「ざッとわたす」「どうど落つ」「ひしひしとおちかさなッて」と入り、やがて「高声に十念となへ、最後の詞ぞあはれなる」「おめきさけんで打死す」「ざざめいてうちかへりける」と、こうして合戦は終わる。

この音声の豊富さが、合戦記に拠った合戦描写との違いを特徴づけていよう。では合戦記においてはその点がまったくないのかというと、決してそうではない。これも本来は、軍士が口々に合戦での

功を述べたてたものを集めているのである。ことばが字に置き換えられてはいるが、もともとが語りの性格をもつといえよう。

注

（1）拙著『平家物語、史と説話』（平凡社、一九八七年刊）第三章　記録と史書のはざま。
（2）『玉葉』寿永二年十月四日条。
（3）『吾妻鏡』建保元年五月四日条には、「為レ知二食彼真偽一、召二忠綱・義村等於北面藤御壺内一、為二行光奉行一、将軍家出御、被レ上二御簾一、相州水干大官令同民部大夫行光直垂等、被レ候二広廂一、他人不レ臨二其所一」とみえ、相論の詳しい様が記されている。その奉行は「行光」と記されているが、行光は次の一文で相州義時、大官令広元と並んで将軍の側に伺候しており、これは行村の誤りである。行村はこの日の軍士実検の奉行をしていたのである。
（4）『吾妻鏡』建保元年二月十五日・十六日条、三月九日条、五月四日・六日条。
（5）拙稿「執事・執権・得宗」（本書第II部三）参照。
（6）『吾妻鏡』貞永元年十二月五日条。
（7）『吾妻鏡』文治元年十二月六日・二十九日条。
（8）『玉葉』安元二年正月三十日条。
（9）水原一『延慶本平家物語論考』（加藤中道館、一九七九年刊）参照。
（10）全文を左に掲げる。
敬白所願事、

右宝剣者吾朝之重宝三種之其一也、自神代迄二于聖代《ニ》一、継レ位《ヲ》之主伝《シ》レ之、守《ル》レ基之君持レ之愛、去《シ》寿永年中《ニ》姦臣前《ノ》内相府出二洛陽一赴二海面《ニ》一之日、三種宝物先帝后妃偷《ニ》奉二艄艎一遥浮三遊波濤一、而度々追討不レ遂二前途一、而空《ク》帰《リ》国々乱行不レ顧《ヲ》二後悔一、而尤甚《シ》、仍今年二月十五日《ニ》忝奉二綸言《ヲ》一試《ニ》企《ツ》二征伐《ヲ》一、是非《レ》レ憑二武威《ヲ》一、只奉レ任《セ》二神明一、然《ル》間以二去三月廿四日《ヲ》一、於二長州門司之関外《ノニ》一、討《ツ》二謀叛奸臣之党類《ヲ》一、依《ル》二冥鑑一令《ルニ》レ然《ラ》知《メ》二思慮无《コト》レ違、所レ闕《タル》者只彼《ノ》神剣也、仍以二海人《ヲ》一観《ヲ》尋捜之、此事以二人力一非レ可レ励、誠知祈神道可《ニ》レ令《シ》レ待《ム》、伝聞宇佐宮《ノ》霊神者《ハ》大菩薩之別宮以有《マス》二百王守護之誓願一何不レ守《ヲ》二我朝宝物一、専二一心懇篤之祈念一豈不レ垂二神之尚響一哉、如レ是欣求如願伝□（虫損）者令レ申三下宣旨一、可レ令レ寄三進神位二吾心无レ赴レ神又捨レ諸敬白、

元暦二年四月十二日　従五位下行右衛門権小副（尉）源朝臣　敬白

(11)『吾妻鏡』文治元年五月二十四日条。この款状は大江広元充てになっているが、広元は後に多くの「人々款状」を所持・伝来したといわれている（注(6)史料）。

(12)『吾妻鏡』元暦元年二月二十五日条。寿永三年二月源康忠解（『平安遺文』四一四〇号）、同二月二十二日源義経請文案（『平安遺文』四一三六号）、元暦元年五月二十四日源義経下文案（『平安遺文』四一七四号）。

(13)寿永三年三月日感神院所司等解（『平安遺文』四一四五号）。なおその第二条で感神院所司が濫妨を訴えている「上野国住人字讃岐四郎大夫不知実名」とは、佐貫四郎大夫広綱のことである、他に元暦元年九月日摂津国垂水西牧萱野郷百姓等解（『平安遺文』四二〇七号）等。

(14)『吾妻鏡』元暦元年十一月十四日条には「左衛門尉朝綱・刑部丞成綱以下宛二賜所領於西国一之輩多レ之、仍存二其旨一、面々可レ被二沙汰付一之由、武衛今日被レ遣二御書於源廷尉之許一云々」とみえ、同十二月二十日条には「源廷尉請文自二京都一参着、是西国賜二所領一之輩事、任二仰之旨一、沙汰付之由云々」とある。

これをみると、元暦元年中、義経は頼朝の命の下で西国において相当に広範な権限を有していたことがわかる。

(15)『歴史評論』九九号、のち『戦後歴史学の思想』(法政大学出版局、一九七七年刊)所収。
(16)『日本歴史』四七四号。
(17)『吾妻鏡』建久六年十月十三日条。
(18)『吾妻鏡』建保元年五月二日条。
(19)『山槐記』・『玉葉』治承四年五月二十六日条。
(20)三浦圭一「中世における畿内の位置」(『中世民衆生活史の研究』、思文閣出版、一九八一年刊)。
(21)『平家物語』巻九宇治川先陣。
(22)石母田正『平家物語』(岩波書店、一九五七年刊)。

三　『吾妻鏡』の構成と原史料

はじめに

『吾妻鏡《あずまかがみ》』を史料として使う研究者にとってはきわめて大きな問題である。だが多くの場合は、それがどんな性格をもとうが、ひとまず措いて事実の反映とみなして使ってきた。しかし決して無条件にではなく、編纂物としての性格からくる誤謬を常に念頭に置きながら、他の史料との比較によりつつ、それなりに吟味しながら利用してきたのである。

それはそれとして望ましい方法ではあった。実際、『吾妻鏡』の原史料が何かと考えながら論をすすめてゆくのは、ともすれば徒らに混乱を招く場合がしばしばある。それというのも、何しろ『吾妻鏡』の完本・決定稿をわれわれは未だに手にしてはいない。錯簡は多いし、収載されている文書にもあやしいとおぼしきものが多い。『吾妻鏡』について、原史料にまで考えをすすめることの障害はまことに多いのである。

こうした『吾妻鏡』への態度をはっきり表明しているのが『中世法制史料集』であろう。厳密な校訂を宗として、しかるべき底本をもとめてゆく作業を行なってゆけば、『吾妻鏡』への信頼は薄れてゆかざるをえない。その点を編者はこう記している。(1)

> 一体吾妻鏡は編纂上の疎漏に基づく誤脱の極めて多い書であつて、法令関係記事の如きも、全く仮空のものを作り成した例は見当らないとしても、主として切り継ぎの疎漏に起因する年次の誤り、同一事実の重出と認むべきものは随処に指摘されるのである。従つて、例えば単に法令の制定発布の事実を吾妻鏡自身が述べるに止まり、即ちいわゆる地の文のみ存在して、これに対応する原史料の引載なきものは、それだけでは軽々に信頼し難いのである。

実にもっともな指摘といえよう。だがそれだけに、『吾妻鏡』の原史料が何であったかという問題はむしろ一層の必要性をもって迫ってくる。原史料の見通しをつけることができれば、編纂のあり方、誤謬のあり方も自然とわかってくるように思う。しかしまことに困難な作業でもある。

1　明月記より

これまでに原史料として指摘されてきたもののうち、確実といえそうなのが『明月記《めいげつき》』である。(2)『玉葉』や『平家物語』『六代勝事《ろくだいしょうじ》記《き》』なども指摘はされてきたが、そのままの形で利用されたとはとても考えられない。(3)それにひきかえ『明月記』の場合は『吾妻鏡』の記事とよく似た箇所が多い。

たとえば、次の承元二年（一二〇八）の記事をみよう。

(I)(A)京都使者参着、去十五日洛中焼亡之由申之、火出自北小路《マヽ》、仍東洞院、七条東西十二町洞院西朱雀東朱雀南北十二町七条以北、自二六条東洞院一至二于五条坊門朱雀辺一、宣陽門院・坊門太《マヽ》政大臣旧宅・右大将六条堀川御亭等在二其中一云々、

（『吾妻鏡』承元二年閏四月二十五日条）

(B)後聞、火出レ自二北小路東洞院一、七条東西十二町洞院西朱雀東朱雀南北十二町七条以北、自二六条東洞院一至二于五条坊門朱雀辺一、すちかへて融、其中貴賤上下不レ可二勝計一云々、宣陽門院・坊門院・太政大臣（頼実）旧宅、如二微時古剣一、右大将（公継）六条堀川・入道内大臣（実宗）殿（以下略）、

（『明月記』承元二年閏四月十五日条）

京都焼亡の記事である。こうした火事の記事は、しばしば同時代の日記の間でも情報源によって相異がみられるのが普通だが、(A)『吾妻鏡』と(B)『明月記』とはまったく一致する。情報源が同じであることは疑いないであろう。その場合、二つの可能性が考えられる。ひとつはともに同じ情報源に拠って記事をつくった可能性であり、もうひとつは『吾妻鏡』が『明月記』にもとづいて記事をなした可能性である。この(I)だけからはどちらとも特定はできないが、次の(II)によれば、後者であることが明らかとなろう。

(II)(A)八日壬子、弾正大弼仲章朝臣使者参着、去月廿七日造閑院事始也、上卿光親卿弁《マヽ》家宣、行事官人明政也、上卿事不レ被二思食定一、度々被レ改レ之、所謂、始光親治《マヽ》定通、次師経、遂以治二定光親一、云々、大夫属入道於二御前一読二申此状一、而善信申云、適有二造営事一、須下上臈上卿宰相弁奉上レ之歟

云々、

（『吾妻鏡』建暦二年七月八日条）

(B)今日造閑院事始、上卿光親卿・弁家宣云々、適有二造営事一、須二上﨟上卿、宰相弁承一歟、近代事、只随レ当有二其沙汰一歟、此事始光親、次定通、次師経、又光親卿被二定改一了云々、

（『明月記』建暦元年十月二十三日条）

まず二つがきわめて似た記事であることは、語句の異同関係の吟味により指摘できる。とはいえ『吾妻鏡』の源仲章《なかあきら》の使者の注申の内容については、最後の「光親、次定通、次師経」という部分こそ似てはいるものの、一般的によく使われる表現であって、とくに『明月記』に拠らねばというほどのものではないかもしれない。さらに「行事官人明政」にいたっては『明月記』にみえない。だが「大夫《たいふ》属《さかん》入道《にゅうどう》」三《み》善康信《よしやすのぶ》（善信《ぜんしん》）の言の部分については、どうみても定家《ていか》の評を利用したとしか考えられないであろう。次の例をもみたい。

(III)(A)十二日丙子、晴、将軍家御読書孝経始、相模権守(仲章)為二御侍読一、此儒似レ無二殊文章一、雖レ無二才名之誉一、好集二書籍一、詳通二百家九流一云々、御読合之後、賜二砂金五十両、御剣一腰於中章一、

（『吾妻鏡』元久元年正月十二日条）

(B)未時許、弾正大弼源仲章朝臣不慮来臨、閑談移漏、此儒依レ無二殊文章一、無二才名之誉一、好集二書籍一、詳通二百家九流一、不レ可レ卑、

（『明月記』建暦二年九月二十六日条）

(A)が(B)の仲章の評をそのまま載せていることは明らかであろう。(A)の将軍実朝の読書始の記事を載

せるに、仲章の紹介を思い立った『吾妻鏡』の編者は『明月記』に(B)をみつけ、(A)に転載したのであろう。ここに『吾妻鏡』が『明月記』を利用していたことは明らかである。この他にもいくつかの記事について似た箇所があり、それらの何がしかは、『吾妻鏡』が『明月記』の記事にもとづいて、構成されていたといえる。(4)

その場合、どのような形で『吾妻鏡』は『明月記』を利用したのであろうか。(I)(A)をみると、まず「京都使者参着、去十五日洛中焼亡之由申之」とあって、その次に『明月記』を引用している。(III)(A)をみても「将軍家御読書孝経始、相模権守為二御侍読一」とあって、その後に引用している。

このように『明月記』が利用されているいずれの場合も補助的な使われ方であり、決して中心的な史料として使われたわけではない。しかもその内容は京都の情勢であって、京都の動向を探る必要から『吾妻鏡』の編者は『明月記』を利用したのであろう。また『明月記』が利用されたのは、頼家・実朝の将軍の時期（一一九九〜一二一九）に限られていることが、これまでの研究から明らかにされている。

したがって、『明月記』が『吾妻鏡』に使われたことをもって、『吾妻鏡』の編纂のあり方をただちに推測することは難しい。とはいえ、かように『明月記』が補助材料に過ぎないことからみて、『吾妻鏡』を編纂するにあたっては、やはり幕府関係者の手になる何らかの記録が中心に据えられたと考えるべきであろう。そこで注目されるのは、(II)(A)の記事である。ここでは三善康信の言としている部分が本来は定家の評であったとわかる。これと同様に、定家の評をそのまま康信の言としているのが次の記事である。

(IV)(A)申剋、坊門黄門(忠信)使者参著、是勅勘之時態預二専使一事、即雖レ可二賀申一、行幸已下公事連綿之間、遅々云々、去月廿二日行幸、入レ夜、造朱雀門大工国永已下番匠等給二使庁一、本国司猶終二不日之功一、可レ営二仮葺一之由、有二勅定一云々、此等之趣、被レ載二黄門書状一、善信読二申之一、就レ之、将軍家有下被二尋仰一事等上、善信申云、此門末代不二相応一歟、其故者、通憲入道営二大内一、無レ罪兮被レ処二斬罪一、治承大極殿朱雀門焼亡、建久九年、僅造二彼門一、造営之国務人一条二品能保、父子即時薨卒、元久、後京極摂政(良経)殿令レ書レ額給、御身頓滅、今又造営上棟之後、病忽愈至二槐門一兮、御禊之間、又還御之時、御輿未レ入二建礼門一此門顛倒、魏文帝当二臨幸之日一、離宮南門壊云々、

(『吾妻鏡』建暦元年十一月四日条)

(B)去夜朱雀門顛倒、……入レ夜聞、造門大工国永以下番匠等給二検非違使一、本国司猶終二不日功一可レ営二出仮葺一由御定了云々、窃以此条如何、此門事、凡不レ可二測量一、向後可レ恐者也、門之不二相応一末代歟、魔縁之成レ祟歟、両不レ知、通憲営二大内一、無レ罪而処二斬罪一、治承大極殿朱雀門焼亡、及二建久九年一僅造二此門一、営レ之国務人能保卿父子、即時滅亡、行二其事一家人等三人貶二東夷之地一、及二元久一故殿令レ書レ額給、御身即頓滅、今又造営上棟之後、非二大風一而其柱顛倒、国務大納言(信清)万死一生、辞二此国一之後病愈復二平常一、已誇二任槐之栄一、今迎二大祀之期一、当二御禊之日一、又指二還御之時一、御輿未レ入二建礼門一云々、此門顛倒、如二春秋之心一者、雖レ為二行事之不恭一、魏文帝当二臨幸之日一、離宮南門壊、

其年有レ事、可レ恐可レ恐、莫レ言々々、執政之輩不レ申二此事一、如何々々、

（『明月記』建暦元年十月二十三日条）

これをまったくの偶然とはいえまい。こうした康信の言は、この時期の『吾妻鏡』の記事中でしばしば具体的に語られている。元久二年（一二〇五）六月二十二日条では「問注所入道善信相二談広元朝臣一云」として、また建暦二年（一二一二）十月十一日条では「此間善信於二御前一申云」として記されている。したがって、『吾妻鏡』の編纂者が康信を顕彰する意図から作為したという見方も十分に成立可能である。[5] だがさらにそのうえにたって、『吾妻鏡』はもともと康信の日記に多くを負っており、それを補充する形で『明月記』を利用したという関係が存在したとはいえないであろうか。

もとより三善康信の日記は現存しない。だから康信の日記と『吾妻鏡』とを比較考察することはできない。そこでこの点を考えてゆく方法は、『吾妻鏡』の中で康信がどういう形で登場しているかを探ることである。まず注目されるのは次の記事である。

問注所入道名越家焼亡、而於二彼家後面之山際一、構二文庫一、将軍家御文籍、雑務文書幷倫兼日記已下累代文書等納置之処、悉以為二灰燼一、善信聞レ之、愁歎之余、落涙数行、心神惘然、仍人訪レ之云々、

承元二年（一二〇八）正月十六日条のこの記事によれば、「問注所入道」康信の名越《なごえ》邸・文庫が焼亡し、文書・日記の多くを焼失したという。康信は文書や記録を所持していたのである。ただ康信自身の日

記についても何も記されておらず、「倫兼日記《みちかねにっき》」のみ焼失したとある。康信の子が行倫《ゆきみち》、孫が倫長《みちなが》とみえるところからすれば、倫兼は康信の父か祖父であろう。

また鎌倉時代の武家日記として現存するのは、『建治三年記《けんじさんねんき》』と『永仁三年記《えいにんさんねんき》』の二つであるが、いずれも康信の子孫の問注所執事《もんちゅうじょしつじ》の日記であることを考えると、康信自身も必ずや日記を記しており、それは大事に保管されていたに違いなく、やがて『吾妻鏡』に利用されるにいたったであろうことは大いに考えられる。(6)

そこでさらに康信関連記事をひろくみてゆくと、康信は京からの情報・通信を御所に伝達する役職としてよく登場していることに気づく。

○（建仁元年二月二十二日）　今日改元詔書到来、去十三日改㆓正治三年㆒為㆓建仁元年㆒云々、大夫属入道持㆓参彼書於御所㆒、即可㆑令㆓施行㆒之由、所㆑被㆑仰也、

○（同五月六日）　佐々木中務入道経蓮以㆓子息高重㆒捧㆓一通款状㆒去月廿一日状、今日遠州（時政）以㆓善信㆒令㆑披㆓露彼状㆒給、

○（元久二年二月十二日）　去月廿九日除書到着、将軍家（実朝）任㆓右中将㆒、令㆑兼㆓加賀介㆒給、善信持㆓参此聞書於御所㆒、

○（承元元年十一月五日）　改元詔書到着、去月廿五日改㆓建永二年㆒為㆓承元元年㆒、問注所入道持参之、

○（承元三年三月二十一日）大夫属入道持二参鞠於御所一、自二京都一到来之由申レ之、又去二日大柳殿
御鞠記一紙進二覧之一、彼日大輔房源性始参二于御鞠一云々、

このようにあるところからみて、康信の日記には京都からの情報が詳しく記されていたのであろう。『吾妻鏡』の編者はそれらを下敷きにして記事を作り、『明月記』で補ううちに、あたかも康信が定家と同じような言動をしたかのごとき記事を作りあげてしまった、というのが実情であったと思う。

ただこの時期の『吾妻鏡』の記事に康信の日記がどの程度利用されていたかは明らかでない。しかも康信が『吾妻鏡』に登場する回数はさほど多くはないことからみて、それは『吾妻鏡』の記事の核とされるような記録ではなかったと思われる。たとえば建保四年（一二一六）四月九日から承久三年（一二二一）正月二十五日までの間には康信は一度たりとも登場していないのである(7)。

とはいえ、決して無視されるべきものでもない。『吾妻鏡』の中では、京下りの吏僚のなかではじめて登場するのが、実はこの康信だからである。治承四年（一一八〇）六月十九日・二十二日条をみたい。

○十九日庚子、散位康信使者参二著于北条一也、武衛（頼朝）於二閑所一対面給、使者申云、去月廿六日、高倉宮有二御事一之後、請二彼令旨一之源氏等、皆以可レ被二追討一之旨、有二其沙汰一、君者正統也、殊可レ有二怖畏一歟、早可下遁二奥州方一給上之由所レ存也者、此康信之母者、武衛乳母妹也、依二彼好一、其志偏有二源家一、凌二山川一、毎月進二三ケ度一（一旬各一度）使者一、申二洛中子細一、而今可レ被レ追二討源氏一之由事、依レ為二殊重事一、相二語弟康清一、称二所労一、止二出仕一所二差進一也云々、

○廿二日癸卯、康清帰洛、武衛(頼朝)遣二委細御書一、被レ感二仰康信之功一、大和判官代邦通右筆、又被レ加二御筆幷御判一云々、

ここでもやはり京都からの情報提供者として登場している。しかも興味深いことには、この六月以前の『吾妻鏡』は以仁王の乱関係の記事で占められているが、その記事は都の官人の日記をそのまま転載したような、他とはやや異なった形式のものである。五月十五日条から二十三日条までいくぶん長いが引用しておこう。

○十五日丙寅、陰、可レ被レ配二流高倉宮於土左国一之旨、被二 宣下一、上卿三条大納言実房、職事蔵人右少弁行隆云々、是被レ下二平家追討令旨一事、依レ令二露顕一也、仍今日戌剋、検非違使兼綱、光長等、相二率随兵一、参二彼三条高倉御所一、先レ之、得二入道三品(頼政)之告一、逃出御、廷尉等雖レ追二捕御所中一、遂不二令レ見給一、此間、長兵衛尉信連取二太刀一相戦、光長郎等五六輩、為レ之被レ疵、其後光長搦二取信連、及家司一両、女房三人一帰去云々、

○十六日丁卯、晴、今朝、廷尉等猶囲二宮御所一、破二天井一、放二板敷一、雖レ奉レ求不二見給一、而宮御息若宮、八条院女房三位局盛章女腹、御二坐八条院一之間、池中納言頼盛、為二入道相国(清盛)使一、率二精兵一参二八条御所一、奉レ取二若宮一帰二六波羅一、此間洛中騒動、城外狼藉、不レ可二勝計一云々、

○十九日庚午、雨降、高倉宮去十五日密々入二御三井寺一、衆徒於二法輪院一構二御所一之由、風二聞京都一、仍源三位入道、近衛河原亭自放レ火、相二率子姪家人等一、参二向宮御方一云々、

○廿三日甲戌、雨降、三井寺衆徒等構レ城深レ溝、可レ追二討平氏一之由、僉議之云々、

それぞれ「陰」「晴」「雨降」などの天候が記されて同時性が示されている。あるいはこれは康信の記した日録からの抜粋だったのかもしれない。そのことを裏づける確たる証拠とてないが、「洛中子細」を報告してきた康信の動きからみて、そう推測してもあまり見当はずれではなかろう。

こうしてみると、康信の記録は頼朝将軍記にまでさかのぼって『吾妻鏡』に利用されたという推測も可能であるが、その目でみてゆくと、寿永元年（一一八二）二月八日条には伊勢神宮への頼朝の願書の草案を京にいる康信が執筆した記事があって、その願書全文が『吾妻鏡』に載せられているのも注目されよう。

ついで康信が京を出て鎌倉にやってきたのは元暦元年（一一八四）四月十四日であるが、その翌日に鶴《つるが》岡《おか》に参詣した頼朝から「可レ輔二佐武家政務一之由、及二厳密御約諾一」との仰せがあったという。そしてこれより少し前にも、やはり『吾妻鏡』には都の官人の日記からとったとおぼしき記事がみえる。

○（元暦元年正月二十六日）丙辰、晴、今朝、検非違使等於二七条河原一、請二取伊予守義仲并忠直、兼平、行親等首一、懸二獄門前樹一、亦囚人兼光同相二具之一被レ渡訖、上卿藤中納言（頼実）、職事頭弁光雅朝臣云々、

○（同年二月十四日）癸酉、晴、右衛門権佐定長奉二勅定一、為レ推二問本三位中将重衡卿一、向二故中御門中納言家成卿一八条堀川堂一、土肥次郎実平同二車彼卿一、来二会件堂一、於二弘庇一問レ之、口状条々注二進

之云々、

こうした京の貴族の日記からそのまままとまったような記事は『吾妻鏡』のなかにはほとんどない[8]だけに、それらの記事の前後に康信の動向が記されている点[9]は、やはり何らかの関係があるとみられる。これらもまた康信の日録に拠ったものであろう。

さてこうして『明月記』との記事の比較から三善康信の筆録《ひつろく》が『吾妻鏡』に利用されたのではないかとみたのであるが、次に現在に残されている武家の日記のあり方から『吾妻鏡』を探ってみよう。

2　建治三年記より

鎌倉時代の武家の日記の実物として知られているのは、『建治三年記』と『永仁三年記』の二つの問注所執事の記録である。これと同様な性格の日記が『吾妻鏡』の原史料とされたであろうことはまず疑いあるまい。

ただそうした記録をそのままの形で『吾妻鏡』に載せたとは考えられず、編纂の手が加わったとみられるが、しかしなかには典拠の記録の原型がそのまま『吾妻鏡』に反映した記事があったとしても不思議ではない。よく指摘されるように、『吾妻鏡』には錯簡が多く、切り貼りによる誤謬がしばしば見受けられる。そうしたことは、原型にあまり手を加えていないことと大きな関係があろう。そうであれば、原型が生の形で『吾妻鏡』に浮き出ているような記事を探してゆけば、『吾妻鏡』の原史料が何であったのかという点の糸口がみつかるであろう。

そこでまず『建治三年記』（一二七七）から原史料の特徴をみてゆくと、第一にあげられるのは記主の三善（大田）康有《やすあり》が常に実名のみで記されている点である。[10]

○城務（安達泰盛）被レ通二使者一之間、罷二向松谷別庄一之処、被レ仰云、肥前肥後国安富庄地頭職、相大守（時宗）可レ有二御拝領一之由、内々有二御気色一、只今可レ被レ成二進御下文一、且御下文者可レ為二康有之奉書一云々、
（六月十三日条）

三ケ条御沙汰之後、書二進事書一、以二武州一、城務為二御使一、被レ進二御所一可二施行一之由、即被二仰下一了、
（七月十九日条）

○未時被レ行二御評定一、老、
相大守、武州（宗政）、駿州（義宗）、今日初参、越州（業時）、前武州（宣時）、城務、佐対（氏信）、康有、佐中書（業連）、玄蕃（倫経）、

御寄合、孔子一二、相大守、康有、業連、頼綱、
（十月二十日条）

この点から、『吾妻鏡』に実名のみで登場する人物に目をつけるという方法が考えられる。その場合、注意しなければならないのは、康有だけが実名で登場するのではない点である。

のごとく、康有と同じ寄合《よりあい》のメンバーで、康有より身分の低い人物についても、実名で記されている。「持二参山内殿一之処、被レ召二御前一、頼綱・業連同参候」（十月三十日条）とあるのも同様な表現である。

ところがその彼らも常に実名で登場するわけではなく、たとえば佐藤業連《なりつら》が評定《ひょうじょう》での出席メンバーとして記載されている時には「佐中書」とみえる。平頼綱《よりつな》も「依レ召参二山内殿一之処、以二平金吾一被レ召二御前一」（九月四日条）といった申次の役の場合、「平金吾」と記されている。

さてこの点から『吾妻鏡』をみてゆくのであるが、『吾妻鏡』全体を見渡す前に、『建治三年記』に近い時期にあって、実務や儀式関係の記事を比較的多く載せている宗尊《むねたか》将軍記(11)（一二五二～六六）についてまず考え、方法の可能性を探ってみることにしよう。

そうすると、注目されるのは二階堂行方《ゆきかた》である。

①（正嘉元年八月十四日）対馬守氏信可レ為下于二明日放生会一御参宮供奉人数上之由、被二仰出一、仍可二相催一之旨、行方伝二仰於越州（実時）一、

②（正嘉二年七月二十三日）祐泰所労平減之上者、可二供奉一歟之由、達二行方一之間、御供奉事承畢、可レ存二其旨一之由、載二返状一、送二其状於越州一、此上者申下可二供奉一之由上、越州重云、此状全非二恩許所見一者、祐泰重愁遣二内蔵権頭親家一、々々投二返状一、又遣二其状於越州一之処、問答如レ前云々、去年御堂供養遅参、今年又所労、依レ如二不慮事一、定被レ処二懈緩一之故、不レ被レ催歟之由、頻歎二申之云々、

③（文応元年八月二十五日）依レ可レ有二二所御参詣一、供奉人等事、有二其沙汰一、且書二出先日御点人数一、可レ令レ進之由、被レ仰二小侍所一、行方伝達之、

④（弘長元年正月六日）以二大多和左衛門尉一可レ加二明日布衣供奉人一之由被二仰出一、行方奉行之、

⑤（弘長元年七月十日）自二今夕一依レ可レ被レ修二別御祈一、為二左大臣法印（厳恵）壇所一、於二御所近辺一、被レ点二人々宿所一、行方承レ仰、相二触平岡左衛門尉（実俊）・工藤三郎右衛門尉（光泰）等一之間、両人点二進御所一云々、

建長四年（一二五二）から弘長三年（一二六三）にかけて二階堂和泉前司行方は『吾妻鏡』に頻出するが、通常は「小侍所司平岡左衛門尉実俊相二触和泉前司行方一」のごとく、官途《かんど》プラス実名で「和泉前司行方」と記されている。ところが十数箇所にわたって、ただたんに「行方」と実名のみで記されている記事が見出される。こうした実名表記こそ、『吾妻鏡』がその拠った史料をそのまま載せた表われとみることはできないだろうか。

①③④⑤をみると、他の人物については官途表記がなされているのに、行方に限って実名のみの表記であることは、この記事が行方の記録、あるいは行方と近い人の記録に拠っている可能性が高いように思える。ただ②の場合は祐泰《すけやす》も実名表記だが、祐泰はその前日に「日向守祐泰」とあるので省略されたのであろう。

しかもさらに注目されるのは、この時期における実名表記は行方と並んで武藤《むとう》少卿景頼《かげより》に多い点である。

⑥（弘長元年六月三十日）鳶飛二入御所台所東蔀間一、亘二中障子一、出二北遣戸一、依レ之、為二景頼奉行一、被レ行二御占一之処、晴茂・職宗等御病事之由申之、

といった具合で、景頼の実名表記も行方に次いで多い(12)。景頼は行方とともに御所中の雑事《ぞうじ》を奉行《ぶぎょう》していたのであり、行方の傍輩であった。そしてしばしば両人がそろって実名表記で登場するが、その際は行方が常に上位に記されている。

⑦（建長四年七月六日）祈雨事、被レ仰二勝長寿院・永福寺・明王院等一、行方・景頼奉行之云々、

⑧（弘長元年七月二日）放生会所役辞退輩事、行頼・景頼等就二執申一、有二其沙汰一、

⑧には「行頼」とあるが、これが行方の誤りであることは前後の記事からみて明らかである。行方・景頼両名は建長四年に宗尊将軍を迎えるために京都に派遣されて以来、御所中雑事奉行として活動してきたのであった。二人の実名表記の初見も、その将軍を迎えるために建長四年に京都に行き、戻ってきた時の三月二十四日の記事である。行方・景頼についてこのように実名のみの表記が多いのは、『吾妻鏡』が御所中雑事奉行の記録（行方の手になるものであろうが）に拠ったものとみて、まず間違いなさそうだ。

ただしかし御所中雑事奉行と密接な関係にあるのが小侍所《こさむらいどころ》で、これが同じく八幡宮放生会《ほうじょうえ》や二《に》所《しょ》参詣の供奉などにも関係しているので、この小侍所の記録との関連についても考えねばならない。

そこで当該期の小侍所に目をやると、

⑨（文応元年十一月十一日）二所御参詣事、来十九日可レ被レ始レ之、仍供奉人間事、可レ被二催促一之趣、和泉前司行方奉レ仰、触二申越州幷相模太郎殿一、而卿相雲客事者、就レ為二御所奉行沙汰一、任

レ例可レ令ニ行方催促一、

とみえるように越州（金沢実時《かねさわさねとき》）と相模太郎殿（北条時宗《ときむね》）の二人が小侍所の別当であり、所司はそれぞれの被官の、⑤の記事にみえる平岡左衛門尉実俊と工藤三郎左衛門尉光泰《みつやす》の二人である。このうち所司が評定衆の奉行人を実名で記すことは考え難く、また別当のうちでは実時がこうした実務記事を記していたが（正嘉元年十二月十八日条）、その実名のみの表記はない。したがって『吾妻鏡』が拠ったのは、評定衆で御所中奉行の二階堂行方の記録とみるのが妥当であろう。

次に注目したいのは『吾妻鏡』に所載されている文書である。『吾妻鏡』には多数の文書が載せられているが、宗尊将軍記で多いのは、引付《ひきつけ》や番役《ばんやく》の番文《ばんぶん》・廻状《かいじょう》と、法令の事書《ことがき》や施行の御教書《みぎょうしょ》である。行方はこのうち前者では建長四年四月三日の御格子番《みこうしばん》の番帳の清書にあたるなど、深く関係しているが、とくに注目されるのは、次の二通の文書において充所《あてどころ》となっている点である。一通（⑩）は、文応元年（一二六〇）七月六日付の小侍所別当（時宗・実時）からの書状であり、それには放生会供奉人《ぐぶにん》について二ヵ条が記され、最後に次のように述べられている。

⑩以前両条、如レ此之由覚悟候、但胸臆申状、不レ足ニ御信用一候歟、然而如レ此事、先々不レ及ニ御書下一候之間、或引ニ勘愚記一、或任ニ御点注文一、言ニ上子細一、以ニ此趣一可下令ニ披露一給上候、恐惶謹言、

七月六日　平時宗

越後守実時

進上　和泉前司殿

もう一通は文応元年十一月十三日の同じく小侍所別当からの書状である。

⑪二所御参詣供奉人間事、仰給之趣、不レ得二其意一候之間、所レ給之注文等返進候、恐々謹言、

　十一月十三日　　時宗

和泉前司殿御返事　　実時

これらは番文や法令の施行状とは性格が異なり(13)、特別に『吾妻鏡』に載せるほどの重要な内容ではない。それを『吾妻鏡』が載せたのは、もともと原史料にあったからであろう。そしてその原史料となった記録にこの書状二通を載せていたのは、充所の行方その人に他ならないと考える。

〔二階堂系図〕

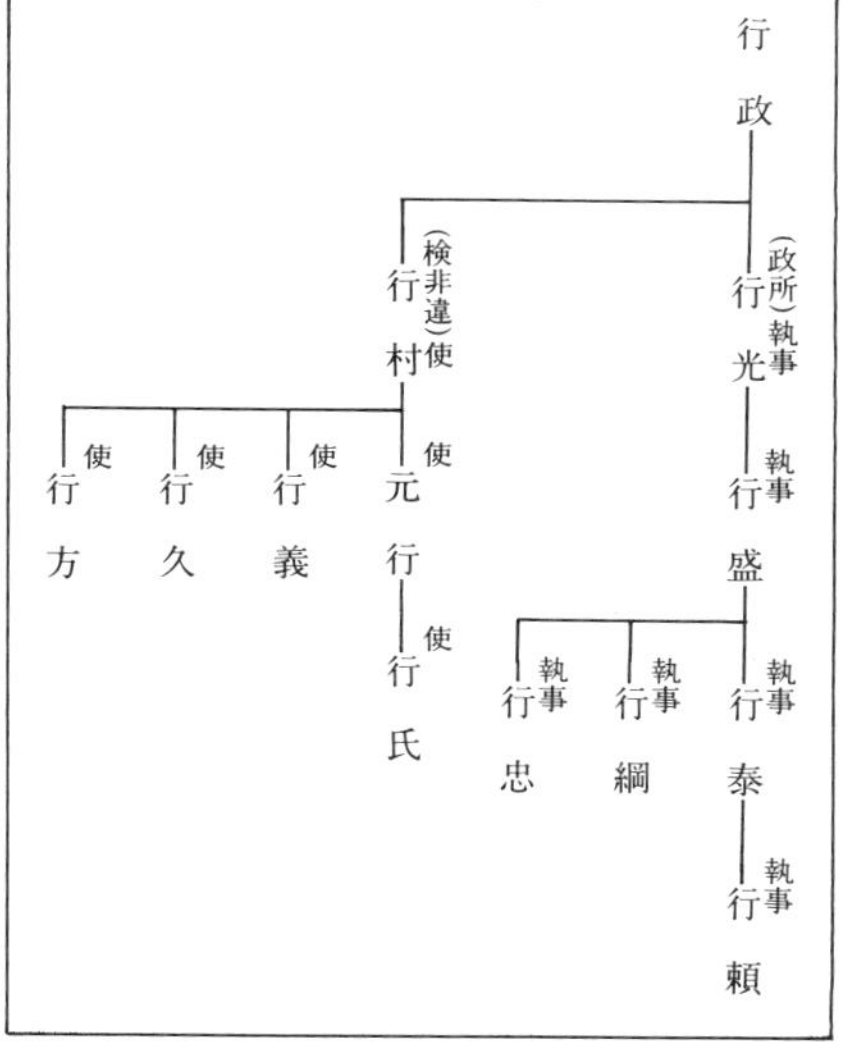

ここで行方について探ってみると、評定衆の二階堂行村の子として生まれ(14)、建長元年(一二四九)の引付設置とともに引付衆《ひきつけしゅう》となり、同五年には四番の引付頭人《とうにん》、正元元年(一二五九)九月にいたって評定衆となっている。

すでにみたように、建長四年に宗尊将軍を迎える使節として京都に派遣されて以後、『吾妻鏡』にその活動は頻繁に記されているが、弘長三年（一二六三）十月八日に中風で倒れて出家している(15)。なおこれ以前の七月五日に御所中雑事奉行については行方の孫の死亡により、縫殿頭《ぬいのかみ》中原師連《もろつら》にかわっていた。行方の記録が使われたとすれば、恐らくこの七月の時点までであろう。

では行方の跡を受けて奉行となった師連についてはどうであろうか。その活動は次のようにみえる。

⑫（弘長三年八月九日）将軍家御上洛事有ニ其沙汰一、来十月三日御進発必然之間、路次供奉人已下事被レ定之、其記、縫殿頭師連持ニ参御所一、

師連が将軍上洛の供奉人の記録を書いていることがよくうかがえよう。さらに同年十一月二十二日の北条時頼の死去により景頼が出家したため、師連は景頼の行なっていた宗尊御《み》息所《やすどころ》の奉行をも引き継ぎ、やがて『吾妻鏡』は師連を実名のみで記しているのである。

⑬（文永二年正月十二日）今日被レ行ニ評定始一、去六日者臨時儀也、仍就ニ吉日故一被レ始之、師連・泰盛持ニ参事書一云々、

⑭（同年二月二十五日）着到事、勘申可レ書之由云々、師連奉、給解之詞不レ可レ然云々、

これら以外にもう一ヵ所、師連は実名のみで登場するが、それらはいずれも弘長三年以後のことであった。したがって弘長三年以後には、師連の記録が『吾妻鏡』に利用されたとみることができよう。

師連は評定衆中原師員《もろかず》の男として生まれ、建長六年に引付衆、文永元年（一二六四）に評定衆に加わっ

ている。(16)父と同様に外記《げき》という文筆の職を経ており、その記録は重視されたものと思われる。

なおここでとくに注目されるのは、金沢文庫《かなざわぶんこ》本の「寛元二年記《かんげんにねんき》」(17)であろう。その年（一二四四）の六月十二日の将軍の御行始の行列について、それは「御出事、先年縫殿頭師連相語之間、記之、但行列少々有二不審事一、重相二尋摂津入道一、可レ散二不審一也」と記している。これから知られるごとく、師連もその父摂津入道師員と同様にこうした公事・行事に明るく、詳細な記録をつけていたとみることができる。

かくて『吾妻鏡』は宗尊将軍記を編集する際に、将軍の御所中雑事奉行（行方・師連）の日記を使用したものといえよう。この時期の『吾妻鏡』の記事が、将軍の儀式・供奉人などに関してまことに詳細に記しているのはそのことによると考えられる。

実名のみの表記のあり方から『吾妻鏡』の原史料を探ってきたのだが、『建治三年記』の特徴としてもう一つあげられるのは、記主たちが将軍に仕える一方で、北条氏の家督得宗《とくそう》にも仕えていた点である。すなわち「御所出御、随兵已下供奉如レ例」などの記事と共に、「自二山内殿一被レ召之間」「依レ召参二山内殿一」といった得宗時宗邸出仕の記事が多くみえ、また幕府の評定衆としての「評定」での記事と並んで、得宗邸での「寄合《よりあい》」のメンバーとして寄合に関しても詳しく触れている。

将軍の御所中雑事奉行の記録だけでは、実際のところ、得宗の動きは捉えられなかったであろうから、こうした性格の記録が『吾妻鏡』にはきっと使われていたであろう。そこで注目されるのが建長五年（一二五三）九月二十六日条の記事である。

　辛丑、為二倫長奉行一、於二殿中一内々有二沙汰事一、是山門領之外、以二山僧一令レ補二預所職一事、可レ被二停止一之由也、去廿日評定之時有二其沙汰一、件禁制者、去延応元七月廿六日被レ定レ之、被レ仰二六波羅一訖、而能登国御家人高畠太郎式久備三進彼式目案文二之間、為二校合一可二写進一旨、被レ下二御教書於備後前司康持一之処、依レ為二禁忌一、同廿六日被レ仰二東入道唯明一々々写三進之二、仍被二校合一之処、無二相違一、評定之時可レ持三参事書正文二之由、重所レ被二仰下一也、

内容は、殿中《でんちゅう》の沙汰に先立つ二十日の評定において、能登国御家人の提出した延応の式目の案文の校合が問題とされ、そこでこの日の殿中での沙汰により校合の結果、間違いはなしとされたので、評定に提出することになった、というものである。記事全体は著しく荒削りで原史料の姿をよくとどめているように思われる。

注目される第一点は、突然に「倫長奉行」と実名のみで書き出されている点にある。この人物は矢野（三善）対馬守倫長《みちなが》で当時の評定衆である。そのころ引付衆であった藤原行方が「倫長」と記すはずもなく、倫長と実名で書くことのできるのは、倫長その人か、あるいは評定衆中でも相当な人物としか考えられない。ところが引付衆の三善康持《やすもち》について「備後前司康持」と記しており、このことから本記事の執筆者は倫長その人とみることができよう。

第二に注目されるのは、「殿中」での「内々」の沙汰という表記である。この殿中の語は、『永仁三

年記』（一二九五）に、

晴、式評定、老、太守（貞時）、奥州（宣時）、武州（時村）、尾入（公時）、典厩（師時）、（中略）豊州（倫景）、時連、南都事書取捨了、但内々以二殿中仁一被レ上二京都一、事次第委細被二尋問一之後、可レ有二其沙汰一（之由脱カ）評了、

（二月十六日条）

とみえる「殿中《でんちゅう》仁《のじん》」の「殿中」と同じであり、得宗邸の殿中のことである[18]。したがって内々の沙汰とは、得宗邸での寄合のごとき会議をさしているのであろう。そうであれば、倫長は評定衆であり、かつ寄合のメンバーということから、この二つに関係する奉行人であったといえる。まさに『建治三年記』の記主康有と同じ立場にある。倫長もその当時、三善康有と同じような役割を担っていたといえるであろう。そのことをよく示しているのが、次の『吾妻鏡』の記事である。

就二諸人訴論事一、有二被レ定之篇目等一、所謂、

一御評定日々、当参奏事

兼日可レ被レ付二名目於勘解由判官一、

一事書事

御評定之後、執筆之仁、令レ進二草案事書一者、被レ加二一見一、理致无二相違一者、可レ被レ付二対馬前司一也、

〔三善系図〕

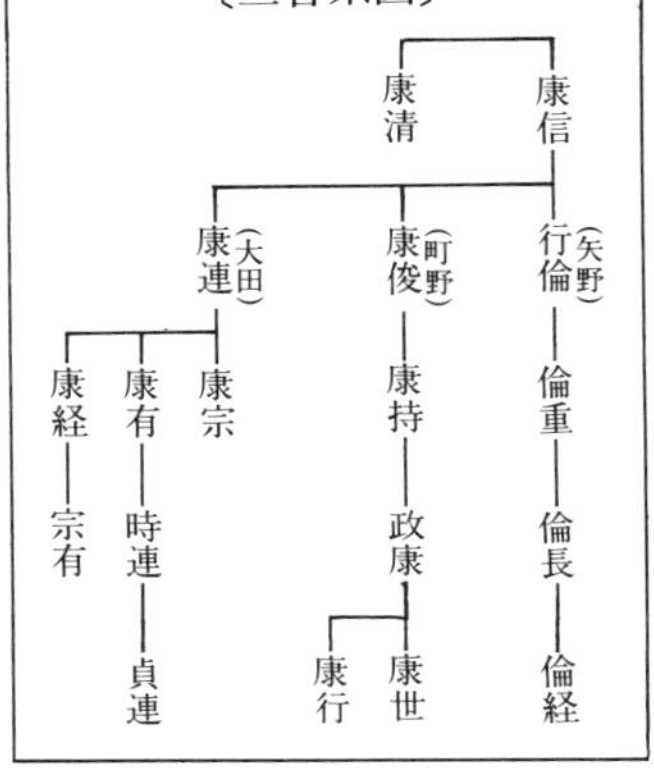

文永三年（一二六六）三月十三日条であるが、この七日前に三方引付《さんぼうひきつき》が止められ、重事については聴断《ちょうだん》の体制が敷かれたことへの措置である。第一条の、評定の日における奏事を取り継ぐ「勘解由判官《かげゆはんがん》」が『建治三年記』の記主三善康有であり、第二条の、評定の結果の草案事書が付される「対馬前司」が矢野倫長である。倫長はこれを「殿中」にもたらし、聴断にいたったのであろう。

こうして矢野倫長の記録も『吾妻鏡』に使われた可能性が高くなったが、その家系は三善康信の流れに属し、外記を経て対馬守となり、引付衆・評定衆となっている。[19] まさに文筆の家であり、大田康有・時連らと違って問注所の執事にこそならなかったものの、得宗に近仕して得宗政権を支えたのであった。

さらに「倫長」と実名のみの表記を探ってゆくと、興味深い記事に出会う。それは、建長四年（一二五二）十月十四日条の次の記事である。

天陰、為レ休ニ民間愁訴一、今日被レ定ニ条々一、倫長、満定奉ニ行之一、
一　牛馬盗人々勾引事
此犯及ニ三度一者妻子不レ可レ遁ニ其科一、

一　放火事

准㆓強盗㆒宜㆓禁遏㆒、

一　殺害刃傷人事

可㆑召㆓禁其身計㆒、至㆓父母妻子親類所従等㆒者、不㆑可㆑懸㆑咎、

一　窃盗事

雖㆑為㆓小過㆒、及㆓両度㆒者、可㆑准㆓一身之咎㆒、

一　贓物事

可㆑任㆓御式目㆒歟、

一　諍論事

土民之習、雖㆑令㆓拏攫㆒、於㆑無㆑疵者、不㆑可㆑処㆓罪科㆒、

一　山賊海賊夜討強盗等事

任㆓先々法㆒、条々可㆑有㆓其沙汰㆒乎、

一　密㆓懐他人妻㆒事

名主百姓等中密㆓懐他人妻㆒事、訴人出来者、召㆓決両方㆒、可㆑尋㆓明証拠㆒、名主過料三十貫文、
百姓過料五貫文、女罪科事以同前、

これについて『中世法制史料集』の編者は「評定の事書乃至はその草案であろう」と指摘している。

すでに掲げた文永三年の措置における倫長の位置を考えてみれば、この指摘は妥当であろう。倫長が実名で記されている点も考えあわせれば、これは倫長の記録によったとみてよい。ただ一方でその日付を翌年の十月一日の十三ヵ条の法令との関係から誤りであろうとみて、『中世法制史料集』が参考にとどめたのは疑問である。

翌年の十三ヵ条の法令とは、諸国の郡郷・庄園の地頭代に充てたもので、それまでに出された法令の徹底を図るために改めて出された集成法である。そうであれば、やはりここに掲げた八ヵ条は建長四年に出されており、それらのいくつかがまとめられて翌年に再度出されたとみるべきであろう。建長四年は宗尊将軍の代始《だいはじめ》である。それにふさわしく「民間愁訴」を休めるための徳政《とくせい》として出されたのが、倫長ら奉行のこの法令であったと考えたい。

かくして『吾妻鏡』には矢野倫長の記録が使われたと考える。しかし倫長の登場回数は決して多くはないので、『建治三年記』や『永仁三年記』のような体裁をとって、恐らくは倫長の手になる〝建長四年記〟とか〝建長五年記〟とかの形で提出されたものが、『吾妻鏡』編纂の史料に使われたのであろう。(20)

以上により宗尊将軍記は御所中奉行（二階堂行方・中原師連）の日記を中心に、さらに矢野倫長の日記などで補いながら編纂されたものと考える。この他にも違った史料が使われたであろうが、核となったのは以上の史料とみてよいであろう。

そこで次に宗尊将軍の前の時代、藤氏将軍の頼経《よりつね》・頼嗣《よりつぐ》の時代について考えてみることにしたい。

3　寛元二年記より

寛元二年（三四）四月二十一日、将軍頼経の子頼嗣が元服すると、二十八日に将軍宣下となり、五月五日には上洛の使者が宣下の状を帯して下ってきた。ついで六月十三日に新将軍頼嗣の「御行始」が行なわれている。

この寛元二年の将軍の交替について、『吾妻鏡』は二様の記事をもっている。一つは、将軍頼経年代記の最後の年としての記事であり、もう一つは、将軍頼嗣年代記の最初の年としての記事である。つまり頼経の年代記は五月五日までで終わらずその年いっぱいの記事があるにもかかわらず、頼嗣年代記も五月五日から始まっているので、五月五日から年末まで記事が重複しているのである。これはどうしてであろうか。

むろんその内容が同じならば何ら問題とすべき性格のものではないが、違った内容の記事が含まれていたり、同一事実を違った表現で記していたりする。しかも興味深いことには、金沢文庫には「寛元二年記」と称する、将軍頼嗣の元服記と御行始記とが存在しており[21]、これも『吾妻鏡』の記事とはやや異なっている。

そこで『吾妻鏡』の(A)頼経記、(B)頼嗣記、「寛元二年記」の(C)元服記、(D)御行始記の四点を相互に比較すれば、『吾妻鏡』の記事の特質が自ら浮かびあがってくるであろう。

このうち(A)と(C)の比較についてはすでに研究があって、(C)で「下官」と記されているのが、(A)では「二条《にじょう》中将教定《のりさだ》朝臣」とされている故、(C)は二条教定の手になる記録であることがわかっている。しかも『吾妻鏡』が教定記から構成されていたかどうかということも、(C)と(A)の記事の異同によって、教定記がかりに使われたとしても補助材料であったろうと指摘されている。(22) ともに従うべきものといえよう。だがさらに四月二十一日の(A)と(C)とを子細に比較して、『吾妻鏡』の拠った記録の筆者を特定できないであろうか。

(A)今日、将軍家若君六歳、御名字頼嗣、御母中納言親能卿娘大宮局、御元服也、依レ被レ用二嘉禄之例一、前佐渡守基綱奉二行之一、申剋有二其儀一、織部正晴賢朝臣衣冠、持二参日時勘文一、入二覧筥一、前美濃守親実朝臣於二西侍一端座、取レ之、経二廊根妻戸一、入二寝殿西面妻戸一、置二御座前一、板敷、将軍家覧レ之被レ返、入レ筥、親実給レ之、持二来侍所一、懐二中勘文一、若君着二御装束一、有文御直衣、二倍織物、御指貫、白単、不レ令下結二御髪一給上、親実朝臣候レ之、定員為二御前装束一、武州（経時）白襖狩衣、薄色生指貫、着二帷下袴一、参給、二条中将教定朝臣、布衣、上括、任二嘉禄例一、可レ奉二扶持一云々、然而女房被レ催レ之、無二指所役一歟、前右京権大夫資親朝臣等同候二此所一、御装束訖、渡二御寝殿西面一、女房奉二扶持一、召二武州一、々々参進、被レ勤二仕理髪加冠一、引入御烏帽子、次進二御前物一、土高坏、両御方、

(C)西侍端座上、取㆓此箱㆒、経㆓中門㆒入㆓寝殿西面妻戸㆒、置㆓御座前板敷㆒云々、主人取㆑之、撤㆓礼紙㆒自㆑本不立文定事也御㆓覧勘文㆒、被㆑返㆓入箱㆒、親実朝臣持㆓来於侍㆒、懐㆓中勘文㆒、置㆓蓋於侍㆒、参㆓此御方㆒、召㆓武州㆒、々々参進、勤㆓仕理髪㆒云々、父泰時朝臣嘉禄勤㆓仕加冠㆒、以㆓件例㆒、今日随㆓此役㆒、尤当㆓其仁㆒者也、其時、彼朝臣武蔵守勤㆓仕加冠㆒、偏為㆓武士之沙汰㆒、下官一人境節雖㆓祗候㆒、不㆑勤㆓仕役㆒、只奉㆓扶持㆒許也、以㆓其例㆒、依㆑召参候、然而女房扶持之、

それぞれの最初の数行を引用した。(C)は前欠のため、(A)との対応部分をやや欠いているが、(A)(C)を比較してすぐ気づくのは、(A)の方がきわめて記事が豊かな点である。若君頼嗣をはじめ、武蔵守経時・二条教定らの装束が具体的に記されている。これに対し(C)の教定記は、教定がかつて嘉禄の頼経元服の儀式に出席した前例とを比較しながら記しており、具体性にやや欠ける。事実、教定自身が後の部分で「不㆓見知㆒之間、委不㆑記之」と記している。

このことから、(A)は将軍元服の行事の実務に関わった奉行人の記録がもとになったのではないかと考えられる。そうであれば「前佐渡守基綱奉行」という部分がまず注目される。ついで「若君着㆓御装束㆒」の割注に「定員為㆓御前装束㆒」とみえる定員であろう。ところで(A)の記事において実名のみで記されているのは定員《さだかず》ただ一人なのである。これは基綱のごとく記すとすれば、「前但馬守定員」とすべきであろう。ここに筆者として定員の可能性が浮かんでこよう。では(C)においては、定員はどう表記されているのであろうか。

(C)冠者殿改₂烏帽子₁、着₂冠幷無文直衣・指貫₁、為₂御元服以後₁之故也、定員一向奉₂沙汰₁と、頼嗣の装束換えにおいて定員がみえ、ここでも「定員」と実名のみである。ただこの場合は、記録が前欠のため、装束の奉行である定員についてはすでにその前欠部分で紹介されているからであるともみられる。あるいは、教定も定員の筆録を参照したと考えられなくもない。

藤原定員といえば頼経の側近中の側近であり、(23)その若君の元服記を筆録するに最もふさわしいとはいえないだろうか。その日の頼嗣について、「今日、少人数度出御、其儀各移₂刻之処、敢無₂御窮屈₁、偏如₂成人₁、貴賤皆所₂奉₂感嘆₁也」との評もまた、主人の若君に対する評として納得できるものである。『吾妻鏡』の前後の記事から定員の行動をみていっても、三月には頼嗣不例の祈禱の沙汰を行ない、五月五日には将軍宣下の使者に剣を伝達し、同十八日には頼経・頼嗣らの三日病による鬼気祭《ききさい》の奉行をしている。

だがそうだからといって、この時期の『吾妻鏡』の記事がすべて定員の筆録に拠っているかというと疑問である。それは記事の冒頭に「今日」と記されていて、この記事自体は恐らく別記の形で記されたものと考えられるからである。(24)すなわち元服記は定員のものとみても、他の記事もすべて定員の筆録によるとは必ずしもいえないであろう。

その点から注目されるのが、六月十三日の(D)の御行始記である。それに対応する(A)の記事（(B)は(A)に同じ）と比較・検討してみたい。

(A)十三日壬午、将軍家御元服御任官之後、有㆓吉書始之儀㆒、今日、有㆓御行始之儀㆒、入㆓御于秋田城介義景甘縄之家㆒、前大納言(頼経)家、為㆓御見物㆒、被㆑立㆓御車於小町口之西㆒、供奉人布衣上括候㆓其砌㆒、岡崎僧正道慶、同被㆑立㆑車云々、未刻、御出、行列

先随兵三騎相並

一番　佐々木壱岐前司泰綱　河越掃部助泰重　常陸修理亮重継

(D)寛元二年六月十三日、将軍入㆓御城介義景甘縄第㆒、是去四月廿八日、令㆑蒙㆓将軍宣旨㆒之後、御行始也、前大納言家幷大僧正道慶御房等乗車、有㆓御見物㆒、引㆓立御車於少町西口西向㆒、供奉人布衣上括烈㆓居御車轅辺㆒、行烈見㆑左、

先随兵

佐々木壱岐前司泰綱　河越掃部助泰重　常陸修理亮重継

(D)の記事の最後には、「此御出事、先年縫殿頭師連相語之間、記㆑之、但、行烈(列)少々有㆓不審事㆒、重相㆓尋摂津入道㆒、可㆑散㆓不審㆒也」と記されている。このことから(D)は中原師連の語るところを記した

寛元二年記（A頼経記・B頼嗣記）の異同

月日(条)		A	B			A	B			A	B
5. 5	異	○	●	6.29			●	9.15	同	○	○
5.11		○		7. 5		○		9.19	同	○	○
5.15			●	7.13		○		9.20			●
5.18	異	○	●	7.14			●	9.28		略	●
5.20	異	○	●	7.20			●	10. 2	同	○	○
5.21		○	略	7.23			●	10. 3	同	○	○
5.26	異	○	●	8. 3			●	10.13	同	○	○
5.29	異	○	●					11. 3	同	○	○
5.30	異	○	●	8. 8	同	○	○	11.12			●
6. 1	異	○	●	8.15		略	●	11.16	同	○	○
6. 2	異	○	●	8.16		略	●	11.22			●
6. 3	異	○	●	8.17	同	○	○	12. 1			●
6. 4	異	○	●	8.19	同	○	○	12. 7	同	○	○
6. 5	異	○	●	8.22	同	○	○	12. 8		略	●
6. 8	異	○	●	8.24			●	12.12			●
6. 9	異	○	●	8.29	同	○	○	12.18			●
6.13		○	略	9. 1	同	○	○	12.20			●
				9. 2	同	○	○	12.24			●
6.15		○		9. 3	同	○	○	12.26	同	○	○
6.17		○		9. 5	同	○	○	12.27	同	○	○
6.27			●	9.11			○	12.30			●

（注）　異は両記事が異なる場合。同は両記事が同じ場合。略は一方の記事に省略がある場合。

ものであり、その父摂津入道（師員）がもっと詳しい情報をもっていたらしい。これと(A)とを比較すると、明らかに別人の記録に拠っていることがわかるが、注目したいのは、(A)の記事の、「将軍家御元服御任官之後、有二吉書始之儀一、今日、有二御行始之儀一」と始まっている部分である。

この記載のあり方からみて、頼嗣の元服《げんぷく》・吉書始《きっしょはじめ》・御行始とはもともとは一体としてあったものが、分割されて記されたものと考えられる。そうであれば、元服記の筆者が藤原定員であったのだから、この御行始記の筆者も定員であったとはいえないであろうか。つまりもともと将軍頼嗣の元服・御行始記は定員の筆録としてつくられたものだが、それが四月二十一日条と六月十三日条に分割されて、『吾妻鏡』にそれぞれ載せられたとみたい。

ところで御行始記について、(A)と(B)とは同じ内容といったが、ひろく(A)(B)の重複部分をとり出してその異同を調べたのが前頁の表である。これによれば、記事中で相異のもっとも著しいのはこの六月十三日の御行始より前の部分であって、六月十五日以後八月三日までは重複記事がまったくなく、さらに八月八日からは記事が同じか、あるいは(A)に省略があるか、欠けているかのいずれかである(25)。したがって、とくに注目すべきは六月十三日までの記事であろう。

それからいえるのは、六月十三日までは(A)(B)それぞれが底本とした記録は異なっているということであるが、それが何であったのか考えてみよう。

(A)六月二日辛未、災旱之間祈雨事、被レ仰二鶴岳供僧等一、出羽前司(行義)奉行之、信濃民部大夫入道(行盛)奉行、自二政所一供米十石下行、又於二御所一始三行七ケ日不断不動御念誦一、衆僧廿口、供米各一石云々、政所沙汰也、

(B)六月二日辛未、被レ始二不動御念誦一、僧廿口奉仕之、供米口別可レ下三行一石二之由、被レ仰二政所一、師員朝臣奉行之、又可レ修二祈雨法一之旨、依レ被レ仰二鶴岡一、供米十石事、同被レ仰三下政所一云々、

六月二日の炎旱の祈禱とそのための供米《くまい》下行《げぎょう》を政所に命じた記事である。(A)では鶴岡での祈雨を最初に記し、奉行人名も載せている。(B)では御所での不動念誦《ふどうねんじゅ》と奉行人とを初めに記している。

だが(A)(B)両記事の比較によってその底本が何であったかを割り出す作業は、いかにも困難といえる。

実際、他の記事からも特定することはできなかった。そこで、次に頼経・頼嗣年代記全体にわたって、宗尊将軍記でとった方法を利用しながら考えをすすめてみたい。

それは『吾妻鏡』に幾つか載せられている文書に目をつける方法である。その文書がたとえば法令のように大事に保存される性格のものならば、直ちに『吾妻鏡』の編纂のあり方と関連して考えるわけにはいかないであろう。だがすでに検討した文応元年の和泉前司行方充ての書状のようなものならば、そこから誰の筆になる記録に収められたものかという推定が可能となり、その筆録が『吾妻鏡』の編纂に使われたとみることができよう。

そんな点から注意してみてゆくと、まず次の仁治二年（一二四一）の文書が注目されるであろう。

○（仁治二年九月三日）戊子、信濃国住人奈古又太郎者、承久三年大乱之時、乍レ施二勲功一漏二其賞一之由、頻雖レ愁二申之一、依レ無二便宜之地一、空送二年序一訖、但猶雖レ有二如レ此不幸之類一、於二奈古軍忠一者、勝二其中一之間、相構可レ被レ行之由、故匠作時氏、遺命也、仍左親衛為レ不レ違二其趣一、今日執二彼款状一、加二別御詞一、被レ仰二遣恩沢奉行人師員朝臣之許一、師員申御返事云、

奈古又太郎申勲功賞事、折紙給預候畢、早可二申入一候、恐々謹言、

師員

北条大夫将監殿御返事

恩沢《おんたく》奉行中原師員から北条経時充ての書状である。この文書がどこに残されたものかを考えてみる

と、第一に文書の充所の経時があげられるが、経時にとって特別に記しおくような文書であったかというと、疑問とせねばならない。もし経時が記す必要があるとすれば、款状に加えた「別御詞《べちのおんことば》」であったろう。奈古《なご》又太郎についても同様である。そう考えると、差出人の師員の可能性が高いように思う。

師員といえば、寛元二年の頼嗣御行始記の奥書にみえた「摂津入道」であり、宗尊将軍の御所奉行中原師種の父である。それだけに師員の筆録が『吾妻鏡』に使われた可能性は大とみなければならない。さらに『吾妻鏡』に実名のみで登場する機会も頗る多い。その一部を左に記す。

○（嘉禄元年二月二十四日）乙卯、巳刻、小鷹一羽取レ雀、飛入二御所中門廊内一、而遠藤四郎取レ之、若君奉レ献レ之、頻有二御賞翫一、此事為二吉兆一之由、三条左近大夫将監親実、遠藤左近将監為俊申レ之、師員云、野鳥入レ室、主人将レ避之文、在二文選一、可レ忌レ之歟云々、然非二野鳥一、人之所レ用也、是亦飼鳥也、有二何事一哉之由、有二宥申之輩等一云々、

○（寛喜三年正月六日）癸巳、風吹、為二二所御奉幣一御進発間事、有二其沙汰一、師員・親実等奉行之、

○（文暦元年三月十日）戊申、大蔵卿為長卿献二書状於武州一、今日到来、相二副一巻記於件状一、武州（泰時）令レ持二参御所一給、師員於二御前一読申之、

○（嘉禎二年十二月二十六日）己酉、去十八日除目聞書到着、武州兼二左京権大夫一給、師員任二主計頭一、又施薬院使丹波良基朝臣叙二正四位上一、

京下りの吏僚として師員の活動は際立っていよう。やがて四位に叙されて以後は「師員朝臣」として頻出する。評定衆中で最も位階の高い人物として、連署執権の北条時房死後の政所では、その下文に泰時につぐ位置で署判を加えている(26)。その地位は、京下りの吏僚としては京と鎌倉の間の、評定衆・政所別当としては評定と政所、恩賞奉行としては執権と将軍とのそれぞれの結節点に位置していた(27)。

師員は、この時期の『吾妻鏡』の記事にふさわしい活動と地位にあったといえるであろう。ところで『玉蘂《ぎょくずい》』の嘉禎元年（一二三五）正月の条には次のような記事がみえる。

○十八日、大膳権大夫師員来、去比上洛、関東条々有二申旨一、定高卿申次也、
○十九日、師員又来、在二簾前一問二密事一、

これによれば師員は京に上り九条《くじょう》道家《みちいえ》を訪ねて、会談をしている。その具体的内容は明示されていないが、『吾妻鏡』の方ではこれをどう記しているのかをみてみると、不思議なことにその師員の行動は一切記されていない。僅かに十九日の二日後に五大堂の総門建立について「相州・武州・大膳権大夫以下数輩被二相向一」と記しているのみである。ただ十九日に京を立ったとしても、二十一日に鎌倉に到着するのは無理なように思うが、それはともかく師員の京での活動にどうして『吾妻鏡』は触れなかったのであろうか。『玉蘂』の記すごとく「密事」であったためであろうか。恐らく師員は上洛関係の筆録を残さなかったのであろう。そのため師員の筆録に大きく依存している『吾妻鏡』に

もその記事が残らなかったと推測される。

師員に続いて注目されるのは後《ご》藤《とう》基《もと》綱《つな》である。次の二つの『吾妻鏡』に載る文書をみよう。

○今年御京上御延引已畢、偏是為レ慰二土民之煩一、且又為二天変御祈一也、存二此旨一、始レ自二畿内一、至二于鎮西一、可レ被レ触二仰御家人等一之状、依レ仰執達如レ件、

延応二年正月廿七日　　沙弥（行然）

前佐渡守（基綱）

進上　相模守殿（北条重時）

○　保司奉行人可二存知一条々

一　不レ作レ道事

一　差二出宅檐於路一事

一　作二町屋一漸々狭レ路事

一　造二懸小家於溝上一事

一　不二夜行一事

右以前五箇条、仰二保々奉行人一、可レ被二禁制一也、且相触之後、七ケ日於レ立レ之者、相二具保奉行人者一使者可レ被二破却一之状、依レ仰執達如レ件、

寛元三年四月廿二日　　武蔵守（経時）

佐渡前司殿

延応二年（一二四〇）の文書では差出人として二階堂行然《ぎょうねん》（行盛《ゆきもり》）とともにみえ、寛元三年（一二四五）の文書では受取人として登場する。前者は六波羅充ての関東御教書であるが、通常ならば執権・連署が奉者となるところを、時房がこの三日前に死去して、執権泰時がその服のため署判を加えることができなかったので、かかる形式の文書が出されたわけである。「基綱・行然等承レ仰献二奉書一、其状書様」として載せられている。基綱が実名のみで載せられている点にも注意したい。

後者は基綱が鎌倉の地奉行《じぶぎょう》であるところから、地奉行充てに鎌倉中の禁制を示したものである。これを受けて五日後の二十七日条は次のように記しており、基綱は実名のみで記されている。

廿七日辛卯、基綱写二去廿二日御教書一、今日相二触保々奉行人一云々、

これら二通の文書が載せられたのは、『吾妻鏡』が基綱の筆録によっているが故とはいえないであろうか。とはいえ後者の文書は法令であり、法令集からとって載せたともいえようが、実はこの法令は『吾妻鏡』だけにみえるもので、それを受けた二十七日条の記事からみても、やはり基綱の記録に拠ったと考えてよいだろう。

そこでさらに注目されるのは次の二つの文書である。ここには基綱の名はみえないのであるが、

○　鎌倉中保々奉行可レ存二知一条々

一　盗人事

一　旅人事
一　辻捕事
一　悪党事
一　丁々辻々売買事
一　成二小路狭一事
一　辻々盲法師并辻相撲事
一　押買事
右条々、存二知此旨一、可レ令四警三固奉二行保々一也、更不レ可レ有二緩怠一之状、依レ仰下知如レ件、
延応二年二月二日　　　　前武蔵守（泰時）

○鶴岳八幡宮寺領鎌倉中地間可レ有二禁制一三ケ条
一　神宮御子職掌等、依レ為二祠官一、所二充給一之地、無二指罪科一、乍レ帯二其職一、不レ可二点定一事
一　同社司給地、無二上仰一之外、別当以二私芳心一、不レ可レ立二替遠所狭少地一事
一　依レ為二社司一、令レ拝二領地一輩之中、無二子息一之族、或譲二後家女子一、或付二養君権門一、致二沙汰一之間、新補宮人無二給地一之条、不便事也、自今以後、子息不レ相二伝之一者、付レ職可レ充二行其地一事
以前条々、社家存二此旨一不レ可二違失一之状、依レ仰下知如レ件、

延応二年二月廿五日　　　　前武蔵守

とあって、これらはすでにあげた延応二年の基綱らの奉書に近接して載せられている点、および基綱が関係する鎌倉中の地についての法令である点、こうした二点からみて基綱の筆録に拠っていたものと推測される。ともに法令集に載せられていないことにも注目したい。

基綱の経歴をみると、承久の乱の張本後藤基清の子であったが、乱では幕府方につき、やがて評定衆として御所造営・修理の奉行となり、検非違使《けびいし》に任ぜられた後、恩賞《おんしょう》奉行《ぶぎょう》や地奉行となっている。(28) 評定衆・恩賞奉行という点で師員と共通する側面がうかがえるが、その点でもう一つ興味深いのは次の文書である。

将軍家政所下　尾張国長岡庄住人
補任　地頭職事
前近江守信綱法師
右人、承久兵乱宇治河勦鋒之勧賞、豊浦庄之替、可レ為ニ彼職一之状、所レ仰如レ件、以下、
文暦二年七月七日　　　案主左近将曹菅野（景盛）
令左衛門少尉藤原（行綱）　　知家事内舎人清原
別当相模守平朝臣（時房）
武蔵守平朝臣（泰時）

近江国の佐々木信綱の恩賞についての政所下文が『吾妻鏡』に載せられている。この年（一二三四）九月十日に「恩沢奉行後藤大夫判官基綱」の名がみえ、また恩賞は承久合戦のものだが、基綱は承久の乱での軍《いくさ》奉行《ぎょう》であったことからすれば、信綱の恩賞は基綱が奉行したと考えてよかろう。そうであれば、この文書も基綱の筆録により載せられたとみられる。

基綱でさらに興味深いのは和歌である。

○（寛喜三年九月十三日）今夜、於二御所一和歌御会、基綱・親行・光西等参上云々、

○（天福元年九月十三日）今夜雲収月明、於二武州御亭一、有二和歌御会一、是密々之儀也、親行・基綱等候二其座一、

とみえるように、しばしば和歌の会に出席している。しかも次の記事では、泰時との間での連句もみえている。

（貞永元年十一月二十九日）将軍家（頼経）為レ覧二林頭一、渡二御永福寺一、御水干、御騎馬也、武州（泰時）自二去夜一未二退出給一、即扈従給、式部大夫（政村）、陸奥五郎（実泰）、加賀守康俊、大夫判官基綱、左衛門尉定員、都筑九郎経景、中務丞胤行、波多野次郎朝定已下、撰下召二携和哥一之輩上、為二御共一、（中略）有二和歌御会一、但雪気変二雨脚一之間、余興未レ尽還御、而於二路次一、基綱申云、雪為レ雨無レ宜云々、武州令レ聞レ之給、被レ仰云、

あめの志たにふればぞ雪の色もみる

基綱　みかさの山をたのむかげとて云々、

これらをみると、基綱の記録はかなりの範囲で『吾妻鏡』に採録されたといえるに違いない。

かくして、頼経・頼嗣将軍記では主として中原師員と後藤基綱の二人の記録が使われていたであろうと推測されるが、これは先に指摘した寛元二年の記事の底本として二つの記録があったろうという指摘とまさに対応する。そうであれば(A)(B)のいずれが師員・基綱の記録であったかを考えねばならないが、この点については軽々には判断がつかないので、しばらくは保留しておこう(29)。

それはさておき頼経・頼嗣将軍記が恩賞奉行の記録により構成されている点は、宗尊将軍記が御所奉行の記録により構成されていた点と比較して興味深いものがあろう。いずれも将軍に近仕する人物であり、『吾妻鏡』の将軍年代記的性格によく対応している。その点からさらに、宗尊将軍記における矢野倫長の日記のような、執権北条氏の側近の記録のごときものは利用されなかったであろうか。

今年世上飢饉、百姓多以欲㆓餓死㆒、仍武州（泰時）、伊豆駿河両国之間施㆓出挙米㆒、可㆑救㆓其飢㆒之由、被㆑仰㆘聞有㆓倉廩㆒輩㆖、豊前中務丞奉㆓行之㆒、件奉書被㆑載㆓御判㆒云々、

今年世間飢饉之間、人民餓死之由風聞、尤以不便、爰伊豆駿河両国入㆓出挙㆒之輩、依㆑不㆑始㆑施、弥失㆓計略㆒云々、早可㆑入㆓把馴出挙㆒之由、所㆑被㆓仰下㆒也、兼又後日若有㆓対捍㆒、随㆓注申㆒可㆑有㆓御沙汰㆒之由候也、仍執達如㆑件、

寛喜三年三月十九日　　中務丞実景奉

矢田六郎兵衛尉殿

ここに掲げた『吾妻鏡』寛喜三年（一二三一）三月十九日条の文書は伊豆・駿河両国の出挙《すいこ》米《まい》についての武州（北条泰時）からの奉書である。両国は泰時の分国であり、この奉書が載せられたのは、泰時に近仕する人物の筆録が利用されたためとみられる。そうならば文書の奉者「豊前中務丞実景」、充所「矢田六郎兵衛尉」が第一に考えられるのだが、実景の登場するのはここ一ヵ所だけで、矢田六郎は翌年にも出挙米について泰時の命を受け伊豆国で活動しているものの、目立つほどのものではない。

ところでこの時期、泰時の側近として際立った活動をしているのは平左衛門尉盛綱《もりつな》である。寛喜三年九月二十七日には次のような記事がみえる。

名越辺騒動、敵打二‐入于越後守（朝時）第一之由有二其聞一、武州自二評定座一、直令レ向給、相州（時房）以下出仕人々従二其後一同馳レ駕、而越州者他行、留守侍等於二彼南隣一、搦二‐取悪党一〔自二他所一逃来隠居、〕之間、賊徒或令二自殺一、或致二防戦一云々、仍遣二壮士等一、自二路次一、被レ帰訖、盛綱諫申云、帯二重職一給御身也、縦雖レ為二国敵一、先以二御使一聞二‐食左右一、可レ有二御計一事歟、被レ差二‐遣盛綱等一者、可レ令レ廻二防禦計一、不二事問一令レ向給之条、不可也、向後若於レ可レ有二如レ此儀一者、殆可レ為二乱世之基一、又可レ招二世之謗一歟云々、武州被レ答云、所レ申可レ然、但人之在レ世、思二親類一故也、於二眼前一、被レ殺二‐害兄弟一事、豈非レ招二人之謗一乎、其時者定無二重職詮一歟、武道争依二人体一哉、只今越州被レ囲レ敵之由聞レ之、他人者処二少事一歟、兄之所レ志、不レ可レ違二于建暦承久大敵一云々、于レ時駿河前司義村候レ傍承レ之、

拭ニ感涙一、盛綱垂レ面敬啒云々、（中略）盛綱之諷詞与ニ武州陳謝一、其理猶在ニ何方一哉之出、頗及ニ相論一、遂不レ決レ之云々、

泰時が名越《なごえ》辺の騒動の話を聞き、越州（名越朝時《なごえともとき》）の加勢のためにと評定の座を飛び出してかけつけたという有名なエピソードである。これに盛綱は、重職を帯びた身での行動としては軽率と、泰時を諫めている。「盛綱」と実名のみで記されているのも注目したい。他にも、

十一日庚戌、於ニ武州御亭一走湯山造営事有ニ其沙汰一、当山管領之仁浄蓮房参上、召ニ陰陽師一、被レ定ニ日次一、三月五日可レ為ニ事始一之由、親職朝臣已下四人撰ニ申之一、盛綱為ニ奉行一、

と、寛喜元年（一二四〇）二月十一日条に実名のみでみえ、さらに仁治元年（一二四〇）三月七日の頼嗣の五十日・百日の儀式に「今日事、悉以前武州御沙汰也、盛綱・景氏等奉行之」とみえている。

盛綱は、文暦元年（一二三四）八月二十一日に尾藤《びとう》左近入道道然《どうぜん》が泰時の家令を辞したその跡に、家令に補された得宗家御内人《みうちびと》の筆頭である。(30) 他の有力な御内人である尾藤入道（景綱《かげつな》）や諏訪《すわ》兵衛入道（盛重《もりしげ》）らが実名のみで登場することがないのに対し、このように実名のみで三ヵ所に登場している。さらに盛綱が奉者となっている泰時の南新法華堂に関する置文《おきぶみ》が延応元年（一二三九）五月二十六日条には載せられている。全文は長いためにここに載せることを省くが、盛綱発給に関わる文書が載せられている点からみても、盛綱の筆録が利用された可能性は大きいとみなければなるまい。

以上により頼経・頼嗣将軍記（一二二六〜五二）を構成している原史料が主として何であったか、明らか

になったと考える。

4　建久三年記より

実名表記と文書所載が『吾妻鏡』の原史料を探るのに有効な方法であったが、これをさらにさかのぼらせて頼朝から実朝までの三代の源氏将軍記[31]に適用したらどうなるであろうか。ところが困ったことに、実名のみの表記がここでは実にたくさん出てくる。また逆に、頼家・実朝の将軍記については文書がほとんど載せられておらず手懸りとはならない。

では頼朝将軍記（一一八〇～九五）の文書はどうかとみると、まことに多数載せられていて全体を把握するのも容易でない。ここに原史料を探る試みは大きな壁につきあたった。しかし多数ある頼朝期の文書を整理していったらどうなるであろうか。そんなところから全体をみてゆくと、建久三年（一一九二）の記事が注目される。そこに載る文書名のみをあげよう。

①二月二十一日中原広元検非違使辞状《じじょう》
②三月四日平盛時奉書
③六月二十日前右大将家政所下文
④七月十二日除書《じしょ》

⑤八月五日頼朝袖判下文
⑥九月十二日将軍家政所下文
⑦十二月二十日前右大将家政所送文

以上の七通が載せられているが、ここには政所関係の文書が著しく多いことに注意しなければならない。③⑥⑦は政所に直接関係する文書であり、①は政所別当の中原（大江）広元が朝廷に提出した検非違使の辞状であり、⑤は、それまで袖判下《そではんくだしぶみ》文で与えられていた所領の給恩・安堵を政所下文に切り替えようとして有力御家人の反発にあい、やむなく政所下文とともに袖判下文をも与えることになった、その時の袖判下文であるから、もちろん政所が関与している。実に文書七通のうちの五つまでが政所に関係しているのである。

他の年で政所発給に関わる文書をみると、文治三年（一一八七）十月二十九日の政所下文と、⑧建久二年十一月の政所送《おくりぶみ》文ぐらいしかない。しかも⑧の送文は建久三年に接しており、①〜⑦にこの⑧文書を含めれば、建久二年末から政所関係文書が多く載せられるにいたったと評価されよう。

これはどう考えるべきか。建久元年に上洛して右大将に任ぜられた頼朝は、翌二年に前右大将家政所を開設した。したがってその政所の活動が盛んになった結果、『吾妻鏡』に政所関係文書が多く載せられるにいたった、という解釈がまず考えられる。ところが、それでは建久四年以後に政所関係文書がさっぱりみえなくなる点を説明できない。とすれば、建久二・三年に政所の文書発給に関与した人物の筆録が『吾妻鏡』に利用されたためとはいえないであろうか。そんなところから発給に関与した人物を探ろう。

①中原広元

③二階堂行政、中原広元、源邦業《くになり》、中原仲業《なかなり》、中原光家、藤井俊長

⑤中原広元、源邦業、二階堂行政、中原光家、藤井俊長

⑥二階堂行政、中原広元、源邦業、中原光家、藤井俊長

⑦「平」（盛時カ）

⑧二階堂行政、中原仲業、「家光」（光家の誤）

ここに政所の職員の名が列挙されているのは、当然のことであろう。なかでも注目されるのは、二階堂行政と中原広元の二人である。行政は政所令であり、広元は政所別当。別当にはほかに中原仲業・源邦業もなったことがわかるが、その活動は顕著でない。さて行政は、①にはみえていないが、これは当時在京中の広元の辞状であって、それが三月二日に鎌倉に到着したのである。広元は建久元年に頼朝とともに上洛してそのまま京都に滞在して検非違使に任ぜられており、『玉葉』によれば建久三年五月二日まで京都にあった。

そうであれば、この時期に一貫して政所に関与していたのは二階堂行政ただ一人ということになる。建久二年からの行政の活動を『吾妻鏡』で追ってみよう。

○建久二年正月十五日政所吉書始「別当広元、令行政」
○二月十五日伽藍草創沙汰「善信・行政・俊兼」
○三月八日鶴岡若宮造営「行政・頼平」
○四月二十六日若宮宝殿上棟「行政」
○四月二十七日御前対決「行政」
○五月二日山門訴訟沙汰「善信・行政・俊兼・盛時」
○十月二十五日鶴岡遷宮沙汰「行政・善信・盛時・俊兼」
○十一月二十二日政所餞物⇩⑧
○建久三年四月二十八日法皇仏事「行政・仲業」
○五月八日法皇仏事「主計允行政・前右京進仲業」
○六月二十日美濃大番役⇩③
○七月二十三日御台所御願布施「民部丞（行政）」
○八月五日将軍家政所始⇩⑤
○八月二十四日将軍家「入㆓御于行政之家㆒」
○九月十一日将軍家「逗㆓留行政宅㆒」
○九月十二日小山朝政恩沢下文⇩⑥

○　十月十五日大番役免除「行政・盛時」
○　十一月二日永福寺供養「行政・盛時」
○　十二月十日大進局政所下文「民部丞行政」
○　十二月二十八日大河戸御厨奉免「因幡前司・藤民部丞」

行政の活動はまさに他を圧倒しており、行政の筆録が『吾妻鏡』に利用された可能性は高いように思う。だが、そこで問題となるのは建久四年以後、政所発給に関わる文書が『吾妻鏡』にまったくみえないことである。以後は行政の筆録が利用されなかったのであろうか。建久四年は曾我兄弟の事件がおきており、建久三年とはやや性格の異なる記事も多くみえる。しかし行政の活動は相変わらずよく記されている。

○正月二十七日新恩給与「広元・行政」
○二月二十七日鶴岡舞殿新造「行政」
○三月十三日後白河院一回忌
○十月三日永福寺供養導師駅家雑事「仲業・行政・頼平」
○十月二十九日御家人給下行「行政」
○十一月十一日御堂供養布施「行政・俊兼・盛時・仲業」
○十一月三十日人々恩沢「因幡前司広元・民部大夫行政・大蔵丞頼平」

この傾向はさらに建久五・六年と続いている。そこで建久三年の政所下文（⑥）と四年に出された政所下文を比較してみよう。

⑥将軍家政所下　常陸国村田下庄下妻宮等

補任地頭職事

左衛門尉藤原朝政

右、去寿永二年三郎先生義広発二謀叛一企二闘乱一、爰朝政偏仰二朝威一、独欲二相禦一、即待二具官軍一、同年二月廿三日於二下野国野木宮辺一合戦之刻、抽以致二軍功一畢、仍彼時所レ補二任地頭職一也、庄官宜二承知一、不レ可二違失一之状、所レ仰如レ件、以下、

建久三年九月十二日　　案主藤井（俊長）

令民部少丞藤原（行政）　　知家事中原（光家）

別当前因幡守中原朝臣（広元）

下総守源朝臣（邦業）

⑨将軍家政所下　周防国安田保住人

補任下司職事

藤原為資

右人、補二任彼職一之状、所レ仰如レ件、住人宜二承知一、勿二違失一、以下、

建久四年四月十六日　　　　　　　　　　　　　　案主清原（実成）（花押）
令大蔵丞藤原（頼平）（花押）　　　　　　　　　知家（事脱カ）中原（光家）（花押）
別当前因幡守中原朝臣（広元）（花押）
散位藤原朝臣（行政）（花押）(32)

建久三年には政所下文に令として署名していた行政が、建久四年には五位に叙され政所別当となっていることがわかる。文書発給の直接の担当者は、いうまでもなく政所令であって、政所別当ではない。したがって行政は政所別当となったために、自分の筆録には政所発給文書を載せなくなったと解することができよう。

建久四年以後の政所令は大蔵丞藤原頼平《よりひら》であり、頼平は建久四年の記事ではすでにあげた十月三日と、十一月三十日にみえるほかは、十二月五日条に「今日賜二御下文一、大蔵丞頼平奉行之」とみえている。さほど多くはないが、下文発給に関係して登場することがわかる。

以上の建久三年記の記事・文書の性格の分析を通じて、建久二年頃より行政の筆録を『吾妻鏡』は利用したのであろうと推測する。

二階堂行政は、源頼朝の縁戚であって京下りの吏僚である。『吾妻鏡』での初見は、元暦元年（一一八四）八月二十四日の次の記事である。

庚辰、被レ新二造公文所一、今日立柱上棟、大夫属入道（三善康信）、主計允（行政）等奉行也、

また同年十月六日には新造公文所の吉書始があって、広元が別当として着座、斎院次官藤原親能《ちかよし》、主計允藤原行政、足立右馬允藤内遠元《とおもと》、甲斐《かい》四郎大中臣秋家《あきいえ》、藤判官代邦通《くにみち》らが寄人《よりうど》として列席している。行政がこのように早くから公文所に関与していることは興味深い。

というのも、建久二年以前の『吾妻鏡』に載る大量の文書はほとんどが京都と鎌倉との間の交渉文書であり、京都からは宣旨・院庁下文《いんのちょうくだしぶみ》・院宣、あるいは朝廷を通じてよせられる寺社権門の解状がもたらされ、鎌倉からは奏状や請文・奉書・下文等が京に送られた。到来したそうした文書の保管を行ない、作成した文書の案文を納める役所、それが公文所であったと考えられるからである。

しかもそうした京・鎌倉の交渉関係の文書を除くと、他に載せられているのは、

⑩文治二年十月三日貢馬・貢金進上解《げ》
⑪文治三年十月一日法皇灌頂用途貢物進上解
⑫同十月二十九日鹿島社毎月膳料下行下文
⑬文治五年十月二十四日広元奉書
⑭建久元年九月日京上奉行定文

の五通のみである。⑩⑪は貢物を京に進上する送文であり、このうち⑩は「主計允行政書二解文一」と行政が書しており、⑪も行政の書いたものと推測される。⑫は政所に関係する広元・行政以下が連署している。つまり⑩~⑫は公文所の発給に関わる文書といえよう。

⑬は奥州合戦後に出された出羽国検注に関する文書、⑭は頼朝の上洛について出された文書である。ともに頼朝が鎌倉を離れた時のもので、『吾妻鏡』のなかでは多くの紙数がさかれている大事件に関わる文書である。しかるに、そこでの行政はきわめて重要な役割を果たしていた。まず奥州合戦についてみると、文治五年（一一八九）九月七日の宇佐美実政と天野則景の生虜の相論について奉行し、翌日には合戦の次第を京に注進する頼朝の消息をも執筆している（九月七日、八日条）。行政の役割は、奥州合戦の軍奉行としてのものだったといえるに違いない。また建久元年（一一九〇）の頼朝上洛では、行政は路次の事、貢金以下の事など全体の雑事を沙汰する奉行であった（九月十五日条）。

こうしてみると、頼朝将軍記は、早くから公文所に関与し、やがて政所令から政所別当となった二階堂行政の筆録に大きく依存していたものと考えられる。頼朝が京下りの吏僚を使って幕府の組織を整え、朝廷との交渉を行なった、その過程を記すのに、行政の筆録は大きく役立ったことであろう。

そのことからさらに、次の頼家・実朝年代記の構成についてもある程度の推測が可能となる。というのも頼朝時代に設けられた政所が頼家・実朝の時にさらに重要な役割を果たすようになったこと、およびその政所で際立った活動をしていたのが行政の子行光であったこと、その二つ(33)から二階堂行光の記録あたりが注目されるからである。

〇六日戊辰、霽、羽林《（頼家）》殿下去月廿日転㆓左中将㆒給、同廿六日宣下云、続㆓前征夷将軍源朝臣遺跡㆒宜㆑令㆘㆓彼家人郎従等㆒如㆑旧奉㆗行諸国守護㆖者、彼状到着之間、今日有㆓吉書始㆒、清大夫択㆔申日時㆒

云々、北条殿（時政）、兵庫頭広元朝臣、三浦介義澄、前大和守光行朝臣、中宮大夫属入道善信、八田右衛門尉知家、和田左衛門尉義盛、比企右衛門尉能員、梶原平三《侍別当》景時、藤民部丞行光、平民部丞盛時、右京進仲業、文章生宣衡等、列ニ着政所一、善信草ニ吉書一、武蔵国海月郡事云々、仲業加ニ清書一、広元朝臣持ニ参之一、羽林於ニ寝殿一、披ニ覧之一給、此事故将軍（頼朝）薨御之後、雖レ未レ経ニ廿ケ日一、綸旨厳密之間、重々有ニ其沙汰一、以ニ内々儀一、先被レ遂ニ行之一云々、

○九日甲辰、快霽、今日将軍家政所始也、午刻、別当遠州（時政）、広元朝臣已下家司各布衣、等着ニ政所一、民部丞行光書ニ吉書一、令下ニ図書允清定一成中返抄上、遠州持ニ参吉書於御前一給、無ニ出御之儀一、於ニ簾中一故以覧レ之、遠州帰ニ着本所一之後、有ニ垸飯盃酒之儀一、其後始着ニ甲冑一、又乗レ馬給、遠州被レ奉レ扶ニ持之一、

それぞれ正治元年（一一九九）二月六日の頼家の政所始、建仁三年（一二〇三）十月九日の実朝の政所始の記事である。政所関係者としては行光のほかにも中原仲業・清原清定《きよさだ》の活動がみられるが、行光に比較すれば登場する頻度はいたって少ない。さらに行光は承久元年（一二一九）九月に死去するが、それまでは『吾妻鏡』の記事が一様にあったのに、その後には極端に記事の量が減ってしまう点も注目される。政所執事が伊賀《いが》光宗《みつむね》に替わったことにより、『吾妻鏡』は光宗の記録を入手できず、記事が著しく少なくなったのであろう。

また頼家・実朝将軍記における記事の特徴としてあげられるのは、「尼御台所」（北条政子）につい

ての詳しい動きである。正治元年八月の頼家と安達景盛《かげもり》の女性をめぐる争いでの政子の調停、同二年正月の頼朝の法華堂での仏事、建仁二年の頼家の蹴鞠をめぐる事件、同三年五月の阿野全成《あのぜんじょう》の叛逆事件、同九月の比企《ひき》の乱、そして実朝が将軍になると、その初期は「尼御台所御計」としてさまざまな下知が出され、元久二年（一二〇五）七月の畠山重忠《はたけやましげただ》の乱ではその追捕の勲功の沙汰をなし、さらに閏七月には北条時政を退けて義時を「執権」にすえている。八月の宇都宮頼綱の事件の沙汰は政子亭で行なわれるなど、政治や事件の節目において政子はいつも大きな役割を果たしたのであった(34)。

その政子の活動を支えていたのが行光である。『吾妻鏡』をみれば、政子の使者としてさまざまな場にのぞんでいるのがわかるが、そのうちでも最も重要なのが、実朝の殺害後に京都に派遣されたものであろう。

（承久元年二月）十三日　庚戌、信濃前司行光上洛、是六条宮、冷泉宮両所之間、為二関東将軍一可下令二下向一御上之由、禅定二位家令レ申給之使節也、宿老御家人又捧二連署奏状一、望二此事一云々、

いうまでもなく、禅定二位家とは尼二位政子のことである。『愚管抄』はこの行光について、次のように記している。

カヽリケルホドニ、尼二位使ヲ参ラスル。行光トテ年ゴロ政所ノ事サタセサセテイミジキ者トツカイケリ。成功マイラセテ信濃ノ守ニナリタル者也。二品ノ熊野詣デモ、奉行シテノボリタリケル物ヲマイラセテ、院ノ宮コノ中ニサモ候ヌベカランヲ、御下向候テ、ソレヲ将軍ニナシマイラ

セテ持マイラセラレ候へ。将軍ガアトノ武士、イマハアリツキテ数百候ガ、主人ヲウシナイ候テ、一定ヤウ〳〵ノ心モ出キ候ヌベシ。サテコソノドマリ候ハメト申タリケリ。

『吾妻鏡』の頼家・実朝将軍記は、その実は、政子の尼将軍記といえなくもないのであるが、この政子の活動を探るうえでも行光の筆録は大きな位置をしめていたと思われる。

すでに『明月記』を手懸りとして、頼家・実朝将軍記に問注所執事の三善康信の日記が利用されたであろうと指摘したが、ここに政所執事の二階堂行光の記録がひろく利用されたことが明らかとなり、『吾妻鏡』は、行光の記録を中心にして、康信の記録でこれを補いつつ両将軍記を編集したといえるであろう。また別稿では和田合戦《わだかっせん》の記事に触れて、これが合戦時の軍奉行であった二階堂行村の記録に拠っていると指摘した(35)のであるが、それは兄である行光の記録のなかにとりいれられたものか、あるいは別記として存在したものが、『吾妻鏡』の編者により記事中にとりこまれたのか、そのいずれかによるのであろう。

おわりに

『吾妻鏡』が幕府の吏僚の手になる記録をもとに編纂されたであろうことは、古くから推測されてきたことである。だがそれが誰の、どういう記録であったかはまったく考えられてこなかった。ほとんど手懸りがつかめなかったからであるが、本稿では、『吾妻鏡』周辺の記録のあり方に目をつけ、そこから『吾妻鏡』を解体してゆく方法をとり、実名表記と文書所載の特異性を手懸りにして、誰の、どういう記録に拠っていたかを考えた。

その結果を簡単に示しておこう。

(Ⅰ)　頼朝・頼家・実朝将軍記――政所奉行人（二階堂行政・行光）

(Ⅱ)　頼経・頼嗣将軍記――恩賞奉行（後藤基綱・中原師員）

(Ⅲ)　宗尊将軍記――御所奉行（二階堂行方・中原師種）

ただ(Ⅰ)の初期の治承から寿永年間、(Ⅰ)と(Ⅱ)の間の「尼将軍」政子の時期、(Ⅱ)の頼嗣将軍の末期については まだ詰めていない。

さらにまた本文で記したごとく、これらの史料以外に『吾妻鏡』の編纂に使われた材料は多かった。本文では触れえなかったさまざまな記録や説話も使われたと考える。しかし、それぞれの将軍の年代記の中心をなしたのは、ここに述べた記録であったとみてよいであろう。

これにより『吾妻鏡』の構成がはっきり浮かびあがってきたことは、いうまでもなかろう。『吾妻鏡』によって何がみえ、何がみえないかも。したがってその利用の可能性もわかってきた、と思う。まだ本文の安定していない部分も多いが、『吾妻鏡』は十分に利用可能な歴史書なのである。

注

（1）佐藤進一・池内義資編『中世法制史料集第一巻　鎌倉幕府法』（岩波書店、一九五五年）、四二八頁。本書ではさまざまな法令集からは断片をも採りあげているが、『吾妻鏡』については、「対応史料の見出せない場合には一切吾妻鏡を採録せず、後日の研究を俟つことにした」と述べている。それだけ『吾妻鏡』への信頼は低いともとれるが、むしろ『吾妻鏡』がまことに豊かな法令を含んでいるだけに、安易に採録し難いということでもあろう。

（2）『吾妻鏡』の原史料についてひろく触れた研究としては、八代国治『吾妻鏡の研究』（明世堂書店、一九一三年）、和田英松「吾妻鏡古写本考」（『国史説苑』、明治書院、一九三九年）。『明月記』との関係については、このほかに野口武「吾妻鏡の編纂技法」（『国学院大学紀要』一号、一九六九年）、益田宗「吾妻鏡の本文批判のための覚え書き」（『東京大学史料編纂所報』六号、一九七一年）。

（3）平田俊春「吾妻鏡編纂の材料の再検討」（『日本歴史』四八六号、一九八八年）は、『玉葉』を原史料とする見解（前注（2）八代書）を否定し、原『平家物語』や『六代勝事記』との関係を説く（同「吾妻鏡と六代勝事記」『歴史地理』七三―四、一九三九年、「六代勝事記をめぐる諸問題」『金沢文庫研究』一二六～一三〇号、一九六六年）。確かに『平家物語』『六代勝事記』と『鏡』とではよく似た記事があるが、これはそれぞれが同じ史料を違った形で利用したものとみるべきであろう。この点、「合戦記の方法」（本書第Ⅰ部二）を参照のこと。

（4）前注（2）論文。ただし、そこであげられているものがすべて『明月記』に拠ったといえるかは疑問である。詳しく言及するのはさけるが、たまたま記事の構成が似ていることはよくあることであろう。

（5）前注（2）八代書。

（6）『吾妻鏡』が幕府奉行人の家の文書ないしは記録に多く拠っているという推定は、前注(1)書や笠松宏至「吾妻鏡と追加法と」（『中世の窓』八号、一九六一年）により行なわれている。

（7）御家人制研究会編『吾妻鏡人名索引』（吉川弘文館、一九七一年）参照。

（8）よく知られているように、『吾妻鏡』の記事は、鎌倉でおきたことを中心に記しており、京都での事件も、多くはそれが鎌倉に伝えられた日付で記されている。前注(2)野口・益田論文参照。

（9）次の治承五年閏二月十九日条には、康信からの「一通記」が京から寄せられ「洛中巨細」が記されたとみえる。

十九日乙丑、中宮大夫属康信状到二著鎌倉一、進二一通記一、所レ載二洛中巨細一也、又去四日平相国禅門（清盛）薨、為レ送二遺骨一、下二向幡磨国一已畢、世上聊令二落居一者、可二参向一之由云々、

それとともにこの前の『吾妻鏡』の記事には、京都を中心としたものがみえる。

（閏二月大）○四日庚戌、戌剋、入道平相国薨、九条河原口盛国家、自二去月廿五日一病悩云々、遺言云、三ケ日以後可レ有二葬之儀一、於二遺骨一者納二幡磨国山田法花堂一、毎二七日一可レ修二如レ形仏事一、毎日不レ可レ修レ之、亦於二京都一不レ可レ成二追善一、子孫偏可レ営二東国帰往之計一者、

○十日丙辰、前右大将宗盛卿、家人大夫判官景高以下千余騎、為レ襲二前武衛（頼朝）一発二向東国一云々、

○十二日戊午、伊予国住人河野四郎越智通清為レ反二平家一、率二軍兵一押二領当国一之由、有二其聞一云々、

こうした記事は、あるいは康信からの「一通記」に記されたものかもしれない。

（10）端裏の表題には「建治三年記勾勘所進」とみえ、勘解由次官であった三善康有自身が記したものと考えられている。竜粛「建治三年記考」（『鎌倉時代上』、春秋社、一九五七年）参照。

（11）石田祐一「放生会と弓始の記事について」（『中世の窓』八号、一九六一年）は宗尊将軍記の独自性を

指摘し、小侍所の記録の可能性を考えている。

(12) 康元元年七月五日条など。なお陰陽師は実名のみの表記が一般であるので、検討から除外する。

(13) 法令集と『吾妻鏡』との関係については前注(6)笠松論文参照。

(14) 行方の父行村は和田合戦での軍奉行であったが、この時の合戦記が『吾妻鏡』に利用されたとみることについては本書所収「合戦記の方法」参照。

(15) 『関東評定衆伝』文永元年藤原行方条。

(16) 同右文永八年中原師連条。

(17) 『新訂増補国史大系』付録。

(18) 拙稿「執事・執権・得宗」(本書第II部三)を参照。

(19) 『関東評定衆伝』文永十年三善倫長条。

(20) 興味深いのは建長元年の文書と推定される次の文書である。

　伊賀国田文可下令二調進一給上候、田文不レ候者、可下令レ注二文(進カ)国御家人一給上之由候也、恐々謹言、

　　五月一日　　　　　　倫長(花押)
　　　　　　　　　　　　実成(花押)
　　　　　　　　　　　　家国(花押)

　　千葉介(頼胤)殿

矢野倫長以下の奉行人が伊賀国の田文の調進を命じたものであるが、三人の奉行人が連署している点で得宗家公文所の奉書と近いものがあり、それと倫長の存在とから、これは得宗時頼の意の強く入った文書といえよう。

(21) 全文は益田宗「所謂『吾妻鏡断簡』について」(『日本歴史』一七九号、一九六三年)にある。

(22) 佐藤進一「吾妻鏡の原史料の一つ」(『史学雑誌』六一―九号、一九五二年)、前注(21)益田論文。

(23) 定員については、青山幹哉「鎌倉幕府将軍権力試論」(『年報中世史研究』八号、一九八三年)参照。

(24) 前注(1)書、三八九頁参照。

(25) この重複に注目したのは石田祐一「寛元二年条の重出について」(『中世の窓』一〇号、一九六二年)であり、その重出の原因を主として吉川本・北条本などの諸本の書写・伝来の問題として捉えている。

(26) 仁治二年五月一日政所下文(中条家文書『鎌倉遺文』五八二七号)、仁治二年九月十日政所下文(宗像神社文書『鎌倉遺文』五九二四号)等。泰時の死後には筆頭であった。仁治三年十月二十三日政所下文(長府毛利家文書『鎌倉遺文』六一二七号)。

(27) 『関東評定衆伝』建長三年中原師員条。また師員の地位をよく示す文書に、

薩摩国御家人鹿児島小太郎康弘申、御郡司職越訴事、申状具書如レ此、尋二究子細一、可レ被二申沙汰一候、謹言

仁治元年七月三日　泰時在御判

摂津前司殿

がある(新田神社文書『鎌倉遺文』五六〇六号)。この時、師員は越訴奉行だったのであろう。

(28) 『関東評定衆伝』康元元年藤原基綱条。また拙稿「公方」(網野善彦ほか編『ことばの文化史 中世(3)』、平凡社、一九八九年)参照。

(29) 師員・基綱の政治的位置がよく似ていることは、次の文書によっても明らかである。

人倫売買事、禁制重畳、而寛喜飢饉之時、被二相宥一歟、於レ今者、任二綸旨一、可レ令二停止一之由、重

可㆑被㆓下知㆒之由、被㆓仰下㆒也、

延応元年五月六日　　基綱判

　　　　　　　　　　師員判

信濃民部（二階堂行盛）入道殿

「新編追加」に載るこの法令（追加法一一五条、前注(1)書）は、『吾妻鏡』ではその翌年五月六日条に該当記事がある。『吾妻鏡』の錯簡はこの時期に著しく、果たしてこの法令が延応元年に出されたのか、あるいは二年に出されたのかは判断し難い。なおこの人倫売買停止令が政所執事二階堂行盛充てに出されているのは、綸旨を政所が東国に施行していたからであろう。

(30) 佐藤進一『鎌倉幕府訴訟制度の研究』（畝傍書房、一九四三年）、一〇八頁。

(31) 石田祐一「吾妻鏡頼朝記について」（中世の窓同人『論集中世の窓』、吉川弘文館、一九七七年）は改元記事に注目し、頼朝記と頼家・実朝記との違いを指摘している。

(32) 長府毛利家文書『鎌倉遺文』六六八号。

(33) この点については拙稿「鎌倉前期の幕府法廷」（本書第Ⅱ部二）参照。

(34) 拙著『鎌倉と京』（『大系日本の歴史5』、小学館、一九八八年）、一八一〜一八三頁。

(35) 前注(14)。

第II部

義時

泰時

貞時

北条氏の花押

一　源　実朝
——将軍親裁の崩壊——

はじめに

「悲劇の将軍」実朝の一代史を簡単にまとめれば、次のようになろう。

建仁三年（一二〇三）九月、源実朝《さねとも》は「関東長者《かんとうのちょうじゃ》」として征夷大将軍《せいいたいしょうぐん》に任ぜられた。実朝が関東長者となったのは、北条時政《ときまさ》が実朝を擁して源頼家《よりいえ》を長者の座からひきおろしたがためである。当時十二歳の実朝の関東長者の地位は、時政のクー・デタによってかちとられたのである。そこに実朝の悲劇の出発点があった。謀叛《クー・デタ》によってかちとられた地位は、謀叛によって失われる。実際、実朝の時代には源家の貴種《きしゅ》を擁した謀叛がいかに多かったことか。結局、実朝は甥であり、猶子《ゆうし》であった鶴《つるが》岡《おか》八幡宮別当《べっとう》の公暁《くぎょう》によって暗殺されてしまった。

しかしこうした、あまりにゆきわたっている実朝像を描いたところで、実朝の実像をとらえる手懸りとはなるまい。ここでは実朝のおかれた政治的位置と政治状況を具体的にみることで実朝に接近してみよう。その際、注目したいのは将軍家の家政機関政所《まんどころ》とその発給文書である。

1　政所下文

建仁三年十月九日、政所別当の北条時政・大江広元《おおえのひろもと》以下が政所に着座して、実朝の政所始《まんどころはじめ》が行なわれた。吉書《きっしょ》を書したのは民部丞《みんぶのじょう》二階堂行光《にかいどうゆきみつ》、返抄を成したのは政所令《まんどころれい》の図書《ずしょのじょう》丞清原清定《きよはらのきよさだ》であるが、幼少の実朝の出御はなかった（『吾妻鏡』）。

実朝が公卿の座に列するのは、この後、承元三年（一二〇九）のことであるから、ここにみえる政所は公卿家としてのそれではなく、幕府の執政機関としてのものである。鎌倉殿《かまくらどの》が公卿であるなしにかかわらず、政所は幕府の執政機関として常設されていた。

実朝の代の初期には、時政が後見となっており、幕府の文書の中心に位置したのは、「依二鎌倉殿仰一、下知如レ件」の書止めをもち、奥下に時政が署判する下知状《げちじょう》形式の文書である。これと同様な形式の文書は、実朝の死後に北条義時《よしとき》が奉者《ほうじゃ》となって出されており、やがて関東下知状の一般的な形式として定着してゆくことになる。

とりあえずこの文書形式を、ここでは「執権《しっけん》」（執事《しつじ》）が鎌倉殿の仰を得て下知しているので、「執権」下知状といっておこう。

しかるにこの時期にそれとは違って、奥に政所家司《けいし》が連署する文書も二通みえる。その一通（『鎌倉遺文』一五〇九号）は「下　武蔵国別符郷《べっぷのごう》百姓等所」で始まり、「依ニ鎌倉殿仰一、下知如レ件」の書止めをもち、もう一通は「下　加賀国額田庄《ぬかだのしょう》官等」で始まり、「所レ仰如レ件、以下」の書止めをもつ（『鎌倉遺文』一五四九号）。形式的には前者は下知状であり、後者は下文《くだしぶみ》であって、内容は前者が裁《さい》許《きょ》、後者が地頭職停止《じとうしきちょうじ》となっている。

こうした政所家司連署の下知状・下文とすでに述べた「執権」下知状との相異は、おそらく関東御《ご》領《りょう》に関するものが前者、そうでないのが後者という違いによるのであろう。加賀国額田庄については、関東御領としての徴証はないが、武蔵国国衙領《こくがりょう》は明らかに関東知行国であった。

この相異は頼朝の初期の文書発給が、関東御領においては政所下文、それ以外では頼朝の袖判《そではん》下文に拠ったのと対応するものであろう。そうであれば、時政は鎌倉殿（将軍）に代行する形で文書を発給していたことになる。

さらにこの時期で注目されるのは「代始《だいはじめ》」として行なわれた諸政策であろう。『吾妻鏡』建仁三年十一月十九日条によれば「仰ニ関東御分国并相模伊豆国々百姓一、被レ減ニ当年乃貢員数一」とあり、年貢減免の「善政」がとられている。また同十二月十八日条には「諸人訴論是非、進ニ覧文書一之後、可レ被レ処ニ奉行人緩怠過一之由、儲ニ其法一」と裁判の振興が図られている。いずれも代始めの徳政政策であった。しかしそれにもかかわらず多くの紛争がおこり、幕府は揺れて、最終的には、時政に集められた権力が排除され収拾されることになった。時政が出家して伊豆北条に下ったのは元久二年（一二〇五）閏七月、その十年後に伊豆で死を迎えている。

さて時政没落直後は実朝の袖判下文が出され、事件の動揺を防ぐ方策が講ぜられたが、やがて政所を中心に下文が発給されるにいたる。そこで政所に注目しながら、その後の実朝の時代をみると、次の三つの時期区分が可能である。

Ⅰ期　建永元年（一二〇六）～承元三年

Ⅱ期　承元三年（一二〇九）～建保四年

Ⅲ期　建保四年（一二一六）～建保七年

『鎌倉遺文』所載の下文を調べると、第Ⅰ期は、幕府から出された下文が「依二鎌倉殿仰一、下知如レ件、以下」という書止文言をもち、奥に家司五人が連署する、鎌倉殿下文の様式をとる時期である。

(I)下　筑前国宗像社領本木内殿住人

可レ令下早停二止左衛門尉能綱妨一、任二証文旨一、宗像氏用領掌上事、

右、停二止彼能綱之妨一、任二証文之旨一、可レ令二氏用領掌一之状、依二鎌倉殿仰一、下知如レ件、以下、

建永元年七月十四日

惟　宗（孝実）（花押）

民部丞中原（仲業）（花押）

散位藤原朝臣（行光）（花押）

書博士中原朝臣（師俊）（花押）
散位大江朝臣（広元）（花押）
（『鎌倉遺文』一六二八号）

これに対して、第II期は下文が鎌倉殿下文から将軍家政所下文にかえられた時期で、それには令《れい》一人、別当四～五人、案主《あんじゅ》・知家事《ちけいじ》一人ずつの各家司が連署している。

(II)将軍家政所下　島津庄内薩摩方住人
補任　地頭職事
左衛門尉惟宗忠久
右人、如レ本為ニ彼職一、任ニ先例一可レ令レ致ニ沙汰一之状、所レ仰如レ件、以下、
建暦三年七月十日　　案主菅野（景盛）（花押）
令図書少允清原（清定）（花押）　　知家事惟宗（孝実）
別当相模守平朝臣（北条義時）（花押）
遠江守源朝臣（親広）（花押）
武蔵守平朝臣（北条時房）（花押）
書博士中原朝臣（師俊）
（『鎌倉遺文』二〇〇九号）

第III期は同じく政所下文であるが、別当が九人に増やされた時期である。

(III)将軍家政所下　若狭国国富庄

　　仰拾陸箇条

一　可㆘早任㆓前地頭時貞法師例㆒令㆖耕㆓作地頭佃㆒事

一　可㆑令㆑停㆓止地頭定使月別入物㆒事

（中略）

以前条条、且守㆓先御下知状㆒、且任㆓先例㆒、可㆑停㆓止新儀非法㆒之状所㆑仰如㆑件、以下、

　　建保四年八月十七日　　　　　　　　　　　　案主菅野(景盛)

令図書少允清原(清定)（花押）　　　　　　　　　知家事惟宗(孝実)

別当陸奥守大江朝臣(広元)（花押）

　大学頭源朝臣(仲章)

　相模守平朝臣(義時)（花押）

　右馬権頭源朝臣(頼茂)

　左衛門権少尉源朝臣(惟信)

　民部権少輔大江朝臣(親広)

　武蔵守平朝臣(時房)（花押）

書博士中原朝臣（師俊）（花押）
信濃守藤原朝臣（行光）（花押）
（『鎌倉遺文』二二五八号[1]）

この三期にわたって「執権」下知状の影は薄い。幕府の下知・安堵・裁許のほとんどはこれら政所家司連署の下文によって出されており、いわばすべての権力は政所に集中するところとなったといえるであろう。この著しい権力の政所への集中が物語るところを、三期にわたる下文の変遷の過程から探ってみる必要がある。

その際に参考となるのは、実朝の次の将軍藤原頼経《よりつね》の場合である。実朝の時代と違って執権下知状は一貫して出されていたが、下文は実朝と同様な変化をたどっている。

わずか二歳で鎌倉に下向し、実朝の跡をうけて鎌倉殿となった頼経は、やがて成長するとともに鎌倉殿下文に加判し、政所下文を出すにいたり、執権北条泰時《やすとき》の晩年には政所別当を泰時一人から七人にと増やしていった。こうした将軍権力の高まりが、幕府内に緊張をうみ、政争をもたらし、ついに頼経の帰京へと結果したのだが、ふりかえって実朝をみるに、追放されるべき場所をもたなかった実朝は暗殺されてしまったといえよう。

2　政所別当

実朝の時代では、将軍権力がもっとも高まりをみせた第Ⅲ期が重要である。別当九人連署の政所下文の初見は建保四年（一二一六）四月二十二日だが（『鎌倉遺文』二二二七号）、この月の九日の『吾妻鏡』の記事をみると、こうある。

於㆓常御所南面㆒、終日令㆑聴㆓断諸人愁訴㆒給、各候㆓于藤御壺㆒、言㆓上子細㆒、義村・善信・行光・仲業等奉行之、

「諸人愁訴」とは地頭御家人《じとうごけにん》らの訴訟と理解していいだろう。これを積極的に受理しようというのである。続いて十月五日条をみると、

将軍家令㆑聞㆓諸人庭中言上事㆒給、

とある。このような将軍親裁《しんさい》や積極的な訴訟指揮が、九人別当制に対応していることはいうまでもあるまい。地頭御家人ほかの諸勢力が将軍権力とのつながりを求め、これに将軍が応じたのが第Ⅲ期の特徴といえるだろう。

そこで、増員された四人の政所別当をみてゆくと、まず陸奥守大江広元の名が見出される。建永元年（一二〇六）以来、久しく別当の地位から退いていた広元の復活は何を意味するか。北条氏とはもっと

も息のあったこの人物は、北条義時とともに和田合戦《わだかっせん》の戦後処理にあたり、戦後の政局安定化にあたっていた（『鎌倉遺文』二〇〇二、二〇〇四、二二一〇号の義時・広元連署書状、下知状）。広元の別当就任には義時の強い意向があったはずである。長老の広元をすえることで、将軍権力の暴走を阻止しようというのであろう。そこに北条氏の実朝に対する危機感のあらわれをみることができる。事実、この時期に義時は広元をつうじて実朝に諫諍《かんそう》を試みている。

のこる三人の別当のうち、右馬権頭《うまごんのかみ》源頼茂《よりもち》・左衛門権少尉源惟信《これのぶ》（実名比定は『花押かがみ』二―一八五八による）の二人は源家の一門である。一門を家司に補任したことは、家格の低い源邦業《くになり》を除いてはなかったことであるから、頼茂・惟信の家司補任《ぶにん》の意義は大きい。それは何よりも、一門の実朝への従属化を、将軍と一門とのあいだの主従関係の形成を意味している。建保五年には猶子となっていた公暁を鶴岡八幡宮の別当に補任しているが、これなども実朝と公暁とのあいだの主従関係形成を意味するであろう。

こうした主従関係の形成のうえで、一門とは隔絶した権力・地位が必要になる。それがたび重なる京への官職の要求となってあらわれており、それまで散位《さんい》の公卿だった実朝は、建保四年に権中納言となり、建保六年には権大納言、内大臣、続いて右大臣にと任ぜられていった。

別当の最後の一人は大学頭《だいがくのかみ》源仲章《なかあきら》である。元久元年（一二〇四）の『吾妻鏡』の記事は仲章にこう触れている（この記事は『明月記』から引用したもの）。

将軍家御読書孝経始、相模権守為二御侍読一、此儒依レ無二殊文章一、雖レ無二才名之誉一、好集二書籍一、詳通二百家九流一云々、

相模権守源仲章は実朝の学問の師だった。これ以前、京にあった仲章は朝廷や幕府の命により、在京の御家人を指揮して軍事活動を行なっており、正治二年（一二〇〇）には近江国住人柏原弥三郎を、建仁三年（一二〇三）には阿野《あの》全成《ぜんじょう》の子頼全を追討している（『吾妻鏡』）。学問のできる人物のいない関東にやってきた仲章は、「才名之誉」こそなかったが、「百家九流」につうじていたことで、実朝の師にとりたてられた。

おそらくこの仲章こそが実朝にもっとも近い人物であったろう。建保五年（一二一七）正月、御所が焼けた際に仲章の屋敷も焼けているが、これは御所近くに仲章が屋敷を拝領していたことを物語っており[2]、そこに実朝と仲章の親近性をはっきり認めることができる。

仲章は京と鎌倉のあいだをしばしば往復しており、和田合戦の頃には在京して、藤原定家《ていか》とも親交があった（『明月記』）。実朝と京をつなぐ立場にあったのが仲章だったのだろう。そんな関係で昇進も早く、弾正大弼《だんじょうだいひつ》、大学頭と昇り、政所別当となった時には、広元の次位、義時の上位に署判を加えている。ついで文章博士《もんじょうはかせ》となった仲章は、建保六年には昇殿を許され、「希代朝恩《きだいのちょうおん》」と評された（『吾妻鏡』）。仲章は実朝の近臣であり、後鳥羽院《ごとばいん》の近臣であったことになる。そうこう考えると、政所別当九人制は仲章の発案だった可能性が高い。

仲章と同様、頼茂も幕府とともに朝廷にも仕えていた。頼茂は大内裏の守護の役である大内夜行番《おおうちよまわりばん》を勤め、日頃から在京して、朝廷や幕府の命令で軍事活動をしていた。このような院の命令下にもあった在京御家人の家司化は、関東長者の家政機関である政所の東国的性格をうすめ、より全国的な性格を付与することになった。だがしかし、反面で幕府の東国における独立的性格を失わせることになり、幕府の院権力への従属化の方向へと導いたことであろう。院の近臣にも比せられるべき、実朝の急速な官位昇進がその事情を物語っている。

以上、みてきたところからは、第III期の実朝は朝廷とのつながりを保ちつつ、諸勢力を自己の下に結集させ、将軍権力の拡大をはかったという理解が可能となろう。

3 政所親裁

実朝がどうしてあのような将軍権力拡大に走ったのかを解く鍵は、第II期にある。以下、『吾妻鏡』に拠りながらみてゆこう。

承元三年（一二〇九）に鎌倉殿下文を政所下文にかえるきっかけとなったのは、実朝が四月に従三位となり、公卿として政所を開設する資格をえたからである。実朝が政道を聴断しはじめたのは、元久元年（一二〇四）の七月二十六日からとあるが、その頃は時政が後見として実権を握っていた。やがて時政は失脚するが、それでも実朝の親裁権は著しく制限されていた。たとえば、元久二年八月の宇都宮頼《うつのみやより》綱《つな》の謀叛に関する評議は、義時・広元・安達景盛《かげもり》らが政子亭《てい》で行なっており、建永元年（一二〇六）五月の伊勢神宮からの訴えの沙汰は、義時・広元・三善康信《みよしやすのぶ》が行なっているというぐあいに、実朝は評議からのぞかれる場合が多かった。

承元三年に十八歳となった実朝は、政所開設とともに親裁権を行使しはじめる。その最初のものが、侍所《さむらいどころ》別当和田義盛《わだよしもり》から出された上総国司挙任《きょにん》の申請の一件である。実朝は政子と協議のうえ、時期を待つように指示しているが、続いて義時から出された、郎従《ろうじゅう》を侍に準じて待遇してほしいという要求については拒否している。さらに諸国守護人の緩怠《かんたい》をいましめ、近国守護の補任の下文の調査を義盛に命じている。実朝の親裁権の行使と和田義盛の動きとがこのように重ねあわさっているのは、実朝の親裁権が、義盛の北条氏への不満とそれにともなう将軍へのつきあげによって切り開かれたためであろうか。実朝はそこからさらに統治権者としての積極的な政策を展開する。

承元四年八月の神社仏寺興行令、同十月の諸国御牧興行令、建暦元年（一二一一）六月の東海道新宿建立令、同十二月の駿河・武蔵・越後諸国大田文調《おおたぶみちょう》進令《しんれい》、建暦二年八月の鷹狩禁断令と、次々に法令を出している。建暦元年七月には『貞観政要《じょうがんせいよう》』を読み、統治者の道を学んでいるのもみのがせない。次の『金槐集《きんかいしゅう》』の和歌は、その月の歌と詞書にある。

時によりすぐれば民のなげきなり八大竜王雨やめたまへ

実朝が直接の手本とした統治者は後鳥羽院だった。和歌・管絃に実朝が親しんだのも、この統治者の道にほかならなかった。実朝が『新古今和歌集《しんこきんわかしゅう》』に接するのは、時政の没落直後の元久二年であり、その仮名序には「世を治め、民を和らぐる道とせり」とある。続いて『古今和歌集』を承元二年に送られている。『金槐集』に載せられた和歌のほとんどが、承元三年から和田合戦の時期までにつくられているのも、決して偶然ではない。

しかし、実朝のこのハレの時期は短かった。実朝を擁した義盛を義時は追い落としにかかる。建暦三年（一二一三）五月の二日間にわたる鎌倉中を血に染めた和田合戦は、実朝に何をみせつけたろうか。

　山はさけ海はあせなむ世なりとも君にふた心わがあらめやも

『金槐集』のこの最後をかざる歌は、和田合戦後の歌といわれている。失意の実朝を慰めたのは、栄西の勧める茶や蹴鞠、和歌などの諸道であったが、義盛の夢に悩まされる日々が続き、地頭御家人の批判も相つぐ。そうしたなかで政所を中心に将軍親裁の新たな方向が模索されていった。

(A)自二明日一七月一日、以二越前国御家人一、可レ勤二仕内裏大番一候事、謹承候了、仰之次第尤可レ然候、
　恐々謹言、
六月卄日　　遠江守親広
（醍醐寺所蔵『諸尊道場観集』紙背文書六一号）(3)

(B)　逐仰、

若背二先例一、対捍輩出来者、可下令レ注三申交名一給上、兼又日
明年内裏大番事、自二五月一至二于七月上旬（マヽ）十五日一、以二薩摩国御家人等一可レ令二勤仕一之、兼又日向・大隅幷壹岐島可二寄合一也、可下令二此旨下知一給上之状、依二鎌倉殿仰一、執達知レ件、

建保三年十月四日　　図書允清原（清定）在判

謹上　島津左衛門（忠久）尉殿

（『鎌倉遺文』二一八二号）

(A)は建保二年（一二一四）と推定されている大番役《おおばんやく》に関する文書、(B)はその翌年のやはり内裏大番《だいりおおばん》に関する文書である。これらにとくに注目するのは、(A)の遠江守源親広《ちかひろ》が政所別当、(B)の図書允清原清定が政所令と、それぞれ内裏大番役が政所職員の手により割り充てられ勤仕されている点である。しかも親広は上洛して自ら大番の沙汰にあたり、建保三年四月には在京御家人らの洛中守護についても指示を与えている。

ここに政所の再建がまず京都の守護・内裏大番に関与することにより行なわれていったと評価できるように思う。やがて建保四年から始まる政所の九人別当制が在京御家人の増員という形で行なわれたのも、その流れのなかに位置しているであろう。つまり和田合戦で痛手を負った政所は、京都・朝廷との関与を強めることにより再建へと動き出していったと考えられる。

4 おわりに——政所炎上——

頼朝・頼家・実朝と続いた源氏三代の将軍は、否応なしに独裁の途を歩まなければならなかったのである。これに東国の有力御家人の北条氏らが強い反発を示したのは当然であろう。しかし、だからといってこの時期の実朝には、彼らとの妥協はもはや不可能だった。後継者をもたずに、一度踏みだした将軍権力拡大の途を後戻りすることはできなかったろう。

建保六年（一二一八）七月、侍所の改革に手をつけた実朝は、所司の職務分担を定めるとともに、侍所別当に北条泰時を任命した。背景も考えずにこの事実をみるならば、義時は侍所別当を子の泰時にゆずり、侍所という御家人統制機関を完全に北条氏のものとしたという解釈も出てこよう。しかし、これ以前の侍所の体制をみれば、そこでは別当義時のもとで、所司には義時の被官が起用され、完全に北条氏によっておさえられていたのである。ところがこんどの改革で、北条氏の被官は所司からのぞかれ、別当の管轄事項からは御所中雑事の申沙汰《もうしざた》、御家人供奉所役《ぐぶしょやく》の催促の二項目がはずされてしまった。さらに別当泰時は三浦義村《よしむら》らを指揮して御家人のことを奉行することになったのである（以上『吾妻鏡』七月二十二日条）。北条氏の勢力削減をはかりながら、微妙な関係にある北条氏と三浦氏の対立を煽ろうというねらいがうかがわれるではないか。

けれども、そのねらいは失敗した。答えは翌年正月の雪のうえの惨劇である。対立するかにみえた三浦・北条氏は共同歩調をとった。和田合戦でも一族の和田義盛を寝がえって北条氏についた三浦氏である。三浦氏と北条氏とは敵対するものと、つねに思われていた。この後、承久《じょうきゅう》の乱でも三浦一族の胤義《たねよし》はそう思った。だから実朝とそのとりまきもそう思ったかもしれない。しかし北条氏は以前から、三浦氏を味方にひきいれて政争をのりきってきたのである。刃をむけられたのは実朝だった。

公暁によって当日殺害されたのが、実朝と源仲章であることが、この事件の何たるかをよく教えてくれる。将軍とその権力の演出者が葬られたのである。三浦氏にとっても、北条氏にとっても悪い結果では決してなかった。正月のこの暗殺事件の後、余波ともみられる二つの事件がおきている。二月、阿野全成の子時元《ときもと》が義時の分国駿河国で蜂起し（『吾妻鏡』）、七月、源頼茂が京で「謀反ノ心ヲオコシテ、我将軍ニナラント思タリシ」ことが発覚し（『愚管抄』）、それぞれ義時や院に攻められ滅ぼされている。義時や院もそれぞれ時元や頼茂を擁して何か考えていたのだろうか。公暁が実朝暗殺に失敗したところで、第二、第三の刺客が放たれたであろうことはまちがいない。それだけ実朝による将軍権力の強化が異様に進行していたのである。

実朝暗殺事件の翌月のこと、『吾妻鏡』は次のような記事を載せている。

丑剋、将軍家政所焼亡、失火云々、墎内不レ残二一宇一者也、

政所炎上。将軍権力の象徴政所は紅蓮の炎につつまれて、のこらずに燃えつきてしまった。将軍親

裁とともに。

注

（1）『歴史公論』に発表した前稿においては、建保四年八月十七日付の政所下文の別当の「左衛門権少尉源朝臣」の人名を、『吾妻鏡』建保六年十二月二十日条によって源頼定と比定したが、その後の『花押かがみ』の比定によって源惟信としておく。惟信とする根拠は、『関東開闢皇代幷年代記』以外にはないが、杉橋隆夫「執権・連署制の起源」（『立命館文学』四二四〜四二六号、一九八〇年）の指摘するごとく、位階の順序からみて、頼定よりも惟信の可能性が高いと考えるからである。

（2）この時に一緒に焼失した八田朝重の屋敷は、前年に実朝が招いた宋人陳和卿の宿所とされていた（『吾妻鏡』建保四年六月八日条）。

（3）田中稔紹介『醍醐寺文化財研究所研究紀要』六・七号。なお同「大内惟義について」（安田元久先生退任記念論集刊行委員会編『中世日本の諸相　下』、吉川弘文館、一九八九年）参照。

二　鎌倉前期の幕府法廷

はじめに

鎌倉幕府の訴訟制度は、石井良助(1)・佐藤進一(2)両氏の研究により、手続・管轄その他詳細が明らかにされている。しかし鎌倉時代の前期についてみれば、不明な部分はいまだに少なくない。石井氏が考察されたのは、建長元年（一二四九）の引付《ひきつけ》成立以後の鎌倉後期についてであった。佐藤氏の分析の主たる力点も、訴訟対象が所務・雑務・検断の三沙汰に分化して審理された段階におかれ、それ以前の時期については概括的な考察はなされているものの、本格的な究明はなされていない。

そうしたなかで平山行三氏が和与《わよ》法の展開の観点から前期訴訟制度の変遷を追い(3)、ジェフリー・P・マス氏が訴訟機構の段階的変化をみる等(4)、しだいに鎌倉前期の訴訟制度への研究関心も高まってきたが、さらに最近いくつかの示唆的な研究が出されるにいたった。藤原良章氏の鎌倉幕府の庭中《ていちゅう》に関する考察であり、古沢直人・山本幸司両氏の「若事実者《もしことじちたらば》」という文言を付す問状《といじょう》風の裁許状《さいきょじょう》に関する分析(5)である。

これらの研究を通覧すると、もはや鎌倉前期の訴訟制度は未熟な段階として退けることは許されないと痛感する。さらに工藤勝彦氏の初期の訴訟制度の考察も出され、[6]議論の対象もしだいにみえてきた。本稿はこうした研究に触発され、鎌倉前期の訴訟制度を主として幕府法廷のあり方に注目しつつ考えるものである。

そこで手懸りを佐藤氏が鎌倉初期の訴訟制度を特徴づけるに際し言及された御前対決《ごぜんたいけつ》に求めよう。これは鎌倉殿《かまくらどの》の面前で行なわれる点で、法廷の性格を象徴的に示している。いま御前対決の事例を御前庭中の例を含めてまとめたのが表1である。[7]これをみると、御前対決は、山本氏の指摘された、問状風の裁許状が仁治頃（一二四〇～四三）まで見出されるというその時期にほぼ一致して行なわれていたことが知られ、御前対決は明らかに鎌倉前期の訴訟制度を特徴づけている。

では一体、御前対決とはどういうものであろうか。建久三年（一一九二）十一月に行なわれた著名な熊《くま》谷直実《がいなおざね》・久下直光《くげなおみつ》の境相論（表1の6）に関する御前対決について、佐藤氏はこう述べられている。

> それ（御前対決）は単なる鎌倉殿の面前での対決（口頭弁論）ではなく、鎌倉殿自身の訴訟指揮による対決である。従つてそれは一度び問注所の対決を経た第二段のものであらうと考へられる。
>
> （三二頁）

この指摘は頼朝時代の御前対決に限っていえばまさにその通りである。しかしひろく御前対決一般にあてはまるであろうか。たとえば表1の13～15の例のごとく、北条執権《しっけん》体制下で行なわれた場合等

表1　御前対決一覧

	年　月　日 (西暦)	訴　論　人		備　考	出典
1	文治元. 8.21 (1185)	鹿島社神主	下河辺政義		鏡
2	〃 3. 3.10 (1187)	夜須行宗	梶原景時	対問，直決断	鏡
3	〃 4. 8.23 (1188)	波多野義景	岡崎義実		鏡
4	〃 4.	宇佐昌直	宇佐太子		2824
5	建久 2. 4.27 (1191)	生沢社神主	土屋宗遠		鏡
6	〃 3.11.25 (1192)	熊谷直実	久下直光		鏡
7	正治 2. 5.28 (1200)	陸奥国葛岡郡新熊野社			鏡
8	元久元. 7.26 (1204)	山形為忠	小代行平		鏡
9	建暦元. 4. 2 (1211)	陸奥国長岡郡住僧	平資幹		鏡
10	建保元. 5. 4 (1213)	波多野忠綱	三浦義村		鏡
11	〃 4. 4. 9 (1216)			諸人愁訴，聴断	鏡
12	〃 4.10. 5	海野幸氏		庭中言上	鏡
13	嘉禎元. 8.21 (1235)	加藤景義	加藤景朝		鏡
14	延応元.11. 5 (1239)	薩摩公員	源頼定		鏡
15	仁治 2. 2.26 (1241)	広沢実能	広沢彌次郎		鏡

(注)　出典の鏡は『吾妻鏡』，番号は『鎌倉遺文』の番号（以下の表の出典も特に記さない限り同じ表記)。

については、頼朝期のそれと同一視はできないと思われる。

具体的に13の例をみると、伊豆国狩野庄牧郷《かのうのしょうまきのごう》地頭職《じとうしき》をめぐる相論《そうろん》で、対決は両執権・評定衆《ひょうじょうしゅう》が列座し、将軍は簾中《れんちゅう》にあって行なわれている。当初、対決両人の問注《もんちゅう》があった後、「評定」があり、いったん、加藤景義《かげよし》の言い分に理ありと「衆議」は「一揆」したかにみえたが、執権泰時が景朝《かげとも》側の「二位家御遺書」にもとづく主張を支持し、鎌倉殿に「申請」したため逆転して景朝に地頭職が補されたのであった。

そこに鎌倉殿自身の訴訟指揮をうかがうのは難しいであろう。この時期の御前対決は評定制を前提としていたのであり、おそらく評定会議での結論が一致をみないようなこうした特殊な場合に限って、御前対決にもちこまれたとみられる。

ここに同じ御前対決といっても、段階的変化をしっかりと把握しなければならないことがわかる。しかしそうした段階的変化のあることを踏まえたうえでも、御前対決が行なわれ続けたことの意味は強調されねばならない。相論のごく一部が御前対決にもちこまれただけ、あるいはまったく形式的な意味しかもちえなかっただけにもせよ、御前対決が行なわれていたという事実は、幕府裁判の中心にあったのが鎌倉殿であったことを意味し、幕府の裁判が鎌倉殿の法廷で行なわれていたことを示している。すなわちこの鎌倉殿の法廷という側面をもって、鎌倉幕府前期の訴訟制度の特徴とみなすことができよう。

ところで鎌倉殿が幼少の時、具体的には実朝《さねとも》や頼経《よりつね》の初期に、御前対決は真に意味をもちえていたのであろうか。このうち実朝の場合、幼少とはいえ鎌倉殿（「関東長者《かんとうちょうじゃ》」）としてすぐに将軍宣下《せんげ》があり、政所が開設されているので、とくに問題はなかったものとみえ、その一年後には御前対決の例8がみいだされる。しかし頼経の場合は、嘉禄二年（一二二六）まで将軍宣下を待たねばならなかった。この間、御前対決がどう処理されたのかとみると、頼経が関東に下ってきた時の「政所始《まんどころはじめ》」についての『吾妻鏡』の記事には、「若君幼稚之間、二品禅尼可レ聴二断理非於簾中一」とある。(8) これによれば頼経に代わって二品禅尼《にほんぜんに》（政子）が理非《りひ》を簾中で聴断《ちょうだん》したのであるから、政子が鎌倉殿に代わって御前対決をも裁断したといえよう。したがって仁治二年（一二四一）頃までは一貫して幕府法廷は鎌倉殿の法廷としての特徴を維持していたわけである。

さてそこで、次にこの鎌倉殿の法廷における裁判・訴訟制度の段階的変化を探ってみたい。

1　鎌倉殿沙汰

頼朝の時代、御前対決は佐藤氏が指摘されたように「鎌倉殿自身の訴訟指揮」によって行なわれた。この鎌倉殿自身の訴訟指揮を特徴とする訴訟・裁判のあり方を〝鎌倉殿沙汰《かまくらどのさた》〟とよぶならば、頼朝時代の訴訟制度一般についても鎌倉殿沙汰として特徴づけられよう。

そのことをよく物語るのが、頼朝の死後、頼家《よりいえ》の時代にとられた「諸訴論事、羽林直令二決断一給之条、可レ令二停止一之」(9)という措置である。これは羽林《うりん》（頼家）が「直《じか》に」訴論を「決断」することを禁じたものであり、この事実からさかのぼって、頼朝の時代には、鎌倉殿が直接に訴論の決断にあたっていたと指摘できよう。

また次にみる『古今著聞集《ここんちょもんじゅう》』の一説話(10)も参考になる。説話といっても『古今著聞集』の説話は実録を指向しており、きわめて史料的価値が高いので、ほぼ内容は信じてよい(11)。

話は建久六年（一一九五）の頼朝の二度目の上洛の折りのものである。東大寺供養を果たした頼朝が、天王寺に参詣した際、一人の尼が頼朝の許にやってきて、文書一枚を捧げて次のように訴えた。

和泉国に相伝の所領の候を、人にをしとられて候を、さたし候へ共、身の尩弱《おうじゃく》に候によりて事ゆかず候、適《たまたま》君御上洛候へば、申入候はんと仕候へども、申つぐ人も候はねば、ただ直に見参に入候はんとて、まいりて候、

これを聞いた頼朝は「文書のごとく、一定相伝の主にてあるか」と問い、その返答を聞くや持っていた扇に安堵《あんど》の意をこめた和歌一首を書き、そこに控える佐原義連《よしつら》に「これに判くはへて尼にとらせよ」と投げてとらせたという。

年号月日にもおよばず、右大将殿自筆の御書下なれば、子細にやおよぶ、もとのごとく彼尼領知しける、

この事例は「申つぐ人」がいないため、「直に見参」に入ったもので、御前庭中の一例である。頼朝自身によって裁許がなされており、しかも「自筆の御書下《おんかきくだし》」である「扇の下文《くだしぶみ》」（実は和歌）が裁許状に使われている点が注目されよう。総じていえば頼朝の存在そのものが、裁判にきわめて大きな意味をもっていたことをよく示すものである。

これはある意味で裁判制度が未熟なためともとれようが、むしろ鎌倉殿個人の権威に発し、その指揮する裁判としての性格と密接な関係があるとみたい。その点を、裁許の結果出される裁許状から考えてみよう。

裁許状といえば瀬野精一郎氏の収集・編集された『鎌倉幕府裁許状集』がすぐ思い出される。しかしそこに載る頼朝時代の裁許状はごく僅かである。後の基準で下知状《げちじょう》や下文にのみ注目すれば確かにそうなるのもやむをえないが、頼朝時代についてはもっと多様な文書形式を考える必要がある。[12] とはいえ扇に書かれた和歌が「扇の下文」といわれたところに、裁許状のあるべき姿が「下文」と捉えられていたことをうかがわせてはくれよう。だが、それとて後の基準からの解釈といえなくもない。

そこで下文や下知状の形式にとらわれず、頼朝時代の裁許状をみてゆくと、たとえば表1の御前対決の4にあげた宇佐《うさ》昌直《まさなお》・太子《おおいこ》相論での裁許状は「平民部大夫盛時奉書」であった。これは御前対決の結果出された裁許状であり、正式なものであることに疑いはない。しかもこうした盛時《もりとき》奉行《ぶぎょう》の裁許の例を拾ってみると、表2のごときわめて多きを数える。[13]

表 2　平盛時奉行裁許一覧

年　月　日	訴　論　人		備　考	出　典
文治 3. 4.18 (1187)	美濃国在庁	平清綱		228
〃 4. (1188)	宇佐昌直	宇佐太子		2824
〃 5. 7.10 (1189)	伊勢国沼田御厨	吉見頼綱	盛時奉行．下知	鏡
〃 5.10. 3	北郷兼秀			408
建久元． 5.13 (1190)	井家庄領家	都幡小三郎		447
〃 2. 1.18 (1191)	石清水別当	内藤盛家	盛時．親能奉行	鏡
〃 2. 2.23	宇佐神官	用　経		512
〃 2. 8. 1	宗像氏家	高　房		545
〃 3. 4.10 (1192)	宗像社	天野遠景		590
〃 6. 6. 5 (1195)	備後国大田庄	橘兼隆．光家		794
〃 9. 5. (1198)	重源	白松資綱		4380・4538
〃 9.10.10	継尊	山内道時		1513・2989
〃 ?. 5.14	島津庄官	大宰府		236

また盛時以外にも、幕府の公事奉行人であった藤原俊兼《としかね》や三善《みよし》康信《やすのぶ》・大江《おおえの》広元《ひろもと》らが奉じた奉書《ほうしょ》も裁許状として多数存在している。つまり説話でみた和歌の書下しのように、頼朝の裁許の意がこめられていることが明らかならば、その形式にはこだわらなかったのである。

よく知られているように、建久二年（一一九一）に前右大将家《さきのうだいしょうけ》政所を開設した頼朝は、それまで所領の給与・安堵を御判《ごはん》下文や奉書で行なっていたが、これを改めて統一して政所下文で行なうにいたった。しかし裁許状については下文や下知状等に統一することもなかったのであり、幕府裁判における権威としての鎌倉殿頼朝の存在の重みは、容易にその裁判の制度化を許すものではなかったことを物語っている。

さてこうした鎌倉殿沙汰のあり方は、頼家の時代になると象徴的な事件となってあらわれる。御前対決の事例7にみえる境相論に際し、頼家は絵図の中央に自筆で墨一本引いて「所之広狭、可レ任二其身運否一」と仰下したという。この裁許は「理非」の判断によるものではなく、「理非」を超えたところにある。それが可能であったのも裁判が鎌倉殿によって行なわれ、その権威にもとづく裁許であったからに他ならない。

ただこの事件の前年の正治元年（一一九九）四月には、頼家が諸訴論を「直に決断」することを禁じられるという、先に言及した事件がおきている。これによれば頼家の親裁は止められたごとくであるが、その内実は、特別な十三人の大名以外の御家人が、訴訟を頼家に取り継ぐことを禁じたに過ぎず[14]、頼朝・頼家の二代にわたって、鎌倉殿自身の訴訟指揮になる鎌倉殿沙汰は維持されたとみてよい。

ここで改めて鎌倉殿沙汰の手続をみると、まず訴訟が奉行人《ぶぎょうにん》を通じて鎌倉殿に寄せられて始まる。元暦元年（一一八四）四月の下河辺《しもこうべ》政義《まさよし》の訴えは「属二筑後権守一愁申之」と藤原俊兼を通じて寄せられ[15]、建久四年（一一九三）五月には遊君別当《ゆうくんべっとう》となった里見義成《よしなり》が遊女の「訴論」を「一向執申」すこととなった[16]。同五年五月には中原季時《すえとき》が寺社の訴えを執り申すことが命じられている[17]。多くの例は、奉行人が取り次いで訴訟が鎌倉殿に寄せられたことを物語っている。

だがそのことは奉行人の制度が整備された結果といえよう。奉行人を経ずに直接に訴えた事例、すでにあげた『古今著聞集』の説話にみえる、「申つぐ人」（奉行人）を経ずに「直に見参に」入った尪《おう》弱《じゃく》の尼の例や、遊君別当がおかれる以前に「群参、列ニ候御前ニ」した遊女の例等、これらは御前庭中の事例であるとともに、奉行人制度が整備される以前の鎌倉殿裁判の原型をよく物語ってもいよう。訴訟一般は鎌倉殿の地位が上昇するとともに、奉行人を経るものへと変えられてゆき、御前庭中は例外としてのみ認められるようになったのであろう。

さて鎌倉殿は、寄せられた訴えに対してすぐに裁断を下すか、あるいは問注所での召決を命じた。すぐに裁断を下したのは主として院を通じてもたらされた西国所領《さいごくしょりょう》に関する訴訟である。この実例は『吾妻鏡』に多くみえるが、ことに文治二年（一一八六）十月一日条には、「院宮貴所権門以下」の「地頭《じとう》新儀《しんぎ》」停止の訴えに対して、下文二百五十二枚が発給されたとみえる。あるいは院を経ずとも幕府と関係の深い寺社や領家の訴えに対しては、すぐに成敗を下し、下文を発給している。その他にも一方の訴えのみで成敗を行なった事例はきわめて多かったに違いない。(18)

召決の例では建久四年（一一九三）五月の所衆大江行義《ゆきよし》女子の美作国領所についての訴えにより梶原朝《とも》景《かげ》が「召決」せられており、同年六月の常陸国八田《はった》知家《ともいえ》の訴えでは多気《たけ》義幹《よしもと》が召されて、三善康信・藤原俊兼が奉行となって、知家との対決に及んでいる。(19) 召決の場が問注所であったことは、康信・俊兼・三善行倫《ゆきみち》といった問注所執事・寄人《よりうど》が召決の奉行人となっていることからしてもうかがえるが、

『吾妻鏡』の問注所開設記事やあるいは「故将軍御時、営中点二一所一、被レ召二決訴論人一」という記事等[20]からすでによく知られているところである。問注所は訴訟人の問注の詞を記して、最終的に鎌倉殿の裁断を仰ぐことになるが、問注所対決を経た第二段の対決として、御前対決が行なわれることもあった。[21]

どのような相論が問注所対決や御前対決にもちこまれたのかをみてみると、御家人間相論が比較的多く、それ以外では幕府の特殊な支配領域である東国や九州の所領相論が多い。これは問注所・御前対決が幕府の裁判の根幹をなすものであることを意味するばかりでなく、もともと御前対決を出発点とした幕府裁判が、問注所を設けることによって制度の整備を図ってきた歴史的経過を物語っているであろう。

以上みてきた鎌倉殿沙汰はその後の幕府裁判の原型をなすものであり、幕府裁判制度の以後の発展は、この鎌倉殿沙汰を前提としつつもいかにこれを乗りこえてゆくかにあったとみられる。

2　政所沙汰

建仁三年（一二〇三）九月、頼家が退けられ実朝が鎌倉殿となるが、この事件は幕府の裁判機構に大きな影響を与えたに違いない。裁判の主催者である鎌倉殿が実力で退けられ、その権威が著しく低下した点、あるいは鎌倉殿が幼少にして裁判を指揮できなくなった点、これらの二点よりして裁判は今までのように鎌倉殿の権威や指揮に依存できなくなった。その結果、裁判制度の一層の整備が求められたとみられるが、実際はどうであろうか。

ここではまずその手懸りを得るために、裁許状の形式に注目しよう。表3は『鎌倉幕府裁許状集』から、実朝期とそれに続く時期の裁許状を抜き出し、形式を調べたものである。これによると、①時政の下知状、②家司《けいし》連署の下文、③政所下文、(22) ④義時の下知状と、段階的に変化しているのが認められる。この他にも後にみるような奉書による裁許の例も存在するが、全体としてみれば、裁許状はほぼ下知状・下文に統一されており、そこに裁判の制度化をみてとることは容易である。さらに②③の段階では、政所から下文・下知状が出されたり、あるいは政所家司連署の下知状が裁許状に用いられたりしており、政所が裁判の整備や制度化の中心に位置していたようにも思える。

かつて拙稿は実朝の権力基盤を追究し、政所の重要性を指摘してその変遷を追ったことがあるが、(23) さらにジェフリー・P・マス氏は実朝期の政所が裁判機構として重要な位置を占めていたことを指摘されている。(24) しかし裁許状が政所下文によって出されているからといって、そこからすぐに裁判機構の中心に政所があったという結論をひきだすのは、やや早計に過ぎよう。なぜならば裁許状が公家風の政所下文によって形式的に出されるようになったとの解釈も十分に可能なのである。政所の裁判訴訟制度上での具体的な活動をしっかりとおさえる必要がある。そこで次に建保年間の政所執事二階堂

表3　鎌倉幕府裁許状（元久～貞応）

	年　月　日	文書形式(奉者)	出　　典
①	元久元．8.22 (1204)	下文．下知状（時政）	（6）1473
	〃元．9．6	下知状（時政）	（7）1479
	〃元.12．3	同	（8）1508
	〃 2．3.13 (1205)	同	（9）1527
	〃 2．3.22	同	(10) 1529
	〃 2．4.25	同	(11) 1534
	〃 2．5．6	同	(12) 1539
	〃 2．5.27	同	(13) 1548
	〃 2．6．5	同	(14) 1550
②	建永元．7．4 (1206)	下知状（家司連署）	(15) 1626
	承元元.12． (1207)	同	(16) 1710
	〃 3．3.17 (1209)	下文．下知状(家司連署)	(17) 1784
③	建暦 2.12.13 (1212)	政所下文	(18) 1958
	建保 4．2.15 (1216)	下知状（義時．広元）	(19) 2210
	〃 4．8.17	政所下文	(20) 2258
④	承久 2.12.10 (1220)	下知状（義時）	(21) 2688
	〃 3．5.26 (1221)	同	(22) 2749
	〃 3.12.24	同	(23) 2901
	〃 4．4．5 (1222)	同	(24) 2943
	貞応元．5．6 (1222)	同	(25) 2956
	〃元．7．7	同	(26) 2973
	〃元．7．7	同	(27) 2974
	〃元．7.24	同	(28) 2982

（注）出典の括弧内の数字は『鎌倉幕府裁許状集』の番号。他は『鎌倉遺文』の番号。

行光の活動をみよう。

建保二年（一二一四）の伊勢神宮禰宜《ねぎ》の訴えについての行光奉書の関東御教書《かんとうみぎょうしょ》は、守護に犯人の召進を命じており、同四年八月二十八日の行光奉書は、播磨国広峯社《ひろみねしゃ》の訴えに対し守護使不入を認めている。[25] 続いて建保五年の宗像社大宮司《むなかたしゃだいぐうじ》職《しき》についての訴えに関しては、行光と政所令清原清定《きよはらのきよさだ》の連署の関東御教書が出されて、氏国の大宮司職回復と社務の安堵が伝えられている。[26] 翌年十二月には高野山領備後国大田庄《おおたのしょう》の訴えにつき、関東伝奏西園寺《かんとうでんそうさいおんじ》公経《きんつね》充ての実朝の書状に添えて行光の書状が出されている。これは高野山の訴えが「信濃前司行光朝臣之奉」として受理されたことによるものであった。[27] また同年七月の地頭停廃《ちょうはい》等を含む「東大寺訴訟八ヵ条」に関しても行光が奉行している。[28] さらに安貞二年（一二二八）の常陸国鹿島社領橘郷《たちばなのごう》相論において、国井《くにい》八郎政俊《まさとし》は行光の書状を証文として提出している。[29]

こうした政所執事の活動をみると、幕府の訴訟機構の中心に政所があったとする推定に誤りはないように思われるが、さらに興味深いことに、若狭国国富庄《くにとみのしょう》の訴えにもとづく建保四年（一二一六）八月十七日の政所下文の紙継目《つぎめ》の裏花押《うらかおう》が行光のものであった。[30] 佐藤進一氏の研究によれば、文永以後の幕府下知状の紙継目裏判は、その訴訟担当の引付頭人《ひきつけとうにん》（評定衆）や奉行人のものであるという。[31] その制度をさかのぼらせてこの時期にあてはめるならば、建保四年の訴訟を担当したのは、紙継目裏に花押を加えた行光ということになり、政所の訴訟機関としての位置も確認できよう。

しかしこの行光の活動は政所執事という職掌によるのではなく、『愚管抄《ぐかんしょう》』に「政所ノ事サタセサセテイミジキ者」と評された、行光という一奉行人の特異な活動の結果とみられなくもない。そこでもう一人、当時の訴訟の上で際立った活動を示している清原清定に注目しよう。

『吾妻鏡』をみると、建仁三年（一二〇三）十月九日に将軍家政所始が行なわれた際、行光が吉書《きっしょ》を書き、清定が「令」として返抄を作成している。その訴訟上の活動を探れば、元久元年（一二〇四）十月十八日に「諸国庄園郷保」の地頭の所務を「国司領家」の「訴訟」により幕府が沙汰した時、清定が奉行し、翌月四日には伊勢国三日平氏跡の新補地頭《しんぽじとう》に対する伊勢神宮の訴えについても奉行している。承元元年（一二〇七）二月、同二年七月には鶴岡《つるがおか》八幡宮・武蔵国威光寺《いこうじ》の訴えを奉行し、建暦元年（一二一一）四月の御前対決の奉行も行なっている。さらに文書でみると、建保元年（一二一三）十二月には甲斐国柏《かし》尾山《おさん》の訴えについて政所案主菅野《すがの》景盛《かげもり》とともに下知を加え、[32] 同五年（一二一七）には宗像社の訴えに対し執事の行光らとともに奉書を成し、[33] 宇佐神官の訴えにも奉書を成している。[34]

こうした政所令清原清定の活動や、すでにみた政所執事二階堂行光の活動から考えて、政所は幕府の訴訟機構の中心的位置を占めていたとみてよいであろう。しかもその活動は、たとえば清定の場合で追うと、建仁三年（一二〇三）の実朝政所開設以後に顕著なことが知られる。そうであればまさに頼家の死後、政所が訴訟機構として整備され、幕府の裁判機構の中心となったと評価できるのではないか。すなわち鎌倉殿が追放され、幼少の鎌倉殿が擁立されて、鎌倉殿沙汰は大きな打撃を蒙り、かわって政所が整備されたといえるであろう。

だがそうとらえるためには克服せねばならない問題が二つ存在する。一つは政所以外の訴訟機構がどうであったかという問題、もう一つは実朝時代の初期の裁許状が政所下文ではなく、時政の下知状であったという問題である。このうちまず前者の問題について考えてみよう。

実朝時代の訴訟機構については、これまでの研究は政所よりもむしろ問注所の方に注目してきた。「幕府初期の訴訟制度」として問注所の機構を考究された佐藤氏は、「実朝の時代になると、問注所勘状なるものが史料にあらはれる」と指摘された後、それらを分析されて「問注所の職掌は単なる訴論人の召喚、口頭弁論の指揮、注記及び上申に留まらず、判決手続への干与に迄拡張せられていたと考へられる」と結論づけられている。(35) しかもこの傾向を「頼家時代、彼の独断を封ずる目的をもつた老臣の合議政治の発生に求められる」と指摘されており、この部分は、すでに述べた政所中心の訴訟制度という私見とは大きく異なる。そこで佐藤氏の検討された問注所勘状《かんじょう》に触れよう。

①「建永二年（一二〇七）五月二日　問注所勘状」（安貞二年（一二二八）三月十三日肥前国小値賀島《おねがしま》相論の関東下知状所引）

②建暦二年（一二一二）十二月十三日筑後国上妻庄《こうづまのしょう》相論の将軍家政所下文所引「問注所重勘状」

③「承久二年五月日問注所勘状」（貞応二年（一二二三）四月日肥後国羽島浦《はしまのうら》等相論の関東下知状所引）

これらが佐藤氏のあげられた勘状の例であるが、(36) すべて九州の場合であることに気がつく。しかも①

の場合には、「宰府問注之後、是包前妻藤原氏弁尋覚・囲相共参二関東一、就二問注所勘状一、尋覚建永二年給二御下文一畢」とみえて大宰府《だざいふ》の問注を経ている。大宰府問注所は貞応元年（一二二二）十一月日付の関東下知状にも(37)「大宰府問注所勘状」とみえ、勘状の作成にあたっていた。そうであれば①〜③の問注所勘状も大宰府問注所の勘状の可能性があり、かりにそうでないとしても大宰府問注所の問注を経た第二段の問注所勘状であったと考えられる。さらに③の事例をみると、問注所勘状が承久二年（一二二〇）五月に出されてから、裁許状が発給されるまで二年かかったといい、しかも勘状の正文《しょうもん》も紛失してしまったという。こうしたことがおきるのも、おそらく問注所勘状が大宰府問注所のそれであったが故であろう。(38)

①〜③の事例をすべて大宰府問注所の勘状と断言することはできないが、これらの事例から指摘できるのは幕府問注所の充実というよりは、むしろ大宰府問注所の役割の重要性である。元久二年四月二十五日の関東下知状が肥前国武雄《たけお》社《しゃ》の相論について、「且対二勘証文一、且糺二明理非一、於二宰府一、云二守護人一、云二府官一、任二道理一、可レ令二裁断一」と命じているように、それは鎮西の訴訟について理非糺明にあたっており、(39)①の史料の述べるところでは、その問注所勘状にもとづいて、あるいは鎮西《ちんぜい》守護《しゅご》人《にん》が加判し、あるいは幕府の裁許が下されたのであった。

しかも大宰府守護所のみならず、当時、諸国守護所でも問注を行なっていたことが知られている。建仁三年（一二〇三）十二月九日に藤内康友《とうないやすとも》の訴えについて「召二問両方理非於庄官等一、付二文書道理一、可レ令レ致二沙汰一」きことと薩摩国守護所に命じた時政奉行人奉書の例や、建仁四年三月の大隅《おおすみ》正《しょう》八幡宮《はちまんぐう》公文所下文にみえる、「守護所」が「道理之由」を「成敗」した事例、元久二年（一二〇五）四月二十二日に出雲国惣社神官の訴えにつき「為二守護人沙汰一、召二問両方之子細一」べきことを守護所に命じた関東下知状の例等はみなそれを物語るものである[40]。これらは諸国守護所の問注機構の充実をこそ意味するもので、総じていえば、幕府政所の整備と併行して、諸国守護所に問注機能が付与せられ、あわせて幕府の訴訟機構全体が整えられたと評価できよう。

ではそうなると幕府問注所の意義は失われたかというと、そうではない。幕府問注所が勘状を作成していたことを示すはっきりした事例も存在する。たとえば建暦元年（一二一一）の御前対決では問注所に神田数の勘申《かんしん》が求められており、同二年の関東寄進の神社領の訴えについては、問注所がすぐに申沙汰するように命ぜられている[41]。前者は東国の訴訟であり、後者は関東御領の訴訟であるから、こうしたものについては政所の下において問注所が書面審理や問注を行なったのであろう。

かくして実朝時代の訴訟機構の中心が政所であったことは動かし難い事実である。ところがそうした時期の初期に、裁許状として時政下知状が用いられていた。この問題についてはよく似ている実朝死後の政所のあり方と関連して考えるべきであろう。

実朝死後の訴訟機構における政所の動きを追うならば、建保七年（一二一九）二月六日に行光と清定連署の御教書が見出される[42]。ただこれは八幡宮神主職を安堵したもので、訴訟機構としての政所の活動を示しているとはいえないが、政所が実朝死後も安堵に関わっていた点で注目される。やがて九月に行光が政所執事を辞退、死去すると、代わって伊賀光宗《みつむね》が執事となる。(43) 光宗は貞応元年（一二二二）に高野山の訴えについて書状を送っており、(44) これによって実朝死後においても政所は訴訟機構として位置づけられていたことが推測されるが、他方で承久二年（一二二〇）十二月十日の裁許状を初見として、幕府の裁許状は義時署判の下知状によって出され、また義時「御奉行《おんぶぎょう》」による召文《めしぶみ》や安堵の伝達状が出されている。(45)

この時期、興味深いのは貞応元年（一二二二）十二月二十三日の大宰府守護所下文(46)であろう。守護所は石志潔《いしじきよし》の訴えについて訴論人《そろんにん》の対決を行なった上で、「以前条々雖レ須レ言二上　関東一、随二御成敗一、為レ止二当時相論狼藉一、且所レ令二下知一也」と述べて下知状を発給したが、それに続けて「此上貽二其憤一者、言二上　鎌倉殿政所一、可レ蒙二御裁下一」と記している。裁許に不満ならば「鎌倉殿政所」に訴えるべしとしているところに、当時の幕府の訴訟機構上での政所の位置がよく示されていよう。

このように義時の時期も訴訟は政所に提起され、政所から召文が発され、判決は義時署判の下知状によって行なわれた。義時はその際に執事（「執権」）として署判を加えているのであり、したがってその下知状も政所下文に代替して発給されたものといえよう。当時の鎌倉殿は幼少にして公卿家《くぎょうけ》政所を開設する資格を有しなかったからである。

そうすると、これらの関係は実朝幼少期の時政の時期にもあてはまるであろう。政所を掌握した時政が下知状・御教書を発していたのは、まさにそれを物語るものとみることができる。

かくて実朝の時代、およびその死後の義時の時期の幕府の訴訟手続は、次のごとくまとめられよう。訴訟は原則的にはすべて政所に寄せられるものであり、その内容により問注所に送付されるか、あるいは政所の評議にかけられて直《じか》に裁決が下された。問注には諸国・宰府・幕府の三つのレヴェルがあるが、そこで審議（召決・問注）がなされた場合は、問注所勘状や問注記《もんちゆうき》・守護《しゆご》所注進状《しよちゆうしんじよう》等が作成され幕府政所に報告される。政所ではこれらにもとづいて評議を行ない、裁許状が出されることになった。なお時に第二段の問注所対決や御前対決も行なわれることもあった。

このような訴訟制度を、頼朝・頼家時代の鎌倉殿沙汰と区別して政所沙汰とよぶことにしたい。これは、それまで鎌倉殿個人の権威に依存し、そのため多分に恣意性もあったところの鎌倉殿沙汰を克服して成立したものである。そこでその成立について改めて触れよう。

頼家が退けられた建仁三年（一二〇三）九月、実朝は従五位下、征夷《せいい》大将軍《たいしょうぐん》に任ぜられ、ついで十月九日には将軍家政所が開設された。政所別当は時政・広元の二人であるが、このうち時政を『吾妻鏡』は「執権」とよんでいる[47]。「執権」時政によって掌握されたこの政所こそ、以後の訴訟裁判の中心的位置を占めた政所であった。ではこれ以前の政所がまったく訴訟機構として位置づけられていなかったかというと、決してそうではない。たとえば建仁三年四月十日の筑後国上妻次郎大夫充ての、行光奉書《ほうしよ》がみえる[48]。内容は未処分地相論について「勘状」のごとく上妻家宗の知行安堵を伝えたもので、

「前左衛門督殿（頼家）仰」によって、政所令《まんどころれい》の二階堂行光《にかいどうゆきみつ》が奉じている。

この例からみておそらく頼家の時代からすでに政所は訴訟機構として整備されはじめたのであろう。そして鎌倉殿頼家が退けられた段階において、一段と整備される必要が生じたに違いない。したがってこの政所を掌握することが幕府の訴訟機構、ひいては幕府の実権を握ることにつながった。時政がまず掌握したが、やがて退けられ、続いて実朝が長ずるに及び自身の手で政所の実権を確保した。それが結局は暗殺につながったのではなかろうか。義時も時政の例によりながら政所を掌握したのであったが、これまた毒殺の噂されるなかで死去しており、全くの偶然とも思えない。

3　評定沙汰

義時死後、泰時が跡を継ぐや政所執事伊賀光宗兄弟を中心とする政変がおこり、光宗が没落して、執事には二階堂行光の子行盛《ゆきもり》が就任する。また承久の乱後に西国に置いた新補地頭をめぐって、幕府の裁判権は広く西国に及んでいった。こうした情勢を契機に訴訟制度も大きく変わっていく。

まず『関東裁許状集』をみてゆくと、元仁二年（一二二五）四月二日の関東下知状を初見として、泰時署判の裁許の下知状が出されるようになるが、さらに嘉禄元年（一二二五）には泰時《やすとき》・時房《ときふさ》連署の裁許の下知状がみえ、以後両執権連署の下知状が裁許状に使われるにいたった。第二に、これと同時に訴訟に関わる関東御教書も両執権連署の御教書に限定されてゆく。

第三に、将軍頼経は長ずるに及び、貞永元年（一二三二）三月に従三位となり政所開設の資格を得るが、以後発給された将軍家政所下文を『鎌倉遺文』から拾ってみると、貞永元年五月二十六日の下文を初見として多数みられるものの、いずれも所領の補任《ぶにん》・安堵のみを内容としており、裁許を内容とするものはなくなる。実朝の時代、政所家司連署の下知状からさらに政所下文へと、実朝の地位の変化とともに裁許状が変わっていったのと比較すればそこにきわめて大きな違いがある。もはや政所は裁判機構の中心ではなくなったとみてよい。

政所に代わって訴訟機構の中心に据えられたのは嘉禄元年（一二二五）に設けられた執権主催の評定（評議）とみられる。評定の裁判機関としての性格についてはひろく指摘されているところであるが、『吾妻鏡』でその具体的活動を追ってみると、嘉禄二年十月九日の評議が評定衆の参候のもとに「諸人訴論事」を決断しているのを最初として頻繁にみいだせる。天福元年（一二三三）十一月十日条には「近日雑訴之間、連々評議」とみえ、泰時は「公事之間、致二勤厚一、殊神妙」として矢野倫重《みちしげ》ら三人の評定衆に褒美を与えている。また寛元元年（一二四三）二月二十六日条には、評定衆が結番《けちばん》で諸人訴論事を行なうことを定めた番文《ばんぶん》が載せられている。

こうした訴訟機構の中心の、政所から評定へという変化をさらによく物語るのが、御前対決の方式の変化であろう。実朝期の例をみると、元久の対決（前掲表1中の8）には時政・広元の政所別当が祗《し》候《こう》し、建保元年（一二一三）の対決（同表中10）でも時政・広元・行光らの政所別当・執事が祗候している。これに対し嘉禎元年（一二三五）には評定衆が祗候しており（同13）、延応元年（一二三九）には評定衆の「散位康連」の奉行によって御前対決が行なわれている（同14）。すなわち実朝期には政所が、頼経期には評定が御前対決を補佐しているのである。

さらに裁許状の紙継目裏判の制についても調べてみよう。すでにみたごとく建保四年（一二一六）八月の裁許状の裏判は政所執事のものであったが、この時期はどうであろうか。まず文暦二年（一二三五）七月六日の安芸国三入庄《みいりのしょう》地頭職についての熊谷時直《くまがいときなお》・資直《すけなお》の相論の関東下知状[49]をみよう。裏判はひとつで、図1に示したが、これと同じ花押は他にはみえない。そこで担当奉行は誰なのかみてゆくと、相論の裁許の結果、三入庄は三分の二、一に分割されることになり、これに応じて安芸国守護の藤原親《ちか》実《ざね》の手により配分注文がつくられ、「後藤大夫判官」に報告されている。[50]

この注文の送られた人物こそ、担当の奉行人であり、裏判の加判者と考えられるが、それは評定衆の後藤基綱《もとつな》である。図1の花押をみれば綱のくずしたものと考えられ、裏判は基綱が加えたものと考えてよいであろう。参考のため綱の字をくずしてつくったとみられる藤原光綱の花押を図2として載せておいた[51]ので比較されたい。

ところがこの基綱については政所令であるとの指摘がなされている。それは仁治二年（一二四一）九月十日の政所下文[52]に政所令として署判を加える「左衛門少尉藤原」（図3）を基綱とみたのであるが、

図 1

図 2

図 3

図 4

図 5

図 6

図 7

これは二階堂行綱《ゆきつな》（図4）であって基綱ではない。[53] 基綱が政所に関与したことを示す史料は他にもなく、基綱は評定衆の担当奉行として裏判を加えたとみた方がよいであろう。

ついで寛元元年（一二四三）七月十九日の越前国牛原庄《うしはらのしょう》の所領相論の関東下知状の裏判（図5）は、同年十二月二十三日の肥後国人吉庄《ひとよしのしょう》相論の下知状の裏判（図6）と同じで、同年七月二十八日の政所下文に加判する政所令清原満定《みつさだ》の花押（図7）といえる。[54] 満定は同時期に評定衆となっており、基綱と同様にここでも評定衆の担当奉行として裏判を加えたとみた方がよいであろう。したがって、この時期の継目裏判は評定衆の加判するものだったといえよう。

このように御前対決や継目裏判の制の変化からも、政所から評定へという裁判機構の転換は確かめられた。次の問題はこの評定の下で、政所や問注所がどう位置づけられていたのかという点にある。

寛元元年（一二四三）五月の法令によると、「先々《さきざきの》成敗《せいばい》」がある時や「理《り》非《ひ》顕然《けんぜん》」な場合は、「対決」に及ばぬことが、問注所に命ぜられている。[55] これによれば問注所が訴訟を受理し、審議して評定に結果を上程したとみられる。しかしそれから数年後の宝治二年（一二四八）の幕府法[56]は問注所と政所の二つに問注奉行人がいて書面審理や当事者尋問を行なっていたことを物語っている。このことから佐藤進一氏は次のように指摘されている。[57]

先づ問注所或は政所に繫属した訴訟は、そこに配属する問注奉行人によつて審理される（書面審理・当事者尋問）。その結果は評定の席に上程され、その会議にかけられる。

確かに宝治二年の幕府法をみるならば、この解釈は妥当なものといえる。しかしそれ以前の問注に関する幕府法、たとえばすでにあげた寛元元年（一二四三）五月十七日の「諸人訴訟事」、同年八月二十六日の「故武蔵入道殿之時有二御成敗一事」、九月二十五日の「訴訟評定事書施行事」等は、いずれも問注所執事に命ずるのみである。[58] そうであれば寛元年間を境に、対決・問注は問注所一所から、問注所・政所両所にて行なわれるように変化していったとみるべきではなかろうか。

とはいえ、寛元以前にも政所執事充ての幕府法令が全くなかったわけではない。たとえば延応元年（一二三九）五月六日の人倫売買禁令は政所執事に充てている。しかしこれは政所が訴訟問注に関与する性格のものではなく、たんに幕府の行政機構としての役割を示しているにすぎない。[59] かくて寛元以前においては問注・対決は問注所一所に限られていたとみてよいであろう。

また政所沙汰の時期における問注所は、諮問機関としての性格が強かったが、この時期になるとかように訴訟の受理・審理機関に転換している。平山行三氏がかつて指摘された、嘉禄元年（一二二五）を境に問注所勘状を盛りこんだ裁許状がみえなくなるという点も、[60] 実はこれと関係していよう。平山氏は書面審理が重視されるにいたった結果と説かれているが、それはむしろこうした問注所の機構の性格変化によるのであろう。

さてそこでこの時期の訴訟手続をまとめてみると、訴訟は問注所に寄せられるのを原則とし、審理を経て評定に上程される。評定では評定衆が担当奉行人となり、時には問注奉行人が召出されての評議があり、その結果、裁許状が出されたのである。こうした裁判制度のあり方を鎌倉殿沙汰や政所沙汰に対して、評定沙汰《ひょうじょうざた》とよぶこととし、次にその成立について簡単に触れよう。

泰時が評定制を導入したのは嘉禄元年（一二二五）十二月であるが、その翌年正月には将軍宣下《せんげ》が朝廷に要請され、将軍家政所《しょうぐんけまんどころ》が成立している。評定は将軍家政所の成立を目前にひかえて設けられており、政所成立とともに当然予想される鎌倉殿の関与を退けるべく、政所の裁判機能を奪って独立したものといえるであろう。問注所もまた政所の担っていた訴訟受理・審理機能を与えられ、評定の指揮の下に訴訟機関としての充実をみたわけである。かくて実朝時代の訴訟機構の中心にあった政所の訴訟・裁判機能は評定・問注所に分割・移譲され、ここに鎌倉殿の法廷でありながら、鎌倉殿の関与をできるだけ排除した裁判機構が生まれたことになる。

む す び

鎌倉殿による御前対決の行なわれていた頼経の時期、それと併行して執権の面前での御前対決も行なわれていた。たとえば延応元年（一二三九）五月のある相論では、泰時亭《てい》で一決《いっけつ》が遂げられ、泰時が「聞二食其是非一」したというし、仁治二年（一二四一）二月の相論も「於二武州（泰時）御前一、遂二対決一」とある（61）。御前庭中においても、天福元年（一二三三）七月に丹波国夜久郷百姓の訴えを泰時が「庭中」に召出して

「直問答《じきにもんどう》」「計下知《はからいげち》」している。寛元二年（一二四四）三月二十八日には執権経時が訴人に対面し、「庭中言上」を処理している。なお寛元元年三月の庭中言上は「臨時評定」の砌《みぎり》に行なわれている。(62)

このように鎌倉殿・執権が併行して御前対決や庭中を処理していた時期を経て、鎌倉殿面前では対決や庭中がまったくなされなくなる時期がやってくる。弘長元年（一二六一）の関東《かんとう》新制(63)や『沙汰未練《さたみれん》書《しょ》』に、御前庭中は「評定之隙」「於二評定御座一」行なわれるべしと規定された時期である。それは幕府の法廷が鎌倉殿主催から、はっきりと執権主催の法廷へと転換したことを意味しよう。その転換の時期を探れば、おそらく鎌倉殿頼経が退けられた寛元四年（一二四六）以後のこととみられるが、一体、この転換によって裁判制度はいかに変わったのであろうか。

もはや鎌倉殿の権威に支えられることはなくなったところから、制度や手続の整備は一段と必要とされたに違いない。手続面でいえば、三問三答のごとく審理が厳格に行なわれるようになった。そういえば山本幸司氏は問状風裁許状がこの頃からみられなくなると指摘されている。(64)また制度の面では頼経が退けられるのと時を同じくして問注所執事の交替したことが(65)注目される。問注所の機構改革はこの時に行なわれたのではないか。たとえばそれまで問注所に集中されていた訴訟の受理・審理を政所でも行なうようになるなど。佐藤進一氏の研究を参考にすれば(66)、鎌倉中の裁判管轄はこの時に政所に移管されたと考えるべきであろう。

続いて建長元年（一二四九）には引付が設けられている。引付も問注所の改編によって成立したのであろう。引付と問注所との関係は、引付が所務沙汰のみを管轄するようになった時期においても、所務の賦《くばり》だけは問注所が担当しており、さらに文永三年（一二六六）三月六日にいったん、引付が止められた時、「重事」は「聴断」、「細事」は問注所の沙汰とされるなど、(67) 密接であった。

注

（1）石井良助『中世不動産訴訟法の研究』（弘文堂書房、一九三八年）。
（2）佐藤進一『鎌倉幕府訴訟制度の研究』（畝傍書房、一九四三年）。
（3）平山行三『和与の研究』（吉川弘文館、一九六四年）。
（4）J・P・マス「鎌倉幕府初期の訴訟制度」（『古文書研究』一二号）。
（5）藤原良章「鎌倉幕府の庭中」（『史学雑誌』九二―一一）。古沢直人「御成敗式目成立の歴史的位置」（『史学雑誌』九四―四）。
（『日本歴史』四四二号）、山本幸司「裁許状・問状から見た鎌倉幕府初期訴訟制度」（『史学雑誌』九四―四）。
（6）工藤勝彦「鎌倉幕府初期の訴訟制度に関する一考察」（『史叢』三五号）。
（7）庭中については石井前掲書が「訴訟手続の過誤に対する救済手続」（二九〇頁）と規定している。確かに鎌倉後期の庭中の事例の多くがそうであったことは疑いないが、鎌倉前期の場合、必ずしもそうとはいえず、むしろ藤原前掲論文の指摘する奉行人を超えた直訴の意で捉えるべきであろう。庭中が直訴から出発して訴訟手続の過誤に対する救済手続へと変化してゆくところに、幕府訴訟制度の流れをみてとることができる。
（8）『吾妻鏡』承久元年七月十九日条。

（9）同右正治元年四月十二日条。
（10）『古今著聞集』巻五和歌。
（11）拙稿「『古今著聞集』と橘成季」（『平家物語、史と説話』平凡社、一九八七年）参照。
（12）工藤前注（6）論文参照。
（13）表のうち1・4・5、7〜10、13の八例は裁許の奉書が残されており、他は盛時が奉行したという事実が知りうる場合である。
（14）この事例を頼家の親裁停止とみる見解は、その後の頼家の親裁の事例を否定するか、あるいは親裁停止の『吾妻鏡』の記事に疑問を呈するのが普通である。しかし『吾妻鏡』は、「於二向後大少事一、北条殿、同四郎主（中略）民部大夫行政等加二談合一、可レ令二計成敗一」と記した後、「其外之輩無二左右一不レ可レ執二申訴訟事一之旨被レ定」と述べており、決して頼家の親裁を停止したのでなく、それに枠をはめたのであった。
（15）『吾妻鏡』元暦元年四月二十三日条。
（16）同右建久四年五月十五日条。
（17）同右建久五年五月四日条。
（18）この事例については、坂本賞三「司法制度から見た鎌倉幕府確立の一過程」（『史学研究』五九号）、平山前注（3）書第二章　和与法の成立、古沢・山本前注（5）論文参照。
（19）『吾妻鏡』建久四年五月七日条、六月二十二日条。
（20）同右建久五年十月一日条、元暦元年十月二十日条、正治元年四月一日条。
（21）佐藤前注（2）書、三〇頁。なお問注所については平山前注（3）書も参照。また工藤前注（6）論文は頼朝時代の問注所の活動についての評価を低くみており、元暦元年（一一八四）十月の問注所開設の『吾妻鏡』の記事も疑っているが、その根拠として当該期の文書史料に問注所の活動がうかがえないとするだけでは、やや無理な推測であろう。

(22) このうち建保四年二月の裁許状は下知状であるが、連署する義時・広元はともに政所別当であり、政所下文に対して一ランク下の裁許状として使われたとみられる。

(23)「源実朝―将軍親裁の崩壊」（本書第II部一）。

(24) J・P・マス前注(4)論文。

(25) 建保二年十二月二十四日関東御教書（田中稔「醍醐寺所蔵『諸尊道場観集』紙背文書」『（醍醐寺文化財研究所）研究紀要』七号）、「広峯神社文書」（『姫路市史史料編』）。

(26) 建保五年七月二十四日関東御教書（「宗像神社文書」『鎌倉遺文』二三二四、五号）。

(27)（建保六年）十二月二十八日源実朝書状、同二十九日二階堂行光書状、貞応二年十一月日備後国大田庄大田方地頭陳状案（「高野山文書」『鎌倉遺文』二四一五、二四一六、三一八〇号）。

(28)〈建保六年〉七月二十一日二階堂行光書状（「東南院文書」『鎌倉遺文』二三八六号）。

(29) 安貞二年五月十九日関東下知状（「鹿島大禰宜家文書」『鎌倉遺文』三七四五号）。

(30)「壬生家文書」『鎌倉遺文』二二五八号。

(31) 前注(2)佐藤書、九三・九四頁。

(32) 建保元年十二月二十九日関東下知状案（「大善寺文書」『鎌倉遺文』二〇七五号）。

(33) 前注(26)史料。

(34) 建保五年十二月二十四日関東御教書（「到津文書」『鎌倉遺文』二三四五号）。

(35) 前注(2)佐藤書、三〇頁。
(36) ①「青方文書」『鎌倉遺文』三七三二号、②「上妻文書」『鎌倉遺文』一九五八号、③「薩藩旧記雑録」『鎌倉遺文』三〇八九号。
(37) 「益永家文書」『鎌倉遺文』三〇一八号。
(38) この他に問注所勘状による裁許の事例として工藤前注(6)論文は、④建仁三年四月十日関東御教書案(「上妻文書」『鎌倉遺文』一三五四号)、⑤元久元年十二月十八日鎌倉殿下文(「集古文書」『鎌倉遺文』一五〇九号)、⑥元久二年三月二十二日関東下知状案(「菊大路文書」『鎌倉遺文』一五二九号)、⑦建保三年十月二日政所下文案(「武雄神社文書」『鎌倉遺文』二一八一号)をあげており、さらに⑧建保五年八月二十二日政所下文(嘉禄元年八月日大隅守護北条朝時下知状「禰寝文書」『鎌倉遺文』三四〇〇号、所引)がある。このうち④⑦⑧は九州の例で大宰府問注所の可能性が高い。⑤は東国の例で幕府問注所によるとみられるが、こうした例については後述する。⑥は前欠文書のため内容が今ひとつ定かでない。
(39) 「武雄神社文書」『鎌倉遺文』一五三四号。
(40) それぞれ「薩藩旧記雑録」『鎌倉遺文』一四一二号、一四三八号、「北島文書」『鎌倉遺文』一五三二号。なおこの点、前注(6)工藤論文参照。
(41) 『吾妻鏡』建暦元年四月二日条、同二年九月十七日条。
(42) 「鶴岡八幡宮文書」『鎌倉遺文』二四三一号。
(43) 『吾妻鏡』承久元年九月六、八日条。
(44) 貞応元年十二月十日伊賀光宗書状(「高野山文書」『鎌倉遺文』三〇二四号)。
(45) 拙稿「執事・執権・得宗」(本書第II部三)を参照。

(46)「石志文書」『鎌倉遺文』三〇三二号。
(47)『吾妻鏡』建仁三年十月九日条。
(48)「上妻文書」『鎌倉遺文』一三五四号。
(49)「熊谷家文書」『鎌倉遺文』四七九一号。
(50)嘉禎元年十一月十二日三入庄地頭得分田畠配分注文、同二年正月九日藤原親実請文(「熊谷家文書」『鎌倉遺文』四八四九、四八九五号)。
(51)『花押かがみ』二—一四八四藤原光綱。
(52)「宗像神社文書」『鎌倉遺文』五九三四号。
(53)『花押かがみ』三—二三五八二階堂行綱。
(54)『花押かがみ』三—二一九九清原満定。
(55)『中世法制史料集』巻一—二〇八条。
(56)『吾妻鏡』宝治二年十一月二十三日条。
(57)佐藤前注(2)書、三四頁。
(58)『中世法制史料集』巻一—二〇八、二一一、二一三条。
(59)同右巻一—一一五条、『吾妻鏡』仁治元年五月六日条、寛喜三年四月十九日条。
(60)平山前注(3)書、七五頁。
(61)『吾妻鏡』延応元年五月二日条、仁治二年二月二十五日条。
(62)以上、同右天福元年七月九日条、寛元元年三月十二日条、寛元二年三月二十八日条。
(63)『中世法制史料集』巻一—三五五条。

(64)　山本前注(5)論文。
(65)　『吾妻鏡』寛元四年六月七日、二十七日条。
(66)　佐藤前注(2)書、三五頁。
(67)　『中世法制史料集』巻一—四二九条。

三　執事・執権・得宗

――安堵と理非――

はじめに

鎌倉幕府の政治体制を将軍独裁・執権《しっけん》政治・得宗《とくそう》専制の三つの段階で捉える見方は、今日ほぼ定説化していよう(1)。ただ将軍独裁政治の時期は源頼朝《よりとも》の時代だけか、あるいは実朝《さねとも》の時代からさらに北条政子の代までを含むのかは、論者によって評価の分かれるところである。執権政治についても、頼朝の死後、北条時政《ときまさ》から始まるのか、または和田《わだ》合戦《かっせん》の後の北条義時《よしとき》に始まるのか、さらには承久の乱後の北条泰時《やすとき》に始まるのか、これもいくつかに分かれる。

まして得宗専制についてとなると、北条時頼《ときより》が宮騒動《みやそうどう》で藤原頼経《よりつね》を追放した時期を始期におく論者、あるいは時頼が執権を退いた後にも得宗として実権を保持した点を重視する論者、霜月騒動《しもつきそうどう》により安《あ》達泰盛《だちやすもり》が討たれた時期こそが専制開始の時期であるとする論者と、これまた多様である。

それぞれの論者には明確な根拠があり、ひとつひとつ調べていって、どれが正しく、どれが誤りであるなどという判断は一概にはとても下せそうもない。要は、そうした時期区分がどれだけ当該期の政治を理解し、説明するのに有効か、ということであろう。そうであれば、移行期とか過渡期とかを設定することによって無理なく説明することも可能である。すなわち将軍独裁から執権政治への移行期（頼朝の死から承久《じょうきゅう》の乱）、執権政治から得宗専制への移行期（宮騒動から霜月騒動）という風に。しかしそれでは政治史を説明し、叙述するのには適当であっても、政治の内実を鋭くえぐり捉えることは不可能である。やはり時期区分をするからには明快にすべきである。

三つの時期区分は、政治の決定の主体がそれぞれ将軍・執権・得宗にあった時期を問題としている。政治史の時期区分であるから当然のことともいえようが、このことをこそ何よりも出発点に据えなければならない。しかしこの政治の決定の主体を見究めるのも実は容易なことではない。たんに名目上の問題でいえば、それは一貫して鎌倉殿＝将軍だったからである。形式と内容の両面において主体は誰であったかが求められねばならない。ではそれはいかにして可能であろうか。

幕府の政治構造を考える時、いろいろな視角から捉えることが可能であるが、こと将軍や執権・得宗といった権力構造に視点をすえる場合、「安堵《あんど》」の権能と「理非《りひ》」の成敗権の問題を重視したい。

源頼朝が挙兵直後に出した「関東事施行之始」の下文《くだしぶみ》は、伊豆国蒲屋御厨《かまやのみくりや》住民らに対して以仁王《もちひとおう》の令旨《りょうじ》を引用して「住民等存二其旨一、可二安堵一」と述べている。[2] 安堵はその年（治承四年）十月になると東国《とうごく》の武士に対してひろく本領安堵の形で実施され、あるいは本宅安堵もなされるなど、鎌倉幕府の基本的政策、ないしは政治理念として維持されたのである。それは「御恩《ごおん》」と表裏一体の関係で、将軍権力の根幹をなすものであった。

また頼朝の死後、頼家《よりいえ》がその地位を継承すると、頼家に対して「諸訴論事」を直《じか》に決断することを停止する措置がとられ、北条時政以下十三人以外の御家人《ごけにん》が訴訟をとりつぐことが禁じられた。(3) ここに将軍の訴訟の決断権、すなわち理非の成敗権に足枷がはめられることになった。以後、理非の成敗権をめぐって、将軍と有力御家人とが争うことになる。そうであれば、理非の成敗権のあり方も、将軍権力の消長を物語っていよう。

かくして本稿では理非と安堵の二側面から鎌倉幕府の政治構造と体制を考えてみることとする。その際、分析の糸口として、鎌倉幕府の判例として後々の傍例となったひとつの法をとりあげてみたい。

1　執　事

越後国沼河郷《ぬまかわごう》にある白山寺《はくさんじ》の供僧らは、地頭との相論において「公方《くぼう》祈禱所」であることを主張した。その際、「北条殿(時政)并右京大夫殿(義時)御下知」と称する文書を証拠として提出したところ、幕府は、それには「仰《おおせ》」の詞がないので、「公方御下知」には準ぜられないと、訴えを棄却してしまった。『吉田《よしだ》家本追加《けぼんついか》』に載る、「雖㆑為㆓執事御方御下知㆒、依㆑無㆓仰詞㆒、被㆓棄置㆒法事」という傍例はこうして生まれた（参考資料九九条[4]）。

雖レ為二執事御方御下知一、依レ無二仰詞一、被二棄置一法事、奉行矢野兵庫允、越後国沼河郷内白山寺供僧与二地頭備前々司殿御代官一相論、当寺為二公方御祈禱所一之条、北条殿幷右京大夫殿御下知炳焉之由、供僧等雖レ申レ之、依レ無二仰之詞一、不レ被レ准二公方御下知一、被レ棄二置供僧訴訟一畢、

これがその全文である。成立年時は明らかでないが、鎌倉後期のものと推定されている。鎌倉後期といえば、いうまでもなく得宗権力がしだいに専制化に向かっていった段階である。しかるにその下知《げち》が「仰之詞」がないという理由により棄ておかれたという。まことに興味深い傍例といえる。

このことに注目して、鎌倉殿＝公方の「仰」がかように強調されたのは一体なぜなのかという疑問から、「公方祈禱所」や「公方御下知」の「公方」の意味を追究されたのは網野善彦氏である。氏は多くの例から、弘安六年（一二八三）以後にしきりに「公方」の語が使われるにいたったことを説かれ、まとめて次のように指摘された[5]。

このころ「執事御方下知」と「公方御下知」――執事乃至得宗の命と、将軍の命とが混同される傾向にあったのに対し、この両者を明確に区別すべきことを明らかにしたもの、とみることができよう。

このように公方と得宗との違いに着目された網野氏は、ついでそこから両者を明確に区別すべきことを目指した安達泰盛の政策をみてとり、高く評価された。その所論はさらに「公方」という思想の

問題にまで発展させられ、大きな問題提起がなされている。その点でも興味深いものがあるが、傍例自体にそくしてみてゆくと、供僧らが証拠として提出したのは、泰盛の生きた弘安頃（一二七六〜八八）の文書ではなく、はるかにさかのぼる「北条殿」（時政）や「右京大夫殿」（義時）の下知であって、彼らとその後の執権とを一括して同じく「得宗」といえるのかという疑問がある。

しかもそこでの時政や義時の下知は、執権ではなく「執事御方」の下知と称されているのである。鎌倉後期ともなれば、「両執権」のごとく、執権の語は定着していた。にもかかわらず、このように「執事御方」と表現されたのは、恐らく時政や義時の政治的地位にもとづいて、「執事」としたものとみられる。幕府には、執事《しつじ》と執権の間の違いの認識がその前提にあったのであろう。そうであれば公方と得宗の違いを考える以前に、その違いにまず注目したい。

ここで思い浮かぶのは、鎌倉幕府の制定した不易法《ふえきのほう》である。御成敗式目《ごせいばいしきもく》が、「右大将家以後代々将軍并二位殿御時」の成敗は「改沙汰《あらためざた》」に及ばずと規定し、将軍と二位殿（政子）の時の成敗を不易としたのに対し、それ以後の不易法の制定は、「故武蔵前司入道殿」（泰時）の「自二嘉禄元年一至二仁治三年一御成敗事」、続いて経時《つねとき》・時頼《ときより》の「自二寛元元年一至二康元元年一御成敗事」と、いずれも執権の代を規準にしている（追加法三二一、四四六条）。すなわち泰時以前の時政と義時は不易法の規準とされていないのである。まさにそこにこそ執事と後の執権との間の違いがあったのであろう。両者の相異は、執権は幕府の「成敗」の主体であるのに対し、執事は将軍や二位殿の家の「執事」「後見」にすぎない点に求められる。

その点をさらに明解に示しているのが、次の二つの『吾妻鏡《あずまかがみ》』の記事である。(6)

①有㆓政所始㆒、若君幼稚之間、二品禅尼可㆑聴㆓断理非於簾中㆒、

②相州・武州為㆓理非決断職㆒、猶令㆑加㆓署判於此起請㆒給、

①は鎌倉に下ってきた九条道家《みちいえ》息の二歳の三寅《みとら》（頼経）の政所始《まんどころはじめ》の儀式の時のもので、「理非」は政子が聴断している。義時ではない。これ以前、時政により頼家が退けられて実朝の政所始が行なわれた時にも、実朝は「簾中《れんちゅう》」において吉書《きっしょ》を覧じており、やがて実朝は直に「政道」を「聴断」するにいたっている。(7)①はその実朝の死の直後の政所始の記事である。ここに明らかなように、泰時より前の理非の成敗権は、将軍およびそれに准ずる政子にあったのである。

②は、御成敗式目の制定に際して評定衆の起請文が提出された時のもので、相州・武州の両執権が「理非決断職」として、これに署名を加えている。泰時以後においては、理非の成敗権は執権の方にあったことがここに確かめられる。してみれば、時政・義時と泰時以後の違いをもって、将軍親裁《しんさい》体制と北条執権体制との違いとみることができるであろう。

ここで最初の白山寺供僧の訴えに戻れば、時政や義時の下知は、何よりも理非決断の職にはなかった執事の下知であるが故に、「仰《おおせの》之詞《ことば》」がないことで棄ておかれたのであろう。では泰時以後の執権であれば「仰之詞」がなくてもよかったかというと、恐らくそうではなかろう。「執事御方」とはひ

ろく執権をも含む表現であったに違いない。ただ事実問題として、執権の下知には「仰之詞」が必ず付されていたので、問題はおきなかったと考えられる。

たとえば泰時以後の関東御教書《かんとうみぎょうしょ》や関東下知状《かんとうげちじょう》には常に「仰」の詞が付されている。その点、六波羅の下知状および御教書にまったく付されていないのとは対照的である。京の六波羅探題《ろくはらたんだい》であり、鎌倉から遠いゆえ鎌倉殿の仰がないのは当然ともいえようが、しかしはるか遠い鎮西《ちんぜい》の下知状には必ず仰の詞がある(8)。それは、鎮西探題には確定判決権が与えられたため仰の詞が付されているのに対し、六波羅には与えられなかったため付されなかったゆえと解される(9)。

こうして白山寺供僧の提出した「御下知」が棄ておかれたのは、それが執権とは違う執事の下知に拠っていたこと、また仰の詞がないため将軍の下知とはみなされなかったことなどによる、と考えられるが、ならば供僧らが提出した文書とは、一体どのようなものであったのだろう。「公方祈禱所」を証拠づけるものであれば、決して執事の私的な文書であったとは考えられない。次の文書をみよう(10)。

宇佐忠輔申豊前国向野郷内下糸永・同秋安・光永・弥同丸（中略）田染庄是行・清成田畠等事、如レ状者、件名田畠、自二甲乙人之手一、令二買領一之後、知行雖レ無二相違一、為二向後証験一、可レ給二御下知一云々者、売買之地可レ依二証文一也、糺二真偽一任二道理一、可レ令二安堵一之状、依二陸奥守殿御奉行一、執達如レ件、

承久三年十二月十一日　　散位藤原在御判

散位中原在御判
謹上　前大宰少弐殿（武藤資頼）

ここに掲げたのは、豊前国の宇佐忠輔《ただすけ》の買領地安堵の請求に対して出された御教書である。「陸奥守殿」とは北条義時のことであり、そこに「仰」の詞はない。白山寺供僧が提出した「執事御方下知」とは、あるいはこうした形式のものではなかったか。だがこれが歴とした幕府御教書であることは、翌年正月十八日付の同じく「陸奥守殿御奉行」の文言をもつ御教書の奉者が、政所《まんどころ》令《れい》の「図書允清原」（清原清定《きよはらきよさだ》）であったことより確かめられる。(11)

かかる「陸奥守殿御奉行」というごとき文言を含む関東御教書は、承久二年（一二二〇）から貞応二年（一二二三）まで五通ほど今に残されており、すべて義時の時代、それも京から鎌倉殿の後継者を迎え入れてからの時期のものである点は、これまでに指摘されてきたところである。(12)まずは京から後継者を迎え入れたことが契機となって、幕府の文書システムが整えられた結果とみることができる。

ただ関東御教書がすべてこの形式に統一されていったかというと、決してそうではない。当時、仰の詞をもつ関東御教書も存在している。(13)相田二郎が指摘するごとく、充所《あてどころ》によって関東御教書を二つのランクに使いわけていたのである。(14)しかしそれは「当時義時の威権が強大であった為め」ではなく、朝廷で行なわれていた文書発給のシステムを幕府が導入したためであろう。たとえば院庁《いんのちょう》では「某殿御奉行」の文言をもち、庁の主典代《しゅてんだい》が奉ずる院宣《いんぜん》が見出され、蔵人所でも、また摂関家でも、同様な形式の御教書が使われていた。実例をあげよう。

和泉国司訴申云（中略）其状不レ詳、若率徴法有二所見一者、可下令二注申一給上之由、依二新大納言殿御奉行一、上啓如件、

十月廿八日　　主計権助（花押）

謹上　官長者殿

これは、鳥羽院政期の院庁が扱った和泉国司と諸司《しょし》寄人《よりうど》の相論《そうろん》について出された文書である。[15]「新大納言殿御奉行」とみえるなど、形式はまったく義時の関東御教書と同じであり、幕府が院庁のこうした形式の文書に倣って御教書を出していたとみてよいであろう。しかも「新大納言殿」とみえる藤原公教《きみのり》は、「鳥羽院の御後見、院の内取沙汰し給ひし」人物と『今鏡《いまかがみ》』にはみえ、また院の「執事」と称されていた。奉者《ほうじゃ》の「主計権助《しゅけいごんのすけ》」は院の主典代の職にあった大江以平《もちひら》である。[16]ここにおいて、義時が「執事」とよばれた意味もわかってこよう。

それは朝廷の院庁の機構に倣ったものであった。もともと鎌倉幕府の機構整備は、朝廷の権門の機構に倣って行なわれてきたが、義時もまたその例に洩れず、朝廷の機構を導入したものといえよう。[17]そしてこの機構の中心に位置していたのが、頼朝の時代からしだいに整えられてきた政所である。

頼朝の時代には、いくつかの御前対決《ごぜんたいけつ》の例からも知られるように、頼朝（将軍）の直断《じきだん》・親裁《しんさい》の下で政所・問注所《もんちゅうじょ》や公事奉行人《くじぶぎょうにん》などの制度が整えられてきた。頼朝の死後になると、これに大きな変

化があらわれ、正治元年（一一九九）四月には問注所が御所から離され、ついで頼家による訴論の直断に一定の枠がはめられるようになった。[18] 頼朝というカリスマを失った幕府では、訴訟制度の整備によって、御家人の信頼を獲得する必要があったからである。その結果、政所が訴訟・裁判の場の中心に位置づけられるようになったのである。

　そうした機構整備は、将軍頼家が退けられ、暗殺されるという事態において、さらにいっそう求められることになった。そのことをよく物語るのが、時政によって出された多くの裁許《さいきょ》の下知状である。これは、後に泰時以下の執権の奉ずる下知状と同じ形式のため同一視されがちであるが、同じ時期には時政以外の政所家司《けいし》が奥下に連署して発給する下知状も出されており、[19] ともに政所に依拠して出されたものであったことが知られる。

　時政失脚後は、家司の奥下連署下文のみが裁許状に使われたが、承元三年（一二〇九）に実朝が三位に叙せられると、それを契機に「将軍家政所下」で始まり、令・別当《べっとう》・知家事《ちけいじ》・案主《あんじゅ》の署名する、公卿家の政所下文によって裁許状が出されるようになった。この時期になると、義時よりも、「政所執事」の藤原行光《ゆきみつ》や政所令の清原清定の活動が顕著であり、行光は、あるいは裁許の政所下文に裏判を加えたり、[20] あるいは実朝の「仰」を奉って関東御教書の発給に関わったりしている。[21]

　こうして政所は実朝の時代になってきわめて充実をみるにいたり、実朝もこの政所を基盤に親裁体制を築いたのであるが、[22] 承久元年（一二一九）正月、実朝が公暁《くぎょう》の手にかかって殪《たお》されると、その政所を政子の理非聴断《ちょうだん》の下で握ったのが義時である。義時は、再び時政と同様な下知状を発給するようになり、すでにみた政所令が奉者となる義時「御奉行」の関東御教書はそうした情況で出されるようになったのである。その時期の政所が裁判機構として位置づけられていることをよく示しているのが、貞応元年（一二二二）十二月二十三日の大宰府守護所の下文である。[23] それは判決を示したあと、「此上貽二其憤一者、言二上　鎌倉殿政所一、可レ蒙二御裁下一」と、不満ならば鎌倉殿政所に提訴するようにと記している。

このように将軍の親裁体制の時期においては、政所が重要な機構として位置を占め、時政や義時はそこでは後見・執事として将軍を補佐していたのであった。ところが泰時の代にいたると、それが大きく変わる。後見の執事から理非決断の職の執権への転換である。泰時は、理非決断権を将軍から奪い執権の権限を確立させたのである。次にその過程を追ってみたい。

2　執　権

元仁元年（一二二四）六月、義時の死によって六波羅探題の泰時が鎌倉に戻り、政子亭《てい》に参ずると、泰時は政子から義時の後見の地位を継承するように命ぜられた。

相州・武州、為二軍営御後見一、可レ執二行武家事一之旨、有二彼仰一、[24]

とあるのがそれで、閏七月には政子の「御前《ごぜん》」において「世上事」の沙汰があり、義時の跡をねらった政所執事伊賀光宗の兄弟は退けられ、将軍に擁立されかけた一条《いちじょう》実雅《さねまさ》も上洛させられた。[25] ここに政子の政道聴断、泰時の後見・執事の体制が生まれたのである。

しかしこのことは、泰時が義時の地位（執事）をそのまま継承したことを意味するに過ぎない。理非聴断権は相変わらず政子が保持していた。しかもその権限は、頼経が幼少のため行使されていたのであるから、頼経の成人とともにその手に移ることとなる。したがって泰時が理非聴断権を掌握するためには、政子から頼経への継承の間隙のタイミングをうまくとらえることにあったといえよう。かくて政子死後にそなえ、「政道興行」のため明法道《みょうぼうどう》の研究を泰時が開始したのは元仁元年十二月二日のことである。

翌年七月に政子がなくなると、九月三日に泰時は三浦義村《よしむら》・二階堂行西《ぎょうせい》を御所に招き「理世《りせい》沙汰」について「密談」し、二十日には奉行人を集めて「賢・不肖」について賞罰を加えることを仰せ含めている。京都に「今年関東御元服事一定《いちじょう》」と頼経元服が年内に行なわれることが伝わったのは十月のことである。[26] その三日、鎌倉では御所移転の「群議」がなされ、二十八日に今年中の新御所造営が決定されて、翌日には、御所が壊されはじめたが、その同じ日に「民庶《みんしょの》煩費《はんぴ》」を止め、「諸人《しょにんの》過差《かさ》」を止めるための「新制」が仰下され、施行されている。

この御所造営と新制発布の二つに幕府の新たな政治体制がみてとれる。まず新制については、泰時の代始の新制ともいえよう。これまで新制といえば朝廷の出す法令であって、それを幕府が出すにいたった意義は大きい。

ただこの月には朝廷でも三十六ヵ条からなる新制が出されており、[27] 幕府の新制というのも、実は『吾妻鏡』が、新制を朝廷が出したことを誤って載せたためとも考えられる。しかも翌年正月には、幕府は「嘉禄元年十月廿九日　宣旨状」のうちの三ヵ条を抜き出して施行しており、十月二十九日に幕府が独自に新制を発給したというのは誤りとみる見方も十分に根拠がある。考えてみれば、『吾妻鏡』はまことに誤記の多い編纂物である。

しかし三ヵ条を抜き出して施行した下知状をみると、「宣旨到来之、即下知先畢」と記されており（追加法一五～一七条）、十月の新制は関東に到来し、これまでに一度は施行されていたことがわかる。そうすると施行の日を十月二十九日付としたのは『吾妻鏡』の誤りであって、その日は朝廷の新制発布の日、それからあまり時を経ずして関東において施行され、正月になって再度三ヵ条のみ施行されたという風にも理解できよう。だがこれでは京から鎌倉までの伝達の期間を計算にいれると、一～二ヵ月の間に同趣旨の新制が二度施行されたことになる。これはやや異常である。

それよりも『吾妻鏡』の記事をそのまま生かして、幕府は朝廷と同日付で新制を発布・施行したとみた方が自然である。泰時は予め朝廷と連絡をとり、この日に同時に新制を発布したのではなかったか。当時、朝廷の方で独自に新制を発布する機運はみいだせないのに対し、幕府の方は泰時の下で政道興行が図られていたから、幕府の主導において、朝廷とタイアップして新制が出されたと考えてよいであろう。

それはまさに、政子から泰時への代替りの徳政の法令の意味をもつといえる。代始といえば、頼経の代始とみられなくもないが、頼経はまだ元服もしておらず、当然将軍にもなっていない。まさに泰時の代始であった。

他方、新造御所についてはどうか。造営は急ピッチに進められ、十二月五日に上棟がなされ、政所と御倉とは新たに女房大納言局の地に建てられたという。京都から頼経元服の日時勘文が、十二月二十九日と伝えてきたのはその三日後である。十二月二十日、完成した新御所への頼経の移徙《いし》の儀があり、翌日、新たに設けられた御所の「評定所」において、泰時・時房・義村・中原師員《もろかず》・二階堂行西らにより、「評議始」が行なわれている。『関東評定衆伝《かんとうひょうじょうしゅうでん》』に「二位家薨逝年六十九以後、被レ始二評定一」と記された評定である。そして頼経の元服は、すべてが終わった後の十二月二十九日に行なわれている。

この評定こそ新たな政治の場の創出を意味していよう。これにより理非決断の場は、名実ともに鎌倉殿の御前から、泰時の主催する「評議」「評定」の場に移されたのである。それが即ち理非決断の職としての執権の成立を意味しよう。そして翌嘉禄二年正月十日に頼経の任官・将軍宣下申請の使者派遣が決定され、正月二十七日に将軍宣下《せんげ》がなされた。ここに理非決断の権限を奪われた将軍が誕生したわけである。

評定が執権の主催と責任の下で行なわれていたことをよく物語るのは、その年十月九日の評議の最中におきた、訴人と論人とが応酬して「嗷々《ごうごう》」の事態となった事件の処理にあらわれている。その三日後、「評定之時、訴人近々伺候事、向後可レ被二停止一」という法が出されるとともに、「尾藤左近将監、平三郎左衛門尉、南条七郎、安東左衛門尉」らに対し、もし「推参之輩」があれば法に任せ沙汰するように命ぜられている。ここに名を連ねている尾藤景綱《びとうかげつな》は泰時の後見・家令《かれい》であり、平盛綱《もりつな》は泰時の公文所を景綱とともに沙汰し、南条時員《なんじょうときかず》・安東光成《あんどうみつしげ》も泰時に仕えている。[28] いずれも執権泰時の家《け》人《にん》(御内人《みうちびと》)であって御家人ではない。そこに評定所の運営が執権の責任の下で掌握されていたことがうかがえる。

かくして理非決断の場は、将軍の「御前」から執権の「御前」(評定)に移った。将軍は執権主催の評定での決断の結果を単に施行するだけになってしまい(追加法二一三条)、それに代わって執権が評定衆の合議のもとに理非決断を行なうにいたったのである。執権評定制の成立、あるいは執権政治の開始と評価されるであろう。それを幕府政治の権力抗争という視角から眺めるならば、泰時が、義時・政子および大江広元《おおえのひろもと》の死という相つぐ北条氏の危機の中で、広く御家人の同意をとりつけ、一門・家人を結集してつくりあげた体制であるといえよう。

だがこれによって将軍がまったく無力化したかというと、決してそうではない。理非の成敗は評定・執権の管轄に移されても、安堵や新恩給与などの権限は将軍の下にあったのである。それをよく物語るのは、嘉禄元年（一二二五）を境に訴訟の裁許《さいきょ》の文書は執権の奉ずる下知状が独占するのに対し、安堵や新恩は将軍の袖判下文《そではんくだしぶみ》や政所下文によって行なわれたという事実である。(29) 将軍を中心につくられた幕府体制であれば、その根幹をなす主従制的支配権に発する安堵や新恩給与はおいそれと手がつけられるものではなかった。

しかも将軍頼経の成長が、将軍親裁権回復の要求を生みだしたとみてもおかしくはない。かつて実朝が親裁権を全面的に行使しはじめたのは、公卿となる承元三年（一二〇九）以後のことであったから、問題となるのは頼経が公卿となる時期である。それは貞永元年（一二三二）二月のことであったが、泰時はこれに応ずるがごとく、「御成敗式条」の制定にのりだしており、その五月十四日に一応の完成をみた。

武州専二政道一給之余、試二御成敗式条一之由、日来内々有二沙汰一、今日已令レ始レ之給、

と『吾妻鏡』は御成敗式目五十三ヵ条制定の経緯を記している。七月十日には評定衆から「政道無私」の連署起請文を取り寄せ、執権は「理非決断職《しき》」として署判を加えた。執権を中心とする評定の場における理非決断の体制、いわゆる執権体制はこれをもって確立としたといえよう。嘉禄元年からの七年間にわたる評定での合議制の活動は、ここに揺るぎないものとなったのである。『関東評定衆伝』の実質的な記事がこの貞永元年に始まるのも、(30) 恐らく、執権体制の確立による、評定衆の地位の

重視に伴うものであろう。たとえば嘉禎元年（一二三五）五月、評定衆に任じられた結城《ゆうき》朝光《ともみつ》は、閏六月三日に辞退した時、初参《ういざん》の時に辞さないで今辞すとは「物忩《ぶっそう》」ではないかと問われ、「為レ貽二眉目於子葉一、憖《なまじいに》懸二其号一、渉二一両月一」ったと答えている。

こうして執権体制は確立したが、一例だけ将軍の御前での対決《たいけつ》の事例がみえる。嘉禎元年八月二十一日に、執権・評定衆が御所に参候し、将軍は「簾中《れんちゅう》」にあって行なわれた加藤景義《かげよし》・景朝《かげとも》兄弟の伊豆国狩野庄《かのうのしょう》牧郷《まきのごう》地頭職の相論である。衆議は景義に理ありとしたが、泰時は景朝の提出した「二位家御時御教書」を重視し景朝を勝訴としたのであった。だがそれは、かつてのような将軍の訴訟指揮による御前対決ではない。将軍は簾中にあるだけで、執権の訴訟指揮によってすべてが進行しているのである。

御前対決もこの一例を除けば、すべて泰時の面前での対決であった。延応元年（一二三九）五月二日の五十嵐《いがらし》惟重《これしげ》と小見《おみ》親家《ちかいえ》の相論は泰時邸で一決が遂げられ、仁治二年（一二四一）二月の長秀連《おさひでつら》と高田盛員《もりかず》の相論も「於二武州御前一、遂二対決一」とある。また天福元年（一二三三）七月の丹波国夜久郷《やくのごう》の百姓の訴えについては、泰時が「庭中」に召出して、「問答《もんどう》」「計下知《はからいげち》」している。[31]

しかしそれにもかかわらず将軍の御前対決に持ちこまれたという一例は無視できない。評定で評議も凝らされながら御前対決となったのは何故か。恐らくそれは、相論《そうろん》が安堵に関わっていたからであろう。勝訴の景朝に与えられたのが「御下文《おんくだしぶみ》」であることが、何よりもそのことをよく物語っている。新恩や安堵は将軍の親裁事項として長く維持されたのである。[32] そこにその後の幕府政治史を彩る執権派と将軍派との対立・抗争の原因はあった。[33]

さて相つぐ幕府の政争のなかで、宮騒動により頼経を退けて、皇族将軍を迎え入れた時頼や、その皇族将軍宗尊《むねたか》を退けた時宗の行動にみられるごとく、しだいに北条氏家督《かとく》（得宗）である執権の力は強まり、その私邸で行なわれる寄合《よりあい》と称する会議の政治的位置も高まっていった。得宗の専制化といわれる傾向である。[34] しかし執権の専制化ではなく、得宗専制の体制というものがどのような体制としてつくられたのかは未だに明らかではない。

一体、執権体制と並称できるような体制は本当に生まれたのであろうか。体制となれば制度として確立していなければならないであろう。そうした観点から注目したいのが、建治三年（一二七七）に設けられた次の法令（追加法四七八条）である。

諸人官途事、自今以後、罷二評定之儀一、准二御恩沙汰一、直被二聞食一、内々可レ有二御計一之由、被レ定了、

「諸人官途」の沙汰はこれまで評定でなされていたが、今後は「御恩沙汰」に準ずる扱いにしようという内容である。この法令をとりあげられた佐藤進一氏は、「御恩沙汰（新恩）は将軍の直裁に属していた」と解され、「御恩の沙汰は評定を経ずに直接に将軍の裁可を仰ぐシステム」であると指摘されている。[35] そうであれば官途《かんと》の沙汰もこの法により評定から将軍直裁《ちょくさい》に移されたことになろうか

ら、得宗専制どころか将軍専制への逆転現象がおこっているともみなされよう。だがしかし、そう解すべきであろうか。佐藤氏は、「直被二聞食一、内々可レ有二御計一」の主語を将軍と解されたのであるが、「内々」とある表現に注目すれば、当時の執権であった北条時宗を主語と解すべきではないか。将軍の行為は「内々」と表現されるものではなかろう。

そこでこの法令を載せる『建治三年記《けんじさんねんき》』をみると、その法制定の前日に、時宗が地頭職を新恩として獲得した記事がみえる。この日、記主の三善康有《みよしやすあり》（問注所執事）は、「城務」（安達泰盛）に松谷別《まつがやつのべっ》荘《そう》に呼び出され、次のような指示を受けた。

肥前・肥後国安富庄地頭職、相大守可レ有二御拝領一之由、内々有二御気色一、只今可レ被レ成二進御下文一、且御下文者可レ為二康有之奉書一、

安富庄《やすとみのしょう》は肥前・肥後両国にまたがる大庄である。それを「相大守」（時宗）が拝領したいという「内々」の「御気色」があったので、康有は「御下文」を書くように命ぜられた。その指示を受け「御下文」を書いた康有は、時宗の山内殿に参上したところ、召されて「当庄事聊有二子細一言上之処、申沙汰之条、所二悦思食一也」と礼をいわれたという。

この経過をみると、泰盛の詞の中の「相大守可レ有二御拝領一之由、内々有二御気色一」という部分は、時宗が「聊有二子細一言上」と述べている部分に対応しており、「内々」の「御気色《ごきしょく》」とは相大守（時宗）のそれであった。そこからは恩賞奉行の泰盛、内々御計の時宗、御下文の奉者の康有の三者の関

係がうかがえる。つまり御恩の沙汰の場合は、時宗が直接に御恩奉行からの報告を受け、内々に相計って将軍の下文を得るという手続きが踏まれていたのである。おそらく御恩と並ぶ安堵の沙汰についても同様な手続き、安堵奉行↓内々御計↓将軍下文という流れの中で処理されたであろう。

そうすると、建治三年に官途の沙汰の管轄が評定から移されたという事実は、決して将軍権力の強化を意味するものではなく、むしろそれまで評定の場の審議に拘束されていた執権がこれを直接管轄するにいたったことを意味する。すなわちかつて将軍から理非の成敗権を奪うべく、それを評定の管轄に移した執権は、今度は評定の権限を自己の親裁事項に移管してこれへの関与を強めたのである。官途も御恩も安堵も、執権が直接に受理し内々に計成敗《はからいせいばい》することとなったわけである。この執権の内々の計成敗の到達点、実はそれこそが得宗専制体制であろう。かくして得宗専制体制の輪郭がようやくみえてきたことになる。

3　得　宗

鎌倉幕府の不易法は、嘉禄元年（一二二五）以後は代々の執権の代について次々と制定されてきたが、弘安七年（一二八四）以後の成敗に関しては不易法の規定は見出されない。正応三年（一二九〇）に、康元元年（一二五六）から弘安七年にいたるまでの成敗は「改沙汰」に及ばずと定められた（追加法六一九条）のを最後に、以後出されていないのである。このことの評価は難しいが、どうやら弘安七年を境に「御下知」や「成敗」に関する幕府の制度に大きな変化があったことと関連していよう。

弘安七年といえば、時宗のなくなった年であり、かつ弘安の「徳政《とくせい》」が大々的に行なわれはじめた年である。ことに八月には評定・引付の大幅な改革がなされている。[36] そこにおいて理非の成敗のみならず、安堵についても大きな改変がなされていることを笠松宏至氏は指摘されている。すなわち①安堵発給手続き上において、安堵奉行の機能と権限を明示し、理非決断の場としての引付との競合を切断したこと、②安堵と理非という二つの理念の分別を明確にしたこと、の二点である。[37]

その指摘のごとく、弘安の立法では安堵と理非との権限・理念を明確にすることが行なわれたのであるが、これを、建治年間に安堵の領域をも執権の「内々御計《おんはからい》」とする動きがすすんでいたこととあわせて考えれば、恐らく安堵と理非の二つながらに関与することになった執権による、その管轄下での権限の明確化という評価に到達するであろう。そうした安堵法の出発点に位置していたのが、五月の新御式目である。

そこにおいて、「九国社領止二甲乙人売買一、如レ旧可レ致二沙汰一事」と「鎮西九国名主、可レ被レ成二御下文一事」の二つの安堵法が定められ（追加法五〇九、五一四条）、前者は六月になって「鎮西為レ宗神領事」という法令（五四四条）で詳細に規定されて実行され、後者は九月になって「名主職《みようしゆしき》事」という法令（五六二条）で同様に実行された。これらはいずれも鎮西《ちんぜい》を対象としているが、正応五年にはさらに西国の御家人についてひろく所職《しょしき》を安堵する法（六三三条）も定められている。

こうした動向からは、弘安七年以後、安堵の対象がひろく拡大されていったことがうかがえるが、注目されるのは鎮西の名主職安堵の法である。それには「昨日御寄合、令二読申一候畢、無二相違一之由、御沙汰候、仍進レ之候」とみえ、得宗の寄合において「御沙汰」があり伝達されたことがわかる。ここにおいて、弘安の安堵法は得宗の下において推進されていたことが指摘できよう。もしそうならば、理非と安堵とを二つながら管轄したのは執権というよりは、得宗であろう。得宗によって安堵の領域が拡大された結果、安堵と理非の分別もなされることになったと理解される。

だがこの理解はあくまでも推測の域を出ない。それどころか、網野善彦氏は、この時期は安達泰盛主導の弘安徳政の最盛期であって、その政治は北条時頼の政治の正統な継承であり、完成であったとされる。「執権政治」の完成ともみなされている。[38] 網野氏がその理解の根拠としたのは、弘安七年五月二十八日に出された「新御式目」（四九一～五二八条）であって、それこそ泰盛の主導によって弘安の徳政の綱領として出されたものであると指摘された。したがって先の理解と真っ向から対立するのが新御式目ということになるのであるが、実際はどうなのであろうか。次に検討してみよう。

新御式目は全三十八ヵ条からなる。前半と後半にわかれていて、前半には何も注記はないが、後半二十ヵ条については「条々公方」の注記がある。内容からみて注目されるのは、その公方条々の注記のみえる後半部分で、第十九条「九国社領止二甲乙人売買一、如レ旧可レ致二沙汰一事」や第二十三条「越訴事、可レ被レ定ニ奉行人一事」、第二十四条「鎮西九国名主、可レ被レ成ニ御下文一事」などの条項は、とくに以後の幕府政治の方向を決定づけたものである。また全体としては「寺社領」や「御領」「御牧」などの所領政策、「臨時公事《くじ》」「所領年貢」「路次送夫」「垸飯《おうばん》」などの年貢・公事政策の方針がひろく規定されている。全三十八ヵ条の条数といい、「新御式目」の名称といい、これは貞永の御成敗式目を意識しつつ、新たな政治体制を目指して制定されたものといえよう。

このように画期的な法令ではあるが、その具体像となると容易に把握しがたい。たとえば各箇条は「可レ被レ止ニ雑掌一事」などと、事書のみが記されているに過ぎず、具体的内容を欠いているばかりか、どこで、誰によって定められたものなのかも判然としない。そうした漠然としているなかで、途中に「条々公方」とある部分に注目された網野氏は、前半部と後半部が同一の問題についてそれぞれ異なった規定の仕方をしていると指摘されている(39)。すなわち、

その違いは、前半部が将軍の私的・個人的な問題を規定する、という性格をもつのに対し、後半部はその公的な活動を規定する、やがて法令として公布さるべきである、という点に求められる。

と述べられている。さらに、

しかも、それは全体として通常の法令の形をとっていない。「可被……事」という、いわばこの時期、将軍が私的・公的になすべきことを規定した式目なのであり、そこにもこの新式目の特異性を見出すことができる。

と全体の性格をまとめられたのであった。公方という語からこの法令の問題点や特徴をまことに鋭くつかれたものである。ただ気になるのは、公方がすなわち将軍の公的部分であるとみなす考えであり、全体を将軍のなすべき条項とみる理解である。だが一体、当時の将軍にそれだけの力があったのであろうか。この法令の制定は、執権時宗の死の直後にあたる。もしその時に将軍にこれだけのことが求められたならば、幕府は大きな動揺をきたし、恐らく将軍の追放にまで発展したことであろう。しかしその事実はない。とすれば、この法令は時宗の跡を継承した新得宗の貞時《さだとき》に求められたと考えるべきではなかろうか。

時宗の急死という重大な局面において、幕府内部に走る危機感と動揺のなか、貞時の下に結集して新たな体制の構築が図られた。それがこの法令に結晶させられたとみる見方がすなわちこれである。新御式目は得宗の代替りに発せられた法であり、その代替りとともに弘安の徳政が推進されたという風に理解するものである。ではそうした理解が果たして可能なのであろうか。さらに法令を吟味してみよう。

まず前半の十八ヵ条についてみてゆくと、第三条「可レ有ニ御学問一事」はまだ十四歳の得宗に対し、第四条の「武道不レ廃之様、可レ被レ懸ニ御意一事」は、武人である得宗に対して求められたとみた方が、二十一歳の将軍惟康王《これやすおう》に求められたとみるよりもいかにもふさわしい。ついで第五条に「内談三箇条、可レ被ニ聞食一事」とみえる「内談」も、将軍が聞し食すというより、得宗が寄合のような場で聞くとみた方がよいと考えられる。『沙汰未練書《さたみれんしょ》』に「御寄合事」と題して、「評定衆中ニ宗人々有二御寄合一、秘密御内談在レ之也」と説明されているが、第五条の「内談《ないだん》」はこれをさすのであろう。一方、後半の公方条々には、この内談の語がなく、かわって「御評定《ごひょうじょう》」の語がみえるのも、前半が得宗に私的に求められていたことを物語っていよう。

ついで三ヵ条にわたり「殿中《でんちゅう》」の語がみえる。第七条の「殿中人々、毎日可レ有二見参一事」、第十条「殿中人礼儀礼法、可レ被レ直事」、第十五条「依二諸人沙汰事一、殿中人、不レ可レ遣二使者於奉行人許一事」である。これらの「殿中」の表現は『永仁三年記』の二月十六日条に「南都事書取捨了、但内々以二殿中仁一被レ上二京都一、事次第委細被二尋問一」とみえる「殿中仁《じん》」の「殿中」と同じであろうし、『親玄僧正日記』正応六年四月二十二日条に「寅初殿中以外騒動、可レ被レ打二平禅門一之故也」の「殿中」と同じであろう。前者の「殿中仁」として派遣された「安東新左衛門」は得宗被官であり、後者の「殿中」とは得宗貞時邸である。「殿中」とは得宗邸をさし、「殿中人」は得宗邸に仕える人々をさすのであった。(40)

後半の公方条々において、この殿中に対応するのは「御所《ごしょ》」であるが、殿中と御所ではどう違うのであろうか。ややさかのぼる例であるが、寛元四年（一二四六）五月、得宗時頼と将軍大殿頼経との関係が悪化した時、頼経の使者として時頼邸にやってきた藤原定員は、「殿中」に入るべからずとの下知により退出させられ、一方、「御所中」に侍宿していた頼経側近の名越光時《なごえみつとき》は御所を退出して、そのまま落飾している。(41) ここに明らかなように、得宗邸が「殿中」であり、将軍邸が「御所中」であるという違いのあることがわかる。かくして前半は、得宗に私的に望まれた条々であるといえよう。

このように、前半十八ヵ条は全体として得宗に求められた条項であったが、それは後半が公方条々であることによく対応するものである。とはいえ、得宗の私的な活動が幕府法として規定されるというのは、きわめて異例ともいえようが、実はこの年の前後には幕府法に大きな変化がみられるのである。新御式目の出された弘安七年の前年の四月、「恒例臨時公事間事」と題する法令（追加法四九〇条）が出され、それは『貞応弘安式目《じょうおうこうあんしきもく》』などの幕府法令集に収載されているが、それには「御内」の傍注があり、時宗の袖「御判《ごはん》」が加えられていた。すなわちこの時期には得宗の御内の法令が幕府法と同一視される傾向にあったことがうかがえる。そうであれば、新御式目の前半十八ヵ条が、御内条々とでもいうべき条項であっても一向にさしつかえない。

ただそのことの注記がみえない点は問題となるが、それは新御式目全体が得宗主催の寄合で定められたことによるのではなかろうか。寄合で定められたとすれば、得宗に求められるのは当然のことであったから、特別にそのことを記す必要はなかったに違いない。また新御式目が通常の法令の形式をとっておらず、すべて事書のみで表記されているのも、寄合で定められたと考えればまことによく理解されよう。さらに得宗貞時が執権となるのは七月七日で、この時にはまだ貞時は評定の場に出席していないことも参考となる。

こうみてくれば、後半の公方条々の「公方」も将軍の公的側面を意味するものではなかろう。第二十三条にみえる「越訴事《おっそ》」や第三十二条にみえる「御評定」は、将軍がそれに関与するのではなく、得宗が関与するのである。「直垂折烏帽子《ひたたれおりえぼし》」（第三十二条）とか「直垂立烏帽子《たて》」（第三十三条）で出仕するのは、得宗でなくてはならない。だからそこでの公方《くぼう》とは、将軍を含んだ幕府の公的側面であると理解すべきであり、公方条々とは、その公方において得宗がなすべき箇条が列挙されたものであるといえよう。すなわち得宗は、公方の名においてこれらの箇条を実現するのである。

網野氏も指摘されるように、公方の語はこの頃から頻繁に使われるようになる。氏はそれをさして、得宗と将軍との間をはっきりと区別してゆこうとする政策の一環であると説かれたのであるが、これまでの分析から照らしてみれば、そうみるべきではなく、得宗が将軍の親裁事項に積極的に関与をした結果、その関与した領域を「公方」とよぶ必要が生じた結果であろう。得宗は将軍にはなりえない、という絶対的な条件の下で、得宗が将軍の諸権限をとってかわって行使する必要から「公方」の詞を意識的に使ったとみたい。

だがしかし、それは決して将軍の権限を吸収するためだけのものではなかったろう。これまでの権限を越えて、幕府がさまざまな領域に進出してゆくうえで、公方の詞が是非とも必要とされたのでもあった。蒙古襲来を契機に本所一円地の住人に関与して以来、地頭御家人のみならずひろい階層に幕府は支配を及ぼしていった。その支配の正当性、権力の正当性の主張が公方の語に表現されているとみたい。

以上から、弘安七年に制定された新御式目は、御内条々と公方条々とからなり、その条項を強力に推進してゆくべき主体は得宗であったことが明らかになったと考える。公方と御内とは、得宗の二つの側面、あるいは支配すべき二つの領域であった。そしてここに幕府の新たなる体制、得宗専制体制が成立したのである。ただ問題となるのは、そうみると、弘安の徳政全体およびこの式目の制定に大きくあずかったとされる安達泰盛の評価であろう。

網野氏は「このような式目を制定し、強力かつ厳格な改革を実施しえた人は一体だれなのか。私は躊躇なく安達泰盛をあげる」と指摘された。その泰盛について、佐藤氏は「将軍権力の恐らく最後の代弁者として、得宗の専権を抑える役割を一身に担った」(42)といわれ、石井進氏は「執権政治体制の最後の護持者」(43)といわれている。ところが今までみてきたところによれば、泰盛はそれらの評価とは逆に得宗専制体制を切り開いたとも評価されることになろう。

ここで想起されるのは、泰盛が得宗の外戚であり、時宗の時代からの寄合の重要メンバーであった事実である。村井章介氏も指摘するごとく、得宗専制体制の柱とみても決しておかしくはない(44)。では泰盛の「執権体制の最後の護持者」としての側面はどうなるのであろうか。それこそ得宗の「公方」的側面であろう。すなわちすでに指摘した得宗の二つの側面、ないしは二つの領域についてみれば、その「御内」の側面・領域を代表したのが、御内人の筆頭「内管領《うちかんれい》」であり、泰盛の方は「公方」の側面・領域を代表したといえるであろう。そう考えると、泰盛が一方では得宗専制体制を切り開き、他方で執権政治の進展のなかで定着した幕府政治の理念を追求していったのも、よく理解できるに違いない。

しだいに権力が得宗個人に集中しつつあった幕府の政治は、得宗時宗の突然の死によって大きく揺れ動いた。この危機に応じて幼い得宗を擁し早急に政治体制を築かねばならない。そこで泰盛は、得宗を中心とした政治の制度化を追求した。得宗の御内人の勢力を御内の領域に固定する一方、公方において得宗のなすべき政治・裁判のあり方を定めた。それによりどんなに脆弱な得宗でも幕府政治を推進してゆける体制を整えたのである。これこそが得宗の専制化の到達点、得宗専制体制であった。

そうした得宗専制体制の政治構造は、寄合という政治の場において、内管領平頼綱と得宗外戚《がいせき》安達泰盛が、ともに得宗貞時を補佐しつつ対立と妥協とによって政治を運営する、というものである。したがって弘安八年（一二八五）の霜月騒動は、その両者の政治的均衡が破綻したことからおきた事件にすぎない。これをもってはじめて得宗専制体制が成立したという見解もあるが、そうではない。この事件でもって泰盛を滅ぼした頼綱も、やがては貞時に滅ぼされることになるのであるから。

さて、以上のことを、安堵と理非という側面からみれば、その二つながらを得宗が掌握し、それぞれについての領域を明確化した時期、これこそが得宗専制体制といえるであろう。安堵と理非とが未分化なまま将軍に掌握されていた将軍独裁体制の時期、それが分化しつつ将軍と執権とに分掌されていた執権体制の時期を経て、この得宗専制体制の時期に到達したのであった。

おわりに

将軍独裁という体制に始まった鎌倉幕府は、こうして得宗専制という体制に変質してしまった。その際、独裁も専制も権力のあり方は何も変わらないではないか、という問いがあるいは生まれてこよう。確かに両者は権力の集中という面では同じ性格をもつのであるが、将軍独裁の場合、独裁者は名実ともに権力の主体であって、その権力は内外から常に問われ続け、政治的責任が追及されるものであった。実朝や頼家が倒されたのも、そのことと関係があろう。

だが得宗専制は違う。公方はあくまでも将軍が中心であり、真の権力の主体であり専制者たる得宗は政治的責任を回避することができた。何か問題があれば、将軍が追放されるか、あるいは得宗を補佐する御内人か外戚のいずれかが滅ぼされる形で処理された。得宗専制体制によって鎌倉幕府が弱体化せざるをえないのは、実はこうした体制の構造によるものといえよう。鎌倉末期になればなるほど、得宗領は増加し、得宗権力は強化されていった。しかしそれは、幕府の体質を強化させることにはつながらず、ひとり得宗の権力を肥大化させたに過ぎない。

それでもなお幕府が安定した政治を維持できたのは、得宗とそれを補佐する御内・外戚の三極の政治構造によるところが大であったろう。貞時は遺言として、内管領の長崎円喜《えんき》と高時の舅安達時顕《ときあき》の二人に「世ノ事」を申置いたため、この御内・外戚の二人は、「正体無シ」とまで評された得宗高時《たかとき》を補佐し、「申談ジテ、如レ形無二子細一テ、年月送リケリ」と政治を運営したという。[45]

得宗専制体制は、結局は後醍醐の「謀叛《むほん》」に加担した足利・新田《にった》の有力御家人によって倒されたが、新たに成立した室町幕府の体制も、この得宗専制体制から大きな影響を受けていると考えられる。得宗に対応するのは将軍尊氏《たかうじ》であり、御内と公方の領域はそれぞれ高師直《こうのもろなお》と足利直義《ただよし》が代表することになる。その体制が得宗専制体制とどう違い、またどのような問題点を含んでいたのか、といった点は今後の課題といえよう。

注

（1）この点についての最近の主要な研究をあげると、上横手雅敬「執権政治」（『国史大辞典』巻六、吉川弘文館、一九八五年）、新田英治「鎌倉幕府の成立」「公武権力の対抗」「得宗専制政治」（以上『日本歴史大系』2、山川出版社、一九八五年）が諸説をまとめており、佐藤進一『日本の中世国家』（岩波書店、一九八三年）は三段階の見解を最も鋭くかつ明快に提起した氏の近著である。

（2）『吾妻鏡』治承四年八月十九日条。

（3）同右正治元年四月十二日条。

（4）以下幕府法は、『中世法制史料集』巻一、鎌倉幕府法（岩波書店、一九五五年）により、その条数のみ記す。

（5）網野善彦「『関東公方御教書』について」（『信濃』二四―一、一九七二年、後に『日本古文書学論集五』、吉川弘文館、一九八六年）。
（6）①は『吾妻鏡』承久元年七月十九日条、②は同貞永元年七月十日条。
（7）『吾妻鏡』建仁三年十月九日条、同元久元年七月二十六日条。
（8）『鎌倉幕府裁許状集』（吉川弘文館、一九七〇年刊）所収の関東・六波羅・鎮西下知状はすべて本文に述べた通りである。
（9）鎮西探題の成立をめぐっては、確定判決権がいつ付与されたかが問題とされることが多いが、そのことを探題の要件と考えれば、六波羅にはついに確定判決権は与えられなかったのであるから、探題として成立をみなかったという議論も生まれてこよう。
（10）「益永文書」（『鎌倉遺文』二八九四号）。
（11）「春日神社文書」（『鎌倉遺文』二九一四、二九一五号）。
（12）相田二郎『日本の古文書』上、岩波書店、一九四九年。湯山賢一「北条義時執権時代の下知状と御教書」（『国学院雑誌』八〇―一二、一九七九年、後に前掲『日本古文書学論集　五』に再録）。
（13）一例をあげると、貞応二年十二月八日関東御教書（「島津家文書」『鎌倉遺文』三一八七号）。これは泰時充ての御教書である。なお湯山前掲論文は、当時鎌倉殿不在であったため、「鎌倉殿御教書は発給できない状況であった」と指摘しているが、この例のように「仰」の詞をもつ関東御教書も存在している。氏はさらに「御奉行」の詞をもつ奉書は、鎌倉幕府奉行人奉書とよぶべきであり、それを関東御教書とするのは古文書学的に厳密な表現ではないとも述べられているが、その根拠を、御教書とは「朝廷に倣い、極めて形式を整えている点」にあるとするならば誤りである。後述するごとく、この「御奉行」の文書も、朝廷で使われている御教書の形式を導入したものだからである。

（14）相田前掲注（12）書、四四八・四四九頁。

（15）「壬生家文書」（『平安遺文』補七二号）。

（16）拙稿「荘園・公領と記録所」（『院政期社会の研究』山川出版社、一九八四年）。

（17）ここで問題となるのは、『吾妻鏡』が時政や義時を執権と称している点である。建仁三年の実朝の政所始での「別当遠州（時政）」の行動をさして「執権」とよんでいるのが初見であり、元久二年閏七月二十日には、時政を伊豆に追った義時が「執権事」を奉ったと記している。この執権の語は、先にみた傍例の「執事」の語に照らして考えれば、後世の編纂になる『吾妻鏡』が「執権」と言い替えたものとみられる。当時、朝廷での執権の用法は記録所の執権（弁）にみえる程度で、院庁や摂関家では「執事」の語が多く使われていた。また後見と執事との近似関係からみても、時政・義時は執事とよばれていた可能性が高いと考えられる。この点については杉橋隆夫「鎌倉執権政治の成立過程」（『御家人制の研究』、吉川弘文館、一九八一年）参照。

なお杉橋論文は、執権政治を北条氏の独裁・専制体制とみて建仁三年以後の時政・義時の時期を問題にしているが、そこではあまりに北条氏の政治的行動のみが強調され過ぎ、将軍の政治的位置や行動が無視されている。いかに政治力が卓越したからといって時政や義時の場合は、独裁や専制とはいえない点に注意しなければならない。

（18）『吾妻鏡』正治元年四月一日、十二日条。

（19）元久元年十二月十八日政所奉行人連署下知状（「集古文書」『鎌倉遺文』一五〇九）。これは「下　武蔵国別符郷百姓等所」で始まって、「依二鎌倉殿仰一、下知如レ件」で終わり、中原（大江）広元以下四人の政所奉行人が連署している。同じ二年五月二十八日には同様の政所奉行人による地頭職停止の下文が出されている（「中院家文書」『鎌倉遺文』一五四九号）。

(20) 建保四年八月十七日政所下文（「壬生家文書」『鎌倉遺文』二二五八号）。後年の幕府下知状の紙継目裏判の制が想起される。

(21) 建保二年十二月二十四日関東御教書（田中稔「醍醐寺所蔵『諸尊道場観集紙背文書』」『醍醐寺文化財研究所研究紀要』七）のほか、『吾妻鏡』『鎌倉遺文』に多数うかがえる。

(22) ジェフリー・P・マス「鎌倉幕府初期の訴訟制度」（『古文書研究』一二、一九七九年）、拙稿「源実朝―将軍独裁の崩壊」（『歴史公論』五―三、一九七九年本書第II部一に収載）。なお杉橋隆夫「執権・連署制の起源」（『立命館文学』四二四～四二六号、一九八〇年、後に前掲『日本古文書学論集　五』に再録）は、北条氏独裁の観点から拙稿を批判している。批判点は多岐にわたるが、その主要な論点は、拙稿が実朝の意志と行動とみなした部分をすべて義時のそれと考えるべきだとする点にある。政所別当九人制も義時の考えた人事であり、侍所の改革も実質的には義時の意向であるという。しかし「政所の実質的運営責任者」「北条氏の着実な実力向上」「執権別当職そのものの実質的権限」「幕府の実質的総攬者」と、次々と「実質」の語が行論中に展開されるにもかかわらず、その実質の具体的内容となると、ほとんど明らかにされていないのはどうしてであろうか。その内容なくしての批判はあまり意味がないのではないか。また政所は、あくまでも実朝の政所である。実朝の成長とともに政所の権限は実朝に掌握されてゆくとみるべきである。北条氏が政所を握ったとしても恒常的に維持されたわけではない。

ただ拙稿にも誤りがあったのでここで訂正しておく。一つは政所別当の「左衛門権少尉源朝臣」を源頼定と速断した点であり、もう一つは頼朝時代の政所別当源邦業の存在を見落として「一門を家司に補佐したことはかつてなかったことである」と指摘した点である。前者は杉橋氏の指摘のように大内惟信とみた方がよいと考えられるが、その変更により所論の変化はない。後者についても邦業は次の将軍職を狙うような有力一門ではない故、所論に変化は生じない。

(23)「石志文書」『鎌倉遺文』三〇三二号。

(24)『吾妻鏡』元仁元年六月二十八日条。

(25)同右元仁元年閏七月三日条。以下特別に断らない限り、史料引用は『吾妻鏡』による。

(26)『明月記』嘉禄元年十月二、六日条。

(27)『百練抄』嘉禄元年十月二十九日条。

(28)景綱・盛綱・光成については佐藤進一『鎌倉幕府訴訟制度の研究』(畝傍書房、一九四三年)「御内と外様」参照。時貝については『吾妻鏡』元仁元年六月二十八日条、嘉禎三年四月二十二日条。

(29)近藤成一「文書様式にみる鎌倉幕府権力の転回」(『古文書研究』一七・一八合併号　一九八一年、後に前掲『日本古文書学論集　五』に再録)。

(30)佐々木文昭「鎌倉幕府評定制の成立過程」(『史学雑誌』九二―九、一九八三年)。

(31)庭中訴訟は、追加法三五五条に「以二評定之隙一、常可レ有二其沙汰一」とみえ、執権に聴断権のあったことがわかる。

(32)佐藤前掲注(1)書第二章第三節。なお木内正広「鎌倉幕府恩賞の構造」(『日本史研究』二九二号、一九八八年)は、将軍の親裁下での恩賞のあり方を追究して、将軍頼経の時代には政所の高級職員が恩賞業務に関与したことを指摘しつつ、評定衆の「合議」制は恩賞のような議題に「なじまない」とみている。ところが頼経の後になると、恩賞が評定会議の議題となっていることをもあわせて指摘しているので、「なじまない」という評価はおかしいのであって、恩賞の権限をめぐって評定に依拠する執権と将軍親裁との権限区分や争奪がなされていたと理解すべきであろう。

(33) 青山幹哉「鎌倉幕府将軍権力試論」(『年報中世史研究』八号、一九八三年)は当該期の将軍権力の周辺を究明して、そこに執権派との対立のあったことを問題とし、佐藤前掲注(1)書はその対立の政治史を具体的に分析、叙述している。

(34) 上横手雅敬「鎌倉幕府と公家政権」(『岩波講座日本歴史』五、岩波書店、一九七五年)は、得宗専制を幕府と公家政権との関係を視野に入れて考えるべきことを提唱し、村井章介「執権政治の変質」(『日本史研究』二六一号、一九八四年)は、皇族将軍の擁立が得宗と執権との分離を促進したことを指摘している。

(35) 佐藤前掲注(1)書、一二七、一三〇頁。

(36) この改革の意義については佐藤前掲注(28)書。

(37) 笠松宏至「中世の安堵」(『日本の社会史』4、岩波書店、一九八六年)。

(38) 網野善彦『蒙古襲来』(『日本の歴史』一〇、小学館、一九七四年)、二三七頁。

(39) 網野前掲注(5)論文。以下網野論文からの引用はすべてこれによる。

(40) さらに殿中の用語をみると、『親玄僧正日記』に頻出しており、正応五年九月十三日条では、「自二大守一(貞時)、使者」として長崎木工左衛門尉、南条二郎左衛門尉の得宗被官が親玄の許にやってきて、「於二殿中一、北斗護摩七ケ日可二勤修一之」と伝えている。

(41) 『吾妻鏡』寛元四年五月二十五日条。

(42) 佐藤前掲注(1)書、一五五頁。

（43）石井進「『竹崎季長絵詞』の成立」（『日本歴史』二七三号、一九七一年）、同「『蒙古襲来絵詞』と竹崎季長」（『鎌倉武士の実像』平凡社、一九八七年）。
（44）村井前掲論文。
（45）『保暦間記』。高時の時代の得宗と円喜・時顕の位置・関係については、筧雅博「道蘊・浄仙・城入道」（『三浦古文化』三八号、一九八五年）参照。

第III部

『吾妻鏡』北条本は金沢文庫本を祖本とし、紅葉山本として伝えられた。

一　『吾妻鏡』の筆法

『吾妻鏡《あずまかがみ》』はいかに作られたのか、そこにはどのような編集上の特質があるのか、またそれはどのように利用すればよいのか、こうした基礎的な問題を考えることが本稿の目的である。八代国治《やしろくにじ》著の『吾妻鏡の研究』（以下、八代著と略す）がこの点では古典的な地位を占めているが、(1)もう一度、現時点で改めて考察することとしたい。

まず『吾妻鏡』に所載されている文書に注目する。『吾妻鏡』に載る文書には、鎌倉幕府の性格を考える際に重要な手掛かりをあたえてくれるものが多く、そうした文書の位置づけと、文書が載せられるようになった理由などに触れたい。

続いて『吾妻鏡』に見える交名《きょうみょう》に注目するが、とくにそこに登場する人々の所職《しょしき》や名字の名乗りについて、彼らがどうしてこのように呼ばれたのかを考え、その存在形態にアプローチしよう。

さらに『吾妻鏡』の地の文がいかに作られたのかを、記録の引用の在り方から考察し、そのことを通じて、最終的には『吾妻鏡』の編纂時期や編纂者、またその編纂意図についても考えてみることとする。

1　『吾妻鏡』に載る文書

『吾妻鏡』には多くの文書が載せられているが、その文書は幕府の性格をよく示すとともに、『吾妻鏡』の原史料を考える際に役立つものであり、拙稿「『吾妻鏡』の構成と原史料」（以下、五味稿と略す）は後者の点について指摘した[2]。そこでさらに『吾妻鏡』に所載されている文書の性格を総合的に捉え直してみたい。

(1)　文書の性格を探る

まずは次の治承四年（一一八〇）八月十九日条に「関東事施行之始」として載る頼朝下文《くだしぶみ》を見ることにしよう。

下　蒲屋御厨住民等所

　可㆔早停㆓止史大夫知親奉行㆒事

右、至㆓于東国㆒者、諸国一同庄公皆可㆑為㆓御沙汰㆒之旨、親王宣旨状明鏡也者、住民等存㆓其旨㆒、

可㆓安堵㆒者也、仍所㆑仰、故以下、

　治承四年八月十九日

伊豆の蒲屋御厨《かまやのみくりや》の住人に対して、史大夫知親《しのたいふともちか》の奉行を停止《ちょうじ》したことを伝える下文であり、東国の「諸国一同庄公」が頼朝の沙汰《さた》であるという「親王宣旨《せんじ》」を引用していることでつとに注目されてきている。しかし「親王宣旨」とあって以仁王令旨《もちひとおうりょうじ》とないことや、書止文言を見ると、「仍所ㇾ仰、故以下」とあり、不審なこと、また充てられた伊豆の蒲屋御厨の住人と奉行を否定された史大夫知親との関係が本文では少しも示されておらず、意味がよく通じないことなどから、早くから八代著などにより偽文書《ぎもんじょ》の可能性が指摘されてきた。

ところが、その後の研究により、以仁王令旨が「最勝親王宣旨」として流布されていた事実とその意味とが明らかにされるに及んで、(3)さらに書き止めの「仍所ㇾ仰、故以下」も、書写の際に「仍所ㇾ仰」と「故以下」の間に「如ㇾ此」ないしは「如ㇾ件」の字が脱落してしまったと考えればよいことから、むしろ信頼性ある文書とみなされるようになってきている。

残るは伊豆の蒲屋御厨住人と史大夫知親の奉行の関係が問題となるが、これも史大夫知親が摂関家に文筆で仕えていた中原知親であって、『十訓抄《じっきんしょう》』一の四四話には「長面の進士」としてその話が見えることからして、伊豆の目代《もくだい》であった可能性が高くなり、問題点は解消されつつある。(4)この下文が、伊豆の武勇の目代であった和泉判官《いずみはんがん》平（山木）兼隆を頼朝が討った直後に発されたものであることを考えれば、目代のなかでも文筆の目代の権限を否定する意義を持つものであり、まさに「関東事施行之始」にふさわしい文書といえることになる。

その内容は、頼朝が挙兵の初期から東国の支配について積極的な構想を抱いていたことを物語るものである。それは住民の安堵《あんど》を標榜したもので、頼朝の幕府が武士の集団のことをのみ考えていたわけでは決してなかったことを示しており、当初から東国の住民統治に強い関心を抱いていたことがここから知られる。

この延長上に寿永三年（一一八四）二月の頼朝の「朝務」奏状《そうじょう》が位置していよう。『吾妻鏡』元暦《げんりゃく》元年（一一八四）二月二十五日条に載るその奏聞《そうもん》の条々の第一条において、頼朝は「徳政」を朝廷に求めるとともに、東国の国々は謀反の追討によって「土民」が無いがごとき状態なので、浪人らが旧里に帰住し「安堵」させるようにすべきである、と要請している。頼朝が構想したのは、単に武士の集団からなる武家政権ではなく、東国の住民の安堵を謳った政権であったことを、これらの文書は示唆している。

ところで先の下文はどのようにして残され、『吾妻鏡』に載ることになったのであろうか。文書が出された直後に頼朝は伊豆から相模に逃れており、また文書が「関東事施行之始」という古書《きっしょ》の性格を有していることからすれば、頼朝側近などの極めて限定された人々の知るところのものであったろう。そうであれば、注目されるのは「邦通」が「奉行」していたと記されている点である。

藤原邦通《くにみち》はこれ以前の同年六月二十二日に頼朝が京にいる三善康信に充てた感状の執筆を行なっているのを始めとして、七月五日には頼朝が走湯山《そうとうさん》の覚淵《かくえん》に充てた御書を奉行しており、挙兵時の頼朝

表1　奉行人関与の文書（文治二年まで）

年月日	文書名	奉行人・執筆人
治承四年六月二十二日	頼朝感状	執筆　藤原邦通
七月五日	頼朝御書	奉行　邦通
八月十九日	頼朝下文	奉行　邦通
十二月十四日	頼朝下文	執筆　邦通　奉行北条時政・土肥実平
治承五年七月二十日	頼朝下文	奉行　成尋
八月晦日	祈祷注文	奉行　昌寛
元暦元年四月二十三日	頼朝御書	奉行　藤原俊兼
七月二日	頼朝下文	奉行　俊兼
十月二十八日	頼朝御書	奉行　俊兼
文治元年四月二十四日	頼朝下文	奉行　俊兼
五月八日	鎮西施行条目	奉行　俊兼
六月十三日	平家没官領処分	奉行　俊兼・大江広元
六月十六日	頼朝御書	奉行　俊兼
六月二十日	頼朝下知	奉行　俊兼
七月十五日	頼朝下知	奉行　俊兼
文治二年六月十一日	頼朝書状	奉行　二階堂行政
七月二十八日	頼朝御書	奉行　俊兼
八月五日	頼朝請文	奉行　平盛時
十月三日	京進解文	奉行　行政
十一月二十四日	頼朝請文	奉行　三善康信・俊兼

の右筆《ゆうひつ》の役割を担っていたことが知られる。「大和判官代」と称され（六月二十二日条）、「洛陽放遊客」と見えること（八月四日条）からすれば、京での活動を経て、伊豆に下ってきて頼朝に仕え、その右筆として活動するようになったものと見られる。山木兼隆の居所に赴いて、その周囲の地形を図絵して頼朝の軍士に伝えたという、密偵まがいのことも行っている（八月四日条）。

そうであれば、この邦通の記していた記録が、治承四年（一一八〇）の『吾妻鏡』の原史料となった可能性があるが、その点については早くから指摘されているところでもある。そこで『吾妻鏡』に見られる文書の奉行や右筆を探ってゆくと、初期の段階には表1のような結果が得られた。

これによれば、治承四年には邦通が頻出しているが、その翌年にはなくなり、さらに元暦元年（一一八四）になると、四月二十三日に常陸《ひたちのくに》国の目代に充てた頼朝の御書を俊兼が奉じて以後、藤原俊兼関係の文書が圧倒的に多くなる。

こうした文書は、執筆に関わったり、取次に関わった奉行人の手元に残されていた可能性が高く、それが『吾妻鏡』の原史料とされたものとまずは考えられよう。『吾妻鏡』の原史料が何であったのかを考える上で貴重な情報を伝えてくれる文書群である。なお俊兼の記録が原史料として使われたであろうことについては、文治二年（一一八六）八月十五日条に見える、西行との武芸に関する問答を頼朝が俊兼に命じて記させた記事などを根拠にしてすでに八代著が指摘するところである。

したがって治承四年記は邦通の記録、元暦元年・文治元年記は俊兼の記録が『吾妻鏡』の原史料とされた可能性が高く、また文治二年以後については、二階堂行政の関わる文書が多くなることなどを根拠に、その記録が使われたであろうことをかつて指摘したことがある（五味稿）。たとえば文治二年十月三日条には頼朝の貢馬と奥州の藤原氏からの貢金とが幕府から京都に進められた記事があり、次のような主計允《しゅけいのじょう》行政の記した貢馬の「御馬」五頭の解文《げぶみ》が載せられている。

進上

御馬六疋
　鹿毛駮
　葦毛駮
　黒栗毛
　栗毛
　連銭葦毛
右、進上如レ件、
　文治二年十月三日

このような行政の執筆した文書が広く『吾妻鏡』には載っているのは、行政の記録に記されていたものが載せられた結果と見たのである。

かくして『吾妻鏡』の頼朝将軍記は邦通・俊兼・行政らの公事《くじ》奉行人《ぶぎょうにん》の記録が原史料とされた可能性が高いという結論に達した。そしてこのことから『吾妻鏡』の載る文書の一つの類型として、『吾妻鏡』が依拠した原史料の記録に載っている文書をあげたい。そこでさらに『吾妻鏡』に載る文書を広く調べながら、その類型化を試みることとしよう。

(2)　三つの類型

第二の類型の文書としてあげたいのは、治承五年（一一八一）七月二十日条に載る下総国御《しもうさのくにみ》厩別当《うまやべっとう》に充てられた次の頼朝の下文である。

下　々総国御厩別当所
　可㆔早免㆓除貢馬㆒事
　　行平所知事
右、件行平所知貢馬者、令㆓免除㆒畢、仍御厩別当宜㆔承知勿㆓違失㆒、故下、

鶴岡《つるがおか》若宮の仮殿上棟の儀式にまぎれこんでいた不審な人物が捕えられた時の一件で、下河辺《しもこうべ》庄司《しょうじ》行平の発言が頼朝に激賞され、行平が恩賞に預かった際の文書である。年月日が記されておらず、頼朝の署判《しょはん》もなく、これも真偽が疑わしい部類に属していよう。

しかし内容は下総国の御厩別当に対して、下河辺庄司行平の提出すべき貢馬の免除を伝えたものであり、頼朝の東国支配権の権限内容から考えるならば、ここでの頼朝の立場はよく理解できる。

頼朝は富士川の合戦に勝利した後、十月二十三日に相模の国府において新恩《しんおん》や安堵を実施し、下河辺庄司行平に対しては、元のごとく「下河辺庄司」たることを安堵しており、その延長上において、貢馬の免除特権が行平にあたえられたものといえよう。地の文には「成尋《じょうじん》」が奉行したと見えるが、

成尋は義勝房と称し、幕府では主に寺社関係の奉行を行っていて、小野家長の父であったというから(建久二年正月二十四日条)、武蔵の横山牧《まき》などを管理する小野党の出身と知られるので、このような馬に関わる奉行ともなったのであろう。

またこの事実は、頼朝が広く東国の貢馬を管掌していたことをも物語っている。つまり貢馬は東国各国の御厩別当を通じて幕府に送られ、さらに京進する体制として整えられていったことが指摘できよう。(5) 幕府は奥州の藤原氏の貢馬貢進権を奪って、貢馬を行うようになったという理解がこれまでなされてきたが、(6) 実は挙兵の初期から馬の貢進を担っていたのであった。事実、すでにあげた二階堂行政執筆の解文にもあるように、文治二年(一一八六)十月三日には、頼朝の貢馬と奥州の藤原氏からの貢金とが幕府から京都に進められている。

では先の下文はどのようにして伝えられてきたのであろうか。成尋の記した記録によったということがまず考えられようが、『吾妻鏡』に見える成尋奉行の文書はこれだけなのでそうとはいえまい。そこでこうした権利関係の文書においては、その文書によって権利を獲得した人物の手元に残されるケースの多いことを考慮すれば、権利を獲得していた地頭御家人や寺社などから提出された文書が採用されたという可能性が最も考えられるところである。

その点を考えるために次に権利関係に関わる文書を『吾妻鏡』から抜き出し表にしてみた。

表2に見える文書はいずれも安堵や寄《き》進《しん》など地頭御家人や寺社の権利を保証するものであり、おそ

らくこれらは地頭御家人や寺社などの手元に由緒として伝えられたもので、何らかの契機により幕府の関係者が入手するところとなり、『吾妻鏡』の編纂に利用されたのであろう。

たとえば治承四年（一一八〇）十月二十一日の頼朝寄進状が三島神社の「矢田部文書」に、寿永三年（一一八四）四月五日の源頼朝安堵状が『久我家文書《こがけもんじょ》』に見えることはよく知られている。そうであれば、先の下総国の御厩別当に下した文書も、下河辺庄司行平の子孫が提出した記録によるものという想定がなされよう。

表2　権利関係文書一覧（元暦元年四月まで）

年月日	頼朝関係文書	内容
治承四年十月十六日	頼朝寄進状	箱根権現への神領寄進
十月十八日	頼朝請文	走湯権現への狼藉停止
十月二十一日	頼朝寄進状	三島明神への神領寄進
治承五年二月　日	頼朝奉免状	安房国須宮の万雑公事免除
九月十八日	頼朝下文	藤原俊綱遺領の安堵
十月六日	頼朝補任状	鶴岡若宮供僧職への禅誉・玄信の補任
十月　日	頼朝寄進状	鹿島社への神領寄進
治承六年正月八日	頼朝願書	伊勢神宮の東国神領安堵
五月二十五日	頼朝安堵外題	相模金剛寺住侶解状への安堵
五月三十日	頼朝下文	熊谷直実の所領安堵
八月五日	頼朝下文	鶴岡若宮供僧禅睿の万雑公事免除
寿永三年正月　日	頼朝寄進状	伊勢神宮への神領寄進
三月一日	北条時政下文	土佐国御家人の安堵
四月五日	頼朝安堵状	平頼盛の所領安堵
四月六日	頼朝安堵状	平頼盛の所領安堵
元暦元年四月二十三日	俊兼奉書	下河辺政義の所領安堵

行平については『吾妻鏡』に極めて多くの逸話的記事があり、また建久六年（一一九五）十一月六日には、行平の子孫は永く将軍家の門《もん》葉《よう》に準ずるべし、という内容の頼朝の御書が与えられたと見えるこ

となどからすれば、行平の記した記録が存在して、それが『吾妻鏡』の編纂に役立てられたということも考えられる（五味稿）。

こうした記録には、同じ行平でも、武蔵の御家人の小代《しょうだい》行平の記録の例が知られている。鎌倉後期に小代伊重《これしげ》が先祖の行平の記録に基づいて記した置文《おきぶみ》に見えるものである。その行平の記録には、奥州合戦での行平の勲功のほか、伊豆山に頼朝が参詣した時の逸話や、頼朝が建久四年（一一九三）に信濃三原野の巻狩に赴く途中の武蔵の大蔵宿での逸話、また建仁三年（一二〇三）の比企《ひき》氏の乱における行平の功名などが記されていて、その際に賜った下文・御《み》教書《ぎょうしょ》・御《ご》状《じょう》などが伝えられてきていることも語られている[7]。

『吾妻鏡』には、小代行平の記録を参照した形跡はないが、このような御家人の作成した記録なども、広く『吾妻鏡』の編纂に利用されたことであろう。下河辺行平の事績はそうした記録に載っていたに違いない。

ただ権利関係の文書であれば、時にそれらは偽文書の可能性もあるので、事実を探る上での問題は多々あろう。八代著は表2の文書のうち治承四年（一一八〇）十月十八日の頼朝請文《うけぶみ》、同年十月二十一日の頼朝寄進状、治承五年二月日の頼朝奉免状、治承六年五月三十日の頼朝下文、同年八月五日の頼朝下文などを検討して、いずれも後世の作成になるものと見ている。

たしかに偽作の可能性は高いが、これらの文書は『吾妻鏡』の成立時期を考える上で重要な手掛かりをあたえてくれる。というのもその多くは相論《そうろん》などを契機にして幕府に提出された可能性が高く、その相論の時期さえわかれば、『吾妻鏡』の編纂時期がある程度、特定されることになる。

かくして第二の類型は、由緒として提出された記録などに載る文書、ということになろう。なお元暦元年（一一八四）四月二十三日の俊兼奉書《ほうしょ》については先に第一の類型として指摘したが、俊兼の記録によったと見るよりは、その権利関係を重視して下河辺政義の子孫の提出した記録によったものと見るべきかもしれない。

さらに第三の類型の文書として上げたいのは、寿永三年（一一八四）三月九日条に載る寿永三年二月十八日の宣旨である。同年二月十八日に出され、三月九日に鎌倉に到着したことから、三月九日条に載ったものである。

寿永三年二月十八日　宣旨

近年以降、武士等不レ憚二皇憲一、恣耀二私威一、成二自由下文一、廻二諸国七道一、或押二黷神社之税一、或奪二取仏寺之仏聖一、況院宮諸司及人領哉、天譴遂露、民憂無レ定、自今以後永従二停止一、敢莫二更然一、前事之存、後輩可レ慎、若於レ有二由緒一者、散位源朝臣頼朝相二訪子細一、触レ官言下上不二道行一旨上、猶令二違犯一者、専処二罪科一、不二曾寛宥一、

蔵人頭左中弁兼皇后宮亮藤原光雅奉

頼朝は本文書によって武士の違乱《いらん》を取り締まる権限、さらに武士らの述べる由緒を調査して沙汰す

る権限をあたえられており、鎌倉幕府の基本をなす権限はここに朝廷から認められたことがわかる。これ以前の以仁王の令旨に基づく東国支配権や、それを継承した寿永二年（一一八三）十月の宣旨などは、東国に限定された権限であったのに対し、この権限は広く全国に及んでおり、後の守護地頭の設置につながる重要な権限であった(8)。

『玉葉《ぎょくよう》』寿永三年二月二十三日条には、同じ内容の宣旨が左大史《さだいし》の小槻隆職《おづきたかもと》が奉じる弁官方宣旨の形式で所載されており、『吾妻鏡』に載る形式とはやや異なるが(9)、それは『玉葉』の記主の九条兼実《かねざね》がこうした宣旨を小槻隆職から入手したことによるものである。同日条には寿永三年正月二十六日の平家追討の宣旨、源義仲追討の宣旨なども同じ形式で載せられている。

他方で、『吾妻鏡』に載る宣旨の多くの形式は、これや文治元年（一一八五）十一月二十五日の義経追討の宣旨などのように、蔵人《くろうど》が奉じる口宣《くぜん》の形式をとるのが普通であった。それは蔵人から上卿へと宣旨が伝えられる段階での文書が幕府に伝達されてきたためであろう。なお文治元年十二月二十九日条に載る十二月十七日の宣旨のみは、解官の宣旨という特殊なものであったので、外記《げき》の奉じた宣旨が到来している。

このように朝廷から幕府に到来した文書の多くは、幕府と朝廷に関する諸権利関係を規定する文書が多く、それらは鎌倉に到来した日に掛けて載せられている。そこでそうした幕府到来文書の一覧表を作成してみた（表3参照）。

これらは幕府の重要な権利を記す文書であったから、幕府に大事に保管され伝えられてきたものであろうか。しかるに『吾妻鏡』貞永《じょうえい》元年（一二三二）十二月五日条には、大江広元が存生の時に幕府の巨細を執行していた際、寿永・元暦以後の京都から到来した重書《じゅうしょ》や聞書《ききがき》のほか、「人々款状《かじょう》、洛中及南都北嶺以下」について武家が沙汰してきた記録や、文治以後の領家地頭の所務条々式目などの文書類が、右筆の方に渡されてきた結果、散在してしまっているので、北条泰時がこれらを集めて目録に整え、広元の孫の長井泰秀に送った、とある。おそらくこのようにして幕府の関係者に伝えられてきたものが利用されたのであろう。

なおこの記事からは、朝廷側から到来した文書のみならず、それらに対応する幕府の文書も同じく整理されていたことがわかる。

しかるに同じ宣旨であっても、京都で出された日に掛けて載せられているものも見える。文治元年

表3　幕府到来文書（文治二年十月まで）

年月日	文書名	所載年月日
治承四年四月九日	以仁王令旨	治承四年四月二十七日条
寿永三年二月十八日	宣旨	寿永三年三月九日条
元暦二年二月二日	院庁下文	元暦二年三月二十九日条
七月二十八日	院庁下文	八月十三日条
文治元年九月二十四日	後白河法皇院宣	文治元年十月十四日条
十二月十七日	解官宣旨	十二月二十九日条
十二月二十七日	除目聞書	文治二年正月七日条
文治二年正月二十五日	右中弁書状	正月二十五日条
二月三日	後白河法皇院宣・添状	二月九日条
二月　日	関東知行国荘園未済注文	三月十二日条
二月三十日	源義経追討宣旨	三月十四日条
十月八日	太政官符	十一月二十四日条
十月九日	後白河法皇院宣	十一月二十四日条

（一一八五）十月十八日の頼朝追討の宣旨や文治元年十一月十一日の義経追討の院宣、同十一月二十五日の義経追討の宣旨などがそれであり、さらに次の文治二年正月九日の北条時政下文を始めとする時政関係の文書が続く。

下　紀伊国高野山御庄々

可㆘早令㆑停㆓止兵粮米并地頭等㆒事

右件御庄々、彼山所㆑被㆓仰下㆒也、仍為㆑令㆑致㆓其制止㆒、雑色守清所㆓下遣㆒也、於㆓自今以後㆒者、可㆑令㆑停㆓止旁狼藉㆒也、且御庄々折紙遣㆑之、敢勿㆓違失㆒、故下、

文治二年正月九日　　平

京都にいた北条時政が高野山衆徒の訴えに応じて、高野山の庄々の兵粮米《ひょうろうまい》・地頭等を停止したものであり、時政が京に派遣されて朝廷との折衝や権門との交渉役を担っていた時の文書である。時政が上洛したのは、文治元年十月十八日に頼朝追討宣旨が出されたのを切っ掛けとしており、その後の文書の多くは京都で出された日に掛けて載せられていることがわかる。文治二年（一一八六）三月二日の後白河法皇院宣、同三月七日の院宣などもそれに該当する。したがって時政が在京中に記したり、あるいは集めた記録や文書などが幕府に保管され、伝えられ、それが編纂に利用されたのであろう。なお時政が幕府にその都度、鎌倉に届けてきた文書はそれぞれに届いた時の日付で『吾妻鏡』に載せられている。

かくして第三の類型は、幕府に特別な形で保管され伝わってきた文書、ということになろう。これと、すでに見てきた第一類型の原史料とされた記録に載る文書、第二類型の地頭御家人・寺社などが由緒として提出した記録に載る文書とをあわせて、『吾妻鏡』所載の文書は以上の三つの類型にほぼ分類されることがわかった。

したがってこのいずれかによって文書の性格は異なってくるので、その性格をよく把握して考察する必要があろう。ただなかにはいずれの類型とも考えられる文書もあるので、即断することには注意が要される。

(3)　注意すべき文書

『吾妻鏡』は編纂物であれば、それに載る文書を考える場合、編纂に起因する問題をも考慮する必要がある。八代著が指摘しているように、治承五年（一一八一）五月十九日の三河国目代大中臣《おおなかとみ》以通《もちみち》の送《おくり》文《ぶみ》、同奉書、同年五月二十九日の伊勢神宮禰宜《ねぎ》等請文などは、時期を一年も間違えて翌年の寿永元年（一一八二）の記事に載せられている。こうした誤って載せられた文書について考えてみたい。

たとえば文治三年（一一八七）四月二十九日条に載る伊勢国在庁解《げ》を見よう。これは先の分類にしたがえば、京都を経由して幕府に到来したものであって、第三の類型に属する文書であることから、真偽を疑う必要はないかに思われる。しかし、その日付が問題になってくる。

文治三年三月卅日

公卿　勅使伊勢国駅家雑事勤否散状事

合

一　勤仕庄

勧学院飯鹿庄 松本判官代盛澄知行　　多々利庄 四方田五郎弘綱知行

荻野庄 一方次官、一方中村蔵人　　常楽寺庄 山城介久兼

一　不㆓勤仕㆒庄

昼生庄 預所次官親能代官民部大夫範重　　富田庄 院御領工藤左衛門尉助経知行

豊田庄 地頭加藤太光員　　池田別府 同前

（中略）

末松名 渋谷四郎　　松高名 常陸太郎

有光名 白山別当

此外一志駅家饗三百前沙汰進㆑之

後院御庄内 葉若村・井後村・平野村・上野村・久吉村・河曲村・安楽村

已上皆无㆓沙汰㆒

介大鹿俊光

散位大鹿兼重
惣大判官代散位大鹿国忠

伊勢国の在庁が公卿勅使駅家雑事を納めない国内の荘園とその知行人《ちぎょうにん》を報告してきたものであり、広く「伊勢国地頭御家人」の名が記されているので貴重な史料となっている。(10)一見するだけでは問題は全くなさそうであるが、『群書類従《ぐんしょるいじゅう》』の『伊勢公卿勅使雑例《いせくぎょうちょくしぞうれい》』を見ると、この時期の伊勢公卿勅使は文治二年（一一八六）十二月二十日と同五年三月二十三日の二例があるのみで、文治三年三月には伊勢国に公卿が赴いた事実はない。

さらに、「昼生庄（預所《あずかりどころ》次官《すけ》親能代官民部大夫範重）」と見える藤原（中原）親能《ちかよし》は、文治三年二月十六日条や文治三年八月二十八日条など、文書の出された前後には美濃権守《ごんのかみ》と見えており、（斎院《さいいん》次官とあるのが問題となる。どうも日付が誤って載せられたものらしい。

そこで三月とあることに注目すれば、文治五年三月の例を誤ったことが考えられる。『玉葉』によれば、文治五年三月二十五日に勅使は出発し、四月三日に戻ってきており、その間の三月三十日に伊勢国の在庁から報告があったと考えることは可能である。

草字では三と五は間違いやすく、また『吾妻鏡』が年次を間違えて記事をよく載せていることも多くの記事からわかるので、これは切り張りの誤謬《ごびゅう》ということになろう。

おそらく孤立した形で文書が保管されていたために、記事が間違えて配列されてしまったのであろうが、そうであれば、次に掲げる著名な文治三年九月十三日の「時政」奉書についても日付を考え直す必要があるかもしれない。

摂津国為二平家追討跡一、无二安堵之輩一云々、惣諸国在庁庄園下司惣押領使可レ為二御進退一之由、被レ下二 宣旨一畢者、縦領主雖レ為二権門一、於二庄公下職在庁一者、一向可レ為二御進退一候也、速就二在庁官人一被レ召二国中庄公下司押領使之注文一、可レ被レ宛二催 内裏守護以下関東御役一、但在庁者、公家奉公无レ隙云々、可レ被レ止二文書調進之外役一候、兼又以二河辺船人一名二御家人一、時定、面々成二給下知状一云々、事若実者不レ可レ然、速可レ被二停止一、抑御室御領預所、称下数輩之寺官宛二催御家人役一之由上、有二御訴訟一、所詮三人寺官之外、可レ止二他人妨一之由、被レ申二御返事一、可レ相二存其旨一、依レ仰執達如レ件、

文治三年九月十三日　　平

頼朝に諸国の在庁庄園下司《げし》惣押領使《そうおうりようし》を進退する権限があたえられ、それにともなって頼朝が在庁官人に国中の庄公下司押領使の注文を作成する命令を出したことが語られている点で、注目を集めてきた奉書である。果たしてそうした権限が頼朝に認められていたのか、という点をめぐってはホットな意見が出されてきたが、現在ではほぼ内容自体は認められるところとなっている(11)。

これも一見してとくに問題はなさそうである。だが地の文には、この文書は「北条殿」が奉行し「三条左衛《さえ》門尉《もんのじょう》之許《もと》」に伝えられたものとされており、その点が解釈を難しくしている。というの

も、時政が頼朝の意思を奉じて出した文書には確実なものが見られないからである。時政が出したとされる文書は『吾妻鏡』には幾つか載っており、先にも見たところだが、早くは寿永三年（一一八四）三月一日の土佐国の大名国信らに充てた次の下文がある。

下　土佐国大名国信・国元・助光入道等所

可㆔早源家有㆑志輩同心合力追㆓討平家㆒事

右当国大名并御方有㆑志之武士、且企㆓参上㆒且同心合力、可㆑追㆓討平家㆒之旨、被㆓　宣下㆒之上、依㆓鎌倉殿仰㆒、所㆑令㆓下知㆒也、就中当時御家人信恒可㆑令㆓下向㆒、如㆑旧令㆓安堵㆒、不㆑可㆑有㆓狼藉㆒、大名武士同心合力不㆑可㆓見放㆒之状、如㆑件、宜㆔承知敢勿㆓違失㆒、以下、

寿永三年三月一日　　平

これの差出人の「平」を地の文は「北条殿御奉」とするが、その根拠は明らかでない。「上洛御家人」の信恒の安堵を語っており、御家人の身分に関わる文書ということになるので、第二類型の文書に属するが、それだけに問題は多く、形式や文言なども、途中で「依㆓鎌倉殿仰㆒、所㆑令㆓下知㆒也」と記した後に、「就中」として新たな内容を記すなど、他に例はなく、後に創作された可能性は高い。しかもこれは頼朝の命を奉じたものではない。

時政の文書の中には在京中に出された文治二年（一一八六）三月二十七日の交名折紙《おりがみ》や、同四月一日の書状のように、確かに「平」と署名されてはいるものもあるが、いずれも頼朝の意思を奉じたものは

なく、また頼朝の奉者が平盛時、大江広元などに限定されていったことから考えると、先の文書の奉者の「平」は盛時の可能性が高い。

次に文書の充てられた「三条左衛門尉」であるが、文中に「時定、面々成三給下知状二」と見えることから、北条時定のことと見てよかろうが、時定はこの後の文治四年二月二日条に「北条兵衛尉」と見えるので明らかに矛盾する。ただこの矛盾は三と五の字がしばしば間違いやすいことからすれば、文治五年のものと見ることで解決できるのではなかろうか。『吾妻鏡』建久四年（一一九三）二月二十五日条の時定の死亡記事によれば、時定は文治五年四月十日に左衛門尉に任じられているのである。

しかし文書が文治五年九月ということになれば、頼朝は奥州に攻め入っていた時であり、果たしてこのような時点で出されたものかという疑問は残るが、平盛時は奥州攻めには参加しておらず、鎌倉にあって頼朝の命を受けて出したと考えればよい。その翌年八月三日の盛時奉書によれば、頼朝の奥州攻めを機会に時定が河内の国領を押領していたとして訴えられており、当時、時定は摂津・河内で盛んな活動を繰り広げていたのである。

同じく日付の誤りということで文書を誤って載せた例としては、文治二年十一月八日条に載る元暦三年十一月八日の下文があげられる。信濃国の黒河内・藤沢を諏訪大祝《おおほうり》の下知で神事を勤めるように藤沢余一盛景に命じたものである。元暦二年八月に文治と改元されているので元暦三年という年はないことから、換算して文治二年の文書として載せたのであろう。

しかしこれは「元暦三年」自体を誤りと見るべきであって、しばしば元年と三年とを見誤ることからすれば、元暦元年を元暦三年に誤った可能性が大きい。ただ文書の内容は、大祝の権利にとくに触れているので、後に由緒として提出された文書の可能性も高く、時期の推定はさらに慎重を期すべきかもしれない。

以上、『吾妻鏡』所載の文書の性格を探ってきたが、その一つ一つが『吾妻鏡』の性格に絡んでいること、また『吾妻鏡』の編纂の性格を知る上で貴重な情報を伝えてくれることがわかった。そこで次には文書そのものではないものの、文書とは比較的性格の似ている交名について触れてみたい。

2　交名を探る

『吾妻鏡』には大量の武士の交名が載っている。頼朝に供奉《ぐぶ》する随兵の武士をはじめ、源平合戦や奥州合戦に従軍する武士の交名など多数ある。これらは一見すると無味乾燥には見えても、武士たちにとって重要な意味を有していた。

たとえば『相良家《さがらけ》文書』のなかには、建久八年（一一九七）に頼朝が善光寺に赴いた時の供奉人の交名が残されており、「二階堂文書」には、『吾妻鏡』の写しを送って、先祖の名が見えることを伝えた書状が見える。武士の交名が御家人身分であることを示すために重視されていたからにほかならない。

そこでここではこうした交名の名乗りからうかがえる二、三の問題を考え、武士の動きを探ってみよう。

(1)　所職の名乗り

まず基本をおさえておこう。交名に見える名乗りの多くは、畠山次郎・土屋三郎などのように、名字に太郎・次郎などの生まれた順序、ないしは家における順序が示され、さらに重忠・宗遠《むねとお》などの実名からなるのが通例である。それは家や氏を中心とした名乗りが基本とされていたからであろう。

その上で親が官途《かんと》を有する場合には、その官途に太郎・次郎などを付けて相模太郎・左衛門次郎などと称され、さらに自分が相模守や左衛門尉・修理亮などの官途につくようになると、その官途だけになるか、あるいは最後に自分の官途をつけた呼称となる。相模守・駿河次郎左衛門尉などはそうした例である。また佐貫《さぬき》大夫広綱、橘左馬大夫公長などように、五位に叙されていると大夫号がつくが、そこからは朝廷の官位の優越がうかがえる。

官途ではないが、ほかによく見受けられるものに院庁の所職がある。先に見た「大和判官代」藤原邦通をはじめ、治承四年（一一八〇）五月二十六日条の足利判官代義房、同九月十七日条の千田判官代親政、治承五年二月九日条の石川判官代義資、文治元年（一一八五）十月二十四日条の安房《あわ》判官代高重、文治四年三月十五日条の村上判官代基国、嘉禎《かてい》元年（一二三五）十二月二十四日条の長井判官代泰茂など広く見える。

これらの判官代が院庁の三職である別当・判官代・主典代《しゆてんだい》のうちの判官代であることは、足利判官代義房が八条院の判官代足利義清の子であり（『山槐記《さんかいき》』治承四年五月二十六日条）、石川判官代義資が九条院判官代であったこと（『玉葉』寿永二年（一一八三）閏十月二十七日条、『山槐記』治承三年十月四日条）、さらに千田判官代親政が皇嘉門院《こうかもんいん》の判官代、村上判官代基国が八条院判官代であったこと（『山槐記』治承三年十月二十五日条）などからわかる。(12)

なおこのように名字に判官代の付く例のほか、大和判官代邦通や安房判官代高重のように国名に判官代が付く場合があるが、『兵範記《へいはんき》』の記主平信範が甲斐権守《かいごんのかみ》で鳥羽院の判官代であったことで「甲斐判官代」と称された例から考えれば、大和権守や安房権守など国の権守に任じられた院・女院の判官代ということになろう。(13)したがって権守を辞めると、大和判官代藤原邦通は藤判官代、安房判官代源高重は源判官代と称されている。(14)

判官代と並んで、院や女院の蔵人に任じられる武士も多かった。源行家が八条院の蔵人に任じられ、以仁王の令旨を携えて東国に下ったことは治承四年四月九日条に見えるが、それ以外にも、新田蔵人義兼は皇嘉門院蔵人、奈胡《なこ》蔵人義行は八条院蔵人であった。

このように院や女院の判官代・蔵人に任じられた武士や文士は鎌倉初期の頃には多く見えるが、やがて幕府の推挙で衛門尉や兵衛尉などの官職に任じられる例が多くなるにつれ、次第に少なくなってゆく。同じく鎌倉初期にはよく見受けられるものの、やがて少なくなってゆく所職に介《すけ》や庄司・別当などがある。

頼朝は治承四年十月に富士川の合戦で頼朝追討軍を撃破した後、十月二十三日に帰路の相模の国府において本領安堵、新恩給与と称して軍士に勲功賞をあたえたが、その際、三浦義澄を「三浦介」となし、下河辺行平を元のごとく「下河辺庄司」になしたと見える。それぞれに新恩給与と本領安堵を例示したものであるが、その内容はどのようなものであったろうか。

三浦義澄はそれまで「三浦次郎」と称されてきている故、ここにおいて三浦介という恩給の与えられたことがわかるが、三浦は名字、介は在庁官人を意味するから、相模国の在庁官人としての地位が認められたのであろう。義澄の父の「三浦大介」義明が頼朝の挙兵直後に衣笠山《きねがさやま》の合戦で討死したことから、その三浦介の地位が義澄に新恩として給与されることになったと考えられる。

これと同じような在庁官人の介は、建久四年（一一九三）二月二十五日条に見える北条時政の父の北条介時兼、治承四年（一一八〇）九月四日条の下総の千葉介常胤《つねたね》、文治元年（一一八五）六月九日条の伊豆の狩野介宗茂、さらに西国では、建久三年正月十九日条の周防《すおうのくに》国の大内介弘成、文治五年十月二十八日条の安芸国の葉山介宗頼などにも見え、名字と介との組み合わせによって、在庁官人の身分呼称がなされたものと考えられる。

しかし千葉介や三浦介などはその後も代々継承されているが、北条時政は北条介とは称されておらず、狩野介なども継承されていないことには注意しておきたい。なお諸国の権守の例は、筑後権守藤原俊兼や豊島権守清元、下総権守重行、太田小権守行朝、岡辺権守泰綱、横山権守時広など広く見られるが、たとえば横山権守が出雲権守であったように、それぞれの武士の在住する国の権守になるのは希なので、在庁官人としてのものではない。

他方、相模の国府での恩賞給与において、下河辺庄司について「元のごとく」とあったのは本領安堵を意味するが、下河辺庄司とは何を意味しようか。下総国に下河辺庄という荘園が見えるので、その庄司として本領を安堵された、と見るのが普通であろうが、果たしてそうとのみいえようか。というのも行平の跡は必ずしも下河辺庄司とは称されていないからである。

そこで庄司の例を探ってゆくと、三浦介義澄の祖父に「三浦庄司平吉次」（義継）がいる。天養元年（一一四四）十月二十一日に源義朝の指示によって、相模国の大庭御厨に乱入した人々に「三浦庄司平吉次、男同吉明」がいたとある（『平安遺《へいあんい》文《ぶん》』）。ところが、「三浦庄司」とあっても、三浦氏が根拠地としたのは三崎庄であって、「三浦庄」という荘園の実在は確認できない[15]。

同様に治承四年八月二十五日条の「工藤庄司景光」の場合、工藤は木工寮と藤原とを結び付けた名字であるから地名によるものでないことは明瞭で、工藤庄という荘園の存在は考えられないので、したがってその庄司ということもない。「工藤庄司」が意味するのは、工藤を名字にした庄司という身分という点にあろう。これと同じく「三浦庄司」も三浦という地名に庄司という身分を結び付けたものと考えられる。その点では、義澄が「三浦介」と称されたのが、三浦という地名に在庁官人の介とを合体させたものであったのと同じことで、治承四年八月六日条には「工藤介茂光」も存在する。

さらに治承四年八月九日条の「渋谷庄司重国」の場合はどうか。近江国の佐々木氏を庇護した渋谷庄司重国は相模国の渋谷庄の荘官と考えられてきた。しかし渋谷氏の相模の本拠地は吉田荘という荘園で、渋谷氏はその荘官である。建久三年（一一九二）十二月二十日条には、「渋谷輩」が三井寺《みいでら》の円満院に吉田荘の年貢請を行ったと記されており、この吉田荘のうちの上庄が「号二渋谷一」と見える。

ここから二つの推測が立てられよう。一つは武蔵国に渋谷という地があり、しかも渋谷氏が秩父氏出身であることからすれば、渋谷氏の本拠地はもともとは武蔵国の渋谷にあって、相模の吉田荘に進出し、そこの荘官となったという考え方である。もう一つは吉田上庄の渋谷に根拠地があって、やがて吉田庄の荘官になったという考え方である。

では相模の大庭御厨を根拠地としていた「大庭の庄司景房」の場合はどうであろうか。『保元《ほげん》物語』に「大庭の庄司景房の子、相模国住人大庭平太景能・同三郎景親とは我事にて候」と見えるが、もともと大庭御厨はあっても、大庭庄という荘園はなく、大庭は名字である。なお「大庭の庄司景房」と見えるのが、景宗であることは、文治四年（一一八八）十一月二十七日条に「景能父景宗墳墓、在相模国豊田庄」と記されていることから知られる。

このほかにも『吾妻鏡』を探ってゆくと、治承四年（一一八〇）九月三日に千葉常胤に討たれた伊北《いほう》庄司常仲、同年十月十八日に松田御亭の修理を命じられた相模国の中村庄司宗平、治承五年三月十三日条に見える遠江国の浅羽庄司宗信、元暦元年（一一八四）正月十一日条に見える上総権介広常の弟の天羽《あまは》庄司直胤などが知られる。こうした某庄司という場合、必ずしもその某という荘園の庄司ではなく、名字と庄司の身分の合体したものであることがわかる。

ところで畠山次郎重忠の父は『平家物語』に「畠山庄司重能」と称されているが、重忠は「庄司次郎」と称されてはいても「畠山庄司」とはない。意外にも庄司は父子に継承されることが少なく、庄司はどこにも見えるような呼称ではないようである。どうしてであろうか。

この点を考えるために、庄司と並んで見える別当の呼称についても考えてみたい。治承四年八月二十五日に甲斐源氏が富士山の北麓に進出した際、安田義定らと同道した軍勢に工藤庄司景光とともに「市川別当行房」が見えており、この行房は相模国府において勲功賞をあたえられている。元暦元年六月十六日に甲斐源氏の一条忠頼が殺害された際、同席していた「小山田別当有重」はこれ以前に大番役で在京していたという。ほかに治承四年十二月二十七日条には「長井斎藤別当実盛」、建久元年（一一九〇）十一月七日条には「佐竹別当」などの例が見える。

これらの別当は院庁の別当ではない。院庁の別当になる人物は官位が高く、地方の武士が普通に任じられるものではないからである。さらに牧の別当の可能性も指摘されてきたが、その徴証はなく、これも庄司の場合と同じように考えるべきであろう。では何の別当であろうか。

〔秩父系図〕

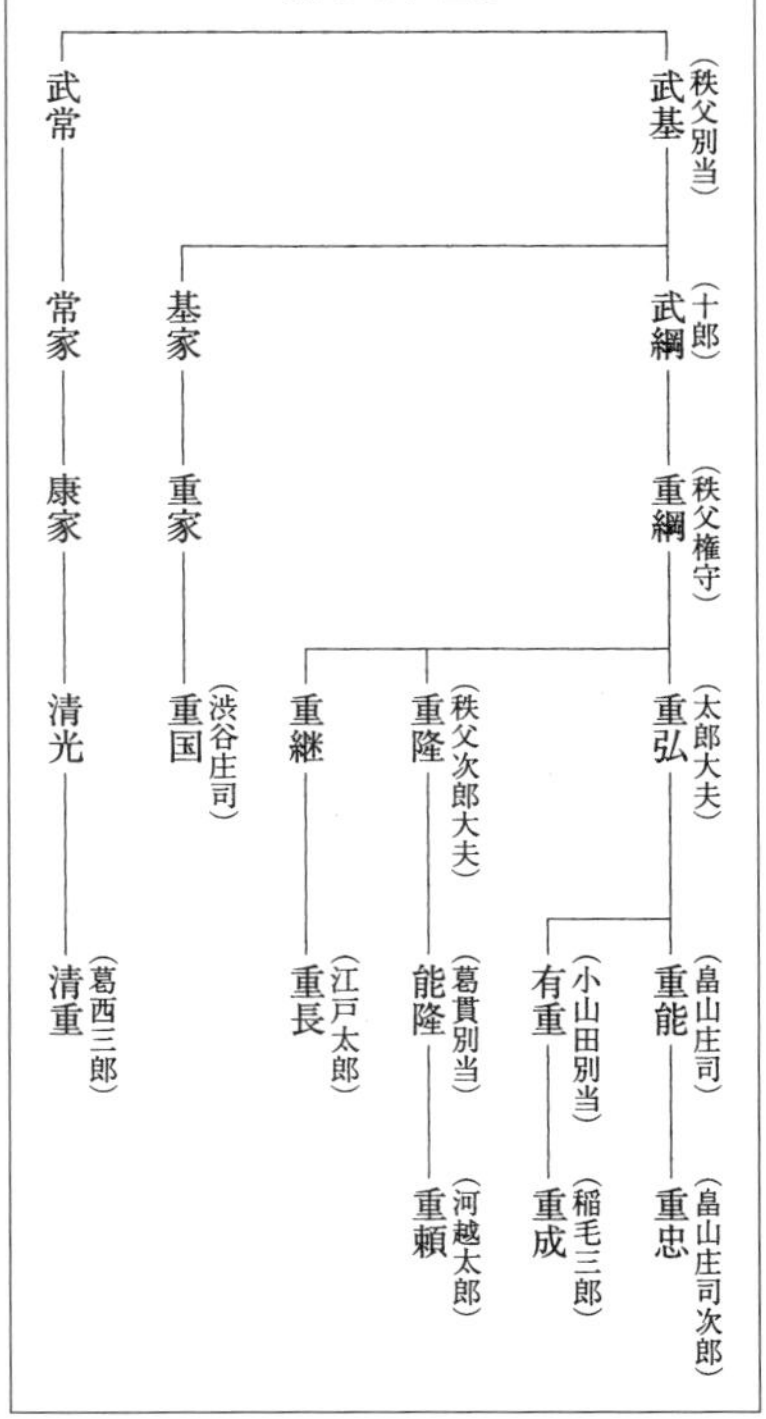

そこで思い出されるのが治承五年七月二十日に下河辺庄司行平に対して示された貢馬の免除の下文の充《あて》所《どころ》の御厩別当の存在である。あるいはこの御厩別当のような国衙《こくが》の所の別当を意味していたのではなかったか。そうであれば、庄司もまた国衙が諸荘園を管轄するために置いた所職の一つの可能性が生まれてこよう。介と庄司と別当は、いずれも国衙に関わる所職だったことになってくる。(16)

以上にみてきた武士の名乗りを秩父氏の場合において探ってみよう（秩父系図参照）。祖とされる武基は秩父別当であり、重能は畠山庄司、有重は小山田別当、能隆は葛貫《くづぬき》別当と見えているが、秩父牧や畠山荘、小山田牧、葛貫牧などの存在は知られておらず、彼らは国衙との関わりからそう呼称されていたのであろう。

しかし秩父権守重綱や秩父太郎大夫の重弘、次郎大夫の重隆とても、国衙との関係を有していなかったわけではなく、重綱は朝廷から出羽権守の官職をあたえられ、武蔵国留守《るす》所総検校職《どころそうけんぎょうしょく》に任じられ、以後、代々その職に任じられてきたという（嘉禄二年四月十日条）。また重弘・重隆は五位に叙されたためにそう呼称されたのである。

なお秩父家の流れは河越氏が家督《かとく》を継いだというが（治承四年八月十六日条）、河越重頼は秩父の名字を名乗っておらず、一族に与力《よりき》を求めて、三浦氏を攻めたとあるように、秩父氏という紐帯はあっても、この時期には武士の分流の傾向が強まっていたことがわかる。

以上の所職の名乗りの分析からは次のことが指摘できよう。頼朝が挙兵した頃の武士は家を形成し始めており、それは国衙や中央の官衙・院との結びつきが重要な意味をもっていた。頼朝はそうした武士を掌握して幕府を形成していったのであるが、その際、まず国衙を中心とする身分編成を吸収していった。治承四年（一一八〇）十月二十三日の相模の国府における安堵や新恩給与はそれを物語るものであり、三浦義澄を「三浦介」となし、下河辺行平を元のごとく「下河辺庄司」になしたことに端的に示されている。

さらに頼朝は朝廷への官職の推挙を独占してゆくことで、朝廷の身分編成を吸収していった。元暦二年（一一八五）四月十五日に頼朝は平氏追討に従軍した東国の武士の自由任官を怒り、彼らの東国下向《げこう》を禁じる措置をとったのは、そうした事情に伴うものであろう。

(2)　名字の名乗り

武士の所職の名乗りについて見たところで、ここでは名字の名乗りについて考えてみたい。『吾妻鏡』の交名を見てゆくと、一人の人物が二つの名字で呼称されている場合が多く見られるが、これは何を意味するのであろうか。

もともと様々に呼称されているものであり、当然のことと見るべきであろうか。あるいは『吾妻鏡』の依拠した原史料の性格に起因するのであろうか。さらにはまた武士の独自の動きがそこに示されているのであろうか。具体例に即して考えてみよう。

武田氏

まず見るのは甲斐源氏の武田氏の場合である。[17] 武田信義は東国で挙兵した段階では頼朝に並び立つような存在であって、その子信光・有義の二人が武田を称していた。その呼称を探ると（表4参照）、信光は治承四年（一一八〇）十月十三日から正治二年（一二〇〇）正月二十八日までの間は伊沢と武田の二つの名字が混在しており、正治二年二月二十六日条以後から武田に一本化されているのがわかる。

信光が正治二年以後に武田に一本化されるに至ったのは、次の事件が大きく絡んでいたのではなかったか。正治二年正月二十八日、「伊沢五郎信光」が鎌倉に参上して語ったところによれば、「武田兵衛尉有義」が梶原景時《かげとき》との約束で上洛を企て謀反を起こそうとしているとの報告を得たので、有義の館に向かったところ、景時の書状が残されていて謀反が明らかになった、という。

この事件を契機に有義は失脚し、以後、信光の名乗りは武田に一本化されていったのであろう。これ以前は有義が、一貫して武田を称し、しかも官途を得ていることからして、武田氏の家督であったと見られる。信光が武田に一本化されたのはその家督を継承、ないしは奪い取ったためと考えられる。

表4　武田の呼称

年　月　日	信　光	有　義	信　義
治承4・10・13	伊沢五郎	兵衛尉	武田太郎
文治1・1・6	いさわ殿		
1・1・26		武田兵衛尉	
1・2・13	伊沢五郎		
1・10・24	武田五郎		
3・8・15	伊沢五郎		
4・1・20	伊沢五郎		
4・3・15		武田兵衛尉	
5・6・9	武田五郎	武田兵衛尉	
5・7・19	伊沢五郎	武田兵衛尉	
5・10・28	伊沢五郎		
建久1・1・3	伊沢五郎		
1・11・7			武田太郎
1・11・9			武田太郎
2・2・4	伊沢五郎	武田兵衛尉	
2・7・28	伊沢五郎		
2・8・18	武田五郎		
3・11・25	伊沢五郎		
4・3・21	武田五郎		
4・5・29	伊沢五郎		
4・8・16	武田五郎		
5・6・28			武田太郎
5・8・8	武田五郎		
5・11・21	武田五郎		武田太郎
6・3・10	伊沢五郎	武田兵衛尉	
6・3・12	武田五郎		
6・4・15	武田五郎		
6・5・20	伊沢五郎	武田兵衛尉	
正治2・1・28	伊沢五郎	武田兵衛尉	
2・2・26	武田五郎		
建仁3・3・10	武田五郎		
3・5・19	武田五郎		

ただ注意しなければならないのは信義の存在である。『吾妻鏡』文治二年（一一八六）三月九日条は、信義がこの日に亡くなったとするが、表4から知られるように信義の活動はその後もうかがえる。おそらく『吾妻鏡』は信義の死亡記事を間違えて張り付けてしまったのであろう。信義は建久五年（一一九四）十一月二十一日までは生存しているので、その後に亡くなったとすれば、文治二年と間違いやすい正治二年に亡くなったものと見られ、そうであれば有義の失脚の後に信義も亡くなったことで、信光は武田を称したものとも考えられる。

ではそれ以前に信光はどのような時に武田と称され、また伊沢と称されたのであろうか。建久二年二月四日の頼朝の鶴岡参詣の先陣の随兵を見ると、「伊沢五郎　加々美二郎　武田兵衛尉」とある。また建久六年三月十日の頼朝の南都下向の先陣の随兵も「武田兵衛尉　伊沢五郎」と見える。これらの例からすると、家督である有義とともに見える場合には伊沢と称されていたらしい。

他方で、信光が単独で随兵として登場する場合には、武田と称される傾向がわかる。文治元年十月二十四日の勝長寿院供養の先陣の随兵では「武田五郎信光」、建久六年三月十二日の東大寺供養の後陣の随兵では「武田五郎信光」とある。こうした頼朝の随兵に武田と称して臨んでいるのは、信光が有義または父信義の名代の立場にあったからであろう。

武田氏の家督が信義から有義へと継承されてゆくなかで、信光はその武田氏の一員として家督の代官を勤めるような存在であったわけであるが、他方で信光は頼朝の側近として頼朝の近くに仕え、厚遇されていた。頼朝が文治元年正月六日に平家追討中の源範頼に送った書状では、「甲斐の殿原の中には、いさわ殿、かがみ殿、ことにいとをしく申させ給へく候」と述べている。また二月十三日には信光からの書状が鎮西《ちんぜい》から頼朝に届いて、兵粮がなく退いた窮状が語られている。

文治五年（一一八九）十月二十八日条には、「安芸国大名葉山介宗頼、依㆓伊沢五郎之催㆒、為㆓奥州御下向御共㆒」とあって、奥州合戦に向けて全国的な軍事動員がなされた際、安芸国の葉山介宗頼が伊沢信光の催促で動員されているのが知られるが、これを踏まえて佐藤進一氏は信光を安芸国守護とみなされている[18]。信光の行為は記事に「伊沢」とあることから、その指摘のごとく信光自身が守護だったことを物語っていよう。信光は庶流にもかかわらず、安芸国の守護に任じられていたのである。

こうして頼朝の側近として仕え、恩顧《おんこ》を得た信光は、他方で武田氏の代官として動きつつも、その家督の継承を虎視眈々と狙っており、そして機会をとらえてついに有義を追い落とし、武田の家を継承することになったのであろう。元久元年（一二〇四）七月二十六日に宗《そう》孝親が安芸守護として見えるが、それは信光が甲斐国の守護に任じられたことによる替えであったろう。

以上、名字の名乗りの変化から武士団の動きを明らかにすることができたので、この手法を使うことにより、ほかの武士の家についてもその内部の葛藤を浮かびあがらせたい。

北条氏

北条義時も当初は江間と北条の二つの呼称が見え、武田氏の例からするならば、このことは義時が初期の段階には北条氏の家督ではなかったことを意味すると考えられるが、いかがであろうか。

義時は父や兄の三郎とともに頼朝に従って石橋山に戦うが、その時は「北条四郎」として従軍しており、兄は戦死している。やがて治承五年（一一八一）四月七日に、頼朝の寝所の警護が近習《きんじゅ》に命じられるが、その時の筆頭に「江間四郎」として見える。このことの意味を知らせてくれるのが『吾妻鏡』宝治二年（一二四八）閏十二月二十八日条である。頼朝は「為レ宗之家子侍交名」を記し、それに花押《かおう》を加えることがあったが、その時に「右京兆《うけいちょう》」（義時）は「江間小四郎」と称されており、「家子専一」の者であったという。義時は頼朝の家の子として遇されていたことがわかる。

それを物語るがごとく、寿永元年（一一八二）十一月十四日に、頼朝が牧宗親に恥辱をあたえたことを恨んで時政が伊豆国に向かった時、「江間殿」（義時）は父に供をせず別に動いている。義時が江間として『吾妻鏡』に登場するのは、北条とは違う江間氏の独自の立場に基づくものであった。

その後、文治元年（一一八五）十月二十四日条まで、義時は「北条小四郎」としても見えるが、それは源平合戦への参加や勝長寿院の随兵にともなうもので、北条時政の代官としての立場を物語るものであろう。

以下、義時の名字の名乗りを見てゆくと、表5のごとく、義時が随兵などで単独で登場する際には「北条小四郎」と記されており、そうでない時は江間の呼称が使われている。この傾向は元久元年（一二〇四）に義時が相模守になるまで続いており、元久元年二月二十五日条「江間四郎」、四月十八日条

表5　義時の呼称と活動（文治二年から建久二年まで）

年　月　日	義時の呼称	活　　動
文治2・7・19	江間四郎	富士領への寄進の沙汰
4・7・10	江間殿	源頼家の着甲始
5・4・18	江間殿	「北条殿三男」の元服
5・6・9	北条小四郎	鶴岡塔供養の随兵
5・7・5	江間小四郎	富士領への寄進の沙汰
5・7・19	同小四郎	奥州への進発「北条四郎、同小四郎、五郎」
建久1・11・7	北条小四郎	頼朝上洛の随兵
1・11・11	北条小四郎	頼朝八幡参詣の随兵
1・11・28	江間殿	頼朝大将拝賀の沙汰
1・12・1	北条小四郎	頼朝大将拝賀の随兵
2・1・5	江間殿	頼朝酒宴への列席
2・1・28	江間殿	頼朝二所精進の扈従
2・2・4	江間四郎	頼朝二所参詣の随兵、「北条殿」「北条五郎」

「四郎」を最後に、七月二十四日条には「相州」と見え、以後は「相州」と称されている。これに応じて子の泰時もそれまで一貫して「江間太郎殿」と称されていたのが、父が相模守となって以後は相模太郎と称されている。

さて元久二年閏七月十九日に実朝が義時の邸宅に迎え入れられると、翌日に時政は出家をとげ、義時が二十日に執権となるが、その時をもって、義時は北条の家督を継いだということになろうか。ただ問題は、それ以前の文治二年（一一八六）九月二十九日条から時政の弟が北条兵衛尉時定という呼称で見え、また文治五年四月十八日に元服した「北条五郎時連《ときつら》」（後に時房と改名）も元久二年六月に式部丞《しきぶのじょう》に任官するまで「北条五郎」と称している事実がある。北条氏の動きは複雑な性格を有していたようである。

建久五年（一一九四）十一月一日に、時房は父の時政とともに伊豆に下っており、時房は北条氏の家督の後継者であった可能性さえある。そうであれば、時政が退けられたからといって、時房が家督後継者の地位から退いたとは即断できない。独立していない庶子の場合には、父と同じ名字を称することも考慮する必要はあろうが、義時・時房の二人が並立してあった可能性も考えねばならない。

承元年間に設けられた実朝の政所《まんどころ》にはこの二人が別当として名を連ね、その後、義時の死後には時房と義時の長男の泰時が両執権として並んでいるのは、そのことをよく物語っているのではなかろうか。

北条氏では家督が容易に立てられない事情が内在していたのであって、それが後の得宗《とくそう》中心の体制に腐心することの大きな因をなしていたようにも思われる。

土肥氏

相模の土肥《どひ》氏は中村庄司宗平の子実平を祖とする武士である。実平は次男であったが、頼朝の近くに仕えて頭角を表し、その子の遠平《とおひら》は文治五年（一一八九）七月十九日条までは「土肥弥太郎遠平」として一貫して見えている。ところが建久元年（一一九〇）四月十九日条以降になると、「小早川弥太郎遠平」と「土肥弥太郎遠平」の二つの表記がされるようになる。

これは武田信光や北条義時とは逆であるが、何を意味するのであろうか。土肥を名乗る人々の動きについても表に示して考えてみよう。

表6　土肥氏の呼称

年　月　日	実　平	遠　平	惟　平	実　重
治承4・8・6	土肥次郎			
4・8・20	土肥次郎	土肥弥太郎		
4・8・28		土肥弥太郎		
4・9・2		土肥弥太郎		
寿永1・8・11		土肥弥太郎		
文治2・2・6		土肥弥太郎		
2・6・17	土肥次郎			
2・7・24		土肥弥太郎		
5・2・30		土肥弥太郎		
5・6・9	土肥次郎			
文治5・7・19	土肥次郎	土肥弥太郎	岡崎先次郎	
建久1・4・19		早川太郎		
1・8・19		土肥弥太郎		
1・11・7	土肥次郎			土肥荒次郎
1・11・11	土肥次郎			
1・12・3	土肥次郎			
2・1・11		小早川弥太郎		
2・1・28			小早河次郎	
2・2・4		小早川弥太郎		
2・7・18	土肥次郎			
3・2・5		土肥弥太郎		
3・8・14				荒次郎
3・11・25		土肥弥太郎		
4・5・29				新開荒次郎
5・12・15		小早川弥太郎		
6・3・10			土肥先次郎	土肥荒次郎
6・4・15			土肥先次郎	
6・5・20			土肥先次郎	
6・10・28			土肥先次郎	
正治2・1・13		土肥弥太郎		
2・2・26			土肥先次郎	
2・11・4			土肥先次郎	
2・12・27			土肥先次郎	
建仁3・9・2			土肥先次郎	
元久1・10・14			土肥先次郎	
建保1・5・2			土肥先次郎左衛門尉	
1・9・19			土肥先次郎左衛門尉	

〔土肥系図〕

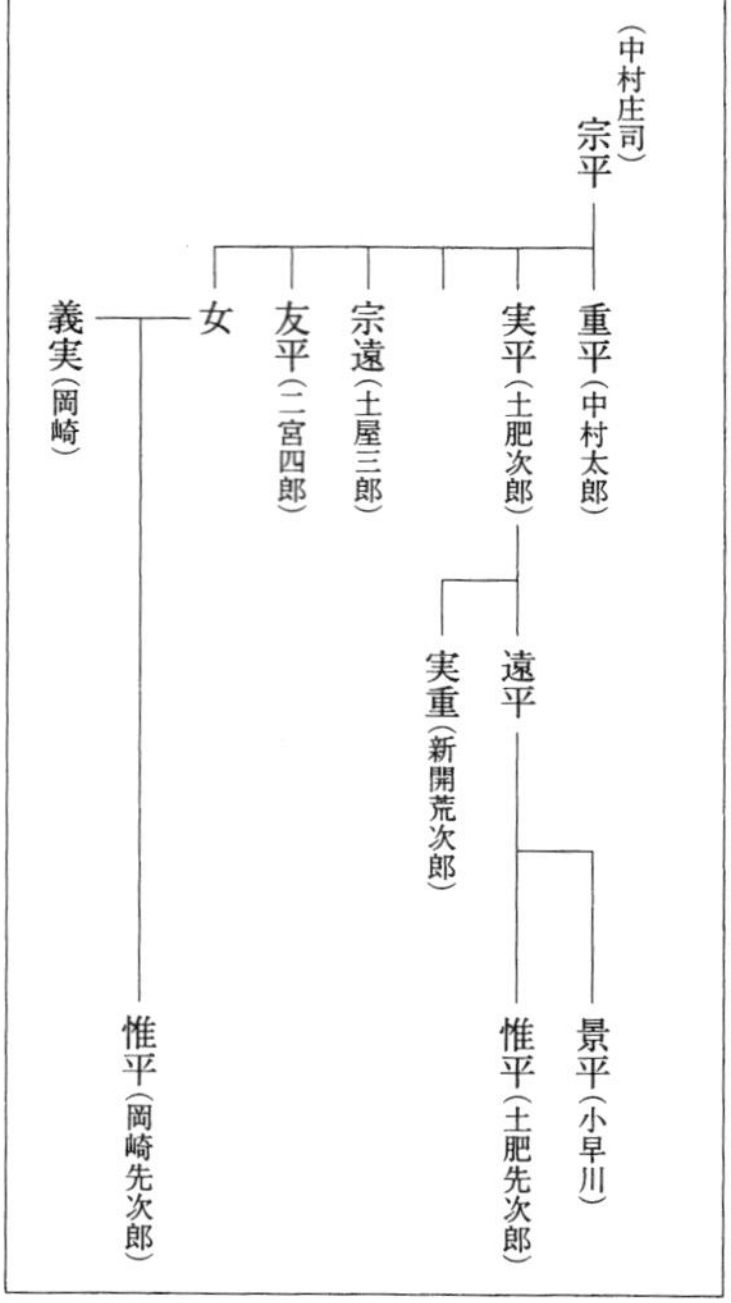

表6に示したごとく、実平は建久二年七月十八日条まで一貫して土肥を名乗り、文治五年七月十九日条までは「土肥弥太郎遠平」とともに見えている。この点からすると、遠平は文治から建久へと変わる頃に土肥の家督ではなくなったといえようか。そうならば、家督には誰がなったのであろうか。

文治五年七月十九日条に「岡崎四郎義実」とともに見える「岡崎先次郎惟平《これひら》」の存在に注目するならば、建久二年正月二十八日条に「小早河次郎惟平」と見え、建久六年三月十日条以降からは「土肥先次郎惟平」と名乗っており、やがて左衛門尉に任官している。そうであれば惟平は岡崎義実の実子であったのが、小早川弥太郎遠平の養子を経て土肥の家督を継いだということになろう。そのために遠平は土肥と小早川の二様を称するようになったものと考えられる。

このような複雑な変化があったのには、「土肥荒次郎」の存在が大きかったようである。この人物は建久元年十一月七日に土肥次郎実平とともに見え、建久六年三月十日には土肥先次郎惟平とともに見えるが、この時の将軍の随兵の交名では地位が惟平よりも高く、土肥荒次郎こそが次郎実平の後継者であったと見られる。『続群書類従《ぞくぐんしょるいじゅう》』所収の『千葉　上総《かずさ》系図』によれば、遠平の弟の実重が「新開荒次郎」とあり、『吾妻鏡』を見ると、「新開荒次郎」は建久四年（一一九三）五月二十九日の富士の巻狩において頼朝の近くに控えているのがわかる。

おそらく先次郎惟平と荒次郎実重とが土肥氏の継承を争うなか、遠平が惟平を養子にして図った結果、それが功を奏することになったのであろう。なお『小早川系図』では遠平の養子に景平（平賀朝雅の子）がおり、これが小早川を継承したという。

以上、名字の名乗りについて、三つの武士の家の例を見てきたが、そこからは東国の武士の家々が集合してなった鎌倉幕府の、その基礎をなした家々の動きがうかがえる。

頼朝によって引き上げられた武士の家と従来の家とが併存するような形をとった頼朝の時代を経て、頼朝の死後になると、正治年間に甲斐の武田氏では家督の交替が見られるなど、家内部の争いとともに幕府内の争いが激しくなった。武蔵の比企・畠山氏が滅ぼされるなか、北条氏でも家督の交替があって、義時が北条の家督を継承すると、和田合戦で相模の有力武士を滅ぼしている。この時に土肥氏の家督であった土肥先次郎左衛門尉惟平も滅ぼされたのである。

こうして北条氏と結びついた家が幕府のなかで勢力を得てゆくようになり、以後の『吾妻鏡』はそれらの家の人々を中心に描くことになる。

文書・交名に続いて、『吾妻鏡』の本文である地の文について考えるが、地の文がいかに作られたのかという問題は、『吾妻鏡』の編纂の意図や編纂者が誰であったのかという問題と密接に関わっている。

3　地の文を考える

ここでは『吾妻鏡』の地の文の特異な記事に目をこらし、そこから編纂者の意図を読み取ってゆきたい。この問題は『吾妻鏡』の曲筆として処理されることが多かったが、『吾妻鏡』の編纂の意図を明らかにすることを目的として考察しよう。

(1)　『明月記』を利用した記事

『吾妻鏡』は奉行人の日記などの史料を基礎にして、他の史料を補う形で地の文を作っているが(五味稿)、その補助史料が地の文の形成の手掛かりを与えてくれる。なかでも藤原定家の日記『明月《めいげつ》記《き》』が利用されていたことは多くの検討材料を提供してくれる。

『吾妻鏡』の編者は『明月記』をすべてにわたって調査し利用したのではなく、頼家・実朝の将軍記だけに限って利用していた。たとえば『吾妻鏡』元久元年（一二〇四）正月十二日条にはこう見えていて、実朝の侍読《じどく》に源仲章《なかあきら》がなったことが記されている。

将軍家御読書孝経始、相模権守為二御侍読一、此儒、似レ無二殊文章一、雖レ無二才名之誉一、好集二書籍一、詳通二百家九流一云々、

しかるに『明月記』建暦二年（一二一二）九月二十六日条には次のように見えているので、仲章に関する『吾妻鏡』の紹介記事は『明月記』をそのまま利用したものとわかる。

弾正大弼源仲章朝臣不慮来臨、閑談移漏、此儒、依レ無二殊文章一、無二才名之誉一、好集二書籍一、詳通二百家九流一、不レ可レ卑、

源仲章は京都と鎌倉とを往来していた人物で、その京都での活動を知りたい、といった要請から『明月記』を調べるうちに作られたのが先の記事であったろう。おそらく「将軍家御読書孝経始、相模権守為二御侍読一」という奉行人の手になる日記が手元にあって、それを補うために『明月記』が利用されたものと考えられる。

このような『明月記』の利用記事を広く見てゆくと、特に注目されるのが問注所執事《もんちゅうじょしつじ》三善康信の登場の場面に利用されている点である。次の二つの記事を比較してみよう。

○『吾妻鏡』建暦二年七月八日条

弾正大弼仲章朝臣使者参着、去月廿七日造閑院事始也、上卿光親并家宣、行事官人明政也、上卿事不レ被二思食定一、度々被レ改レ之、所謂、始光親治定通、次師経、遂以治二定光親一云々、大夫属入

道於二御前一読三申此状一、而善信申云、適有二造営事一、須二上臈上卿宰相弁奉一レ之歟云々、

○『明月記』建暦二年七月二十七日条

今日造閑院事始、上卿光親卿、弁家宣云々、適有二造営事一、須二上臈上卿宰相弁承一歟、近代事、
只随レ当レ有二其沙汰一歟、此事、始光親、次定通、次師経、又光親卿被二定改一了云々、

『吾妻鏡』は、弾正大弼源仲章の使者が報告した内容を記した後に、「所謂、始光親治定通、次師経、遂以治二定光親一云々」と記しているが、これは明らかに『明月記』により補ったものであり、しかもさらに三善康信が述べたとされる「適有二造営事一、須二上臈上卿宰相弁奉一レ之歟」の文言は、そっくりそのまま『明月記』の記事と同じである。

このように三善康信が述べた記事に『明月記』が利用されている部分は、建暦元年（一二一一）十月二十二日に京都で起きた朱雀門《すざくもん》の転倒の記事にも見られる。『吾妻鏡』同年十一月四日条には、「善信申云」として次のような言が記されている。

此門末代不相応歟、其故者、通憲入道営二大内一、無レ罪兮被レ処二斬罪一、治承大極殿朱雀門焼亡、建久九年僅造二彼門一、造営之国務人一条二品能保父子即時薨卒、元久後京極摂政殿、令レ書レ額給、御身頓滅、今又造営上棟之後、病忽愈至二槐門一兮、御楔之間、又還御之時、御輿未レ入二建礼門一、此門顚倒、
魏文帝当二臨幸之日一、離宮南門壊云々、

康信はかく語ったとあるが、これが次の『明月記』建暦元年十月二十三日条に基づいていることは

疑いないであろう。

門之不相応末代歟、魔縁之成レ祟歟、両不レ知、通憲営二大内一、無レ罪而処二斬罪一、治承大極殿朱雀門焼亡、及二建久九年一僅造二此門一、造営之国務人能保卿父子即時滅亡、行二其事一家人等三人貶二東夷之地一、及二元久一故殿令レ書レ額給、御身即頓滅、今又造営上棟之後、非二大風一而其柱顚倒、国務大納言万死一生、辞二此国一之後、病愈復平、已誇二任槐之栄一、今迎二大祀之期一、当二御禊之日一、又指還御之時御輿未レ入二建礼門一云々、此門顚倒、如二春秋之心一者、雖レ為二行事之不恭一、魏文帝当二臨幸之日一、離宮南門壊、其年有レ事、可レ恐可レ恐、

多少は省略されているものの、文章の構成や表現はほぼ『明月記』に基づいていると見てよい。そうであれば康信の活動に関する『吾妻鏡』の記事には注意が必要になってくる。

この点については、かつて三善康信の記した記録が『吾妻鏡』の補助史料とされたという見通しを述べたことがあるが（五味稿）、康信の動きを追ってゆくと、どうもそのようなものではなかったようである。

たとえば元久二年（一二〇五）閏九月二十九日条には、伊予国の御家人のうちの三十二人が河野通信の命令下に置かれた記事が見え、この記事については後世の相論《そうろん》に提出された文書に基づいて作成されたものであることが笠松宏至氏により指摘されているのであるが(19)、そこに「善信奉二行之一」と記されているのが知られる。

そこでその『吾妻鏡』元久二年閏七月二十九日条のもとになったとされる、伊予の「大山積神社文書《おおやまづみじんじゃもんじょ》」にある元久二年閏七月日の関東下知状案を見ておこう。

袖判

通信相共候御家人交名事

(三十二人の交名略)

右、件御家人等、止二守護所之沙汰一、為二通信之沙汰一、可レ令レ勤二仕御家人役一也、但於下致二犯過一之輩上者、為二通信之沙汰一、可二召進一之状、依二鎌倉殿仰一、下知如レ件、

元久二年閏七月二十九日

権利関係の文書であって、笠松氏の指摘の通り、袖判《そではん》のある下《げ》知《ち》状《じょう》の様式といい、文言といい、伊予国の御家人であることを主張するために創作されたものと考えてよいが、これに対して『吾妻鏡』の記事は「河野四郎通信依二勲功異一レ他、伊予国御家人卅二人、止二守護沙汰一、為二通信之沙汰一、可レ令レ勤二仕御家人役一之由、被レ下二御書一載二将軍、御判一、件卅二人名字、所レ被レ載二御書之端一也、善信奉二行之一」と記し、その三十二人の交名を載せている。

明らかに先の下知状に基づいて作成されたものである。その際に記事の地の文の末尾に「善信奉行」とあるのは、偽文書に基づいての創作記事であれば、康信がこれに関わっていたことは考えられず、康信の活動をここに加えることによって、その活動を顕彰しようとした意図に基づくものと評価

されよう。

このように康信の事蹟を強調するために、康信の記事を挿入したのは、おそらく頼家・実朝将軍記の『吾妻鏡』の編纂に三善康信の子孫があたっていたからであろう。この一族からは問注所執事が歴代任じられ、幕府に仕える奉行人を多く輩出していたので、そのうちの誰かが『吾妻鏡』編纂を担当したものと見られる。

そうであれば、康信を顕彰するような記事については、かなり疑いの目をもって見てゆく必要がある。たとえば頼家・実朝将軍記を見ると、正治二年（一二〇〇）十二月二十八日条は頼家が諸国の大田文《おおたぶみ》を提出させて五百町以上の御家人の所領を削減しようとしたという記事であるが、これに対して奉行を命じられた大江広元や宿老《しゅくろう》たちが周章しているなか、康信が諷詞《ふうし》を尽くしたところ、延期となったとある。康信を顕彰して載せられたものであることは疑いなかろう。

元久二年（一二〇五）六月二十二日条には、畠山重忠の謀反に関して、康信が大江広元に将門《まさかど》の古事を語って御所を固めさせたことが見える。また建暦二年（一二一二）十月十一日条の、大倉山に堂舎を造営するに際しての康信の夢想の記事や、さらに承久《じょうきゅう》三年（一二二一）五月二十一日条の、承久の乱において北条義時に対して、すぐに京に軍勢を派遣するように進言した記事なども注意が必要である。

そこで康信の動きをさらに溯《さかのぼ》って頼朝将軍記についても追ってみよう。頼朝の挙兵の直前の治承四年（一一八〇）六月十九日条では、康信の使者が京都からやってきて都の情報を伝えてきたことが見えており、治承五年閏二月十九日、三月七日、八月二十六日条にも洛中の情報を伝えてきたという記事が見える。また治承六年二月八日条には、伊勢神宮に捧げた頼朝の願書の草案を康信が記したと見え、その願書が載せられている。これらの記事は、康信を顕彰するかたわらで、康信の記録が編纂に使われた可能性を示唆するものでもあり、したがって必ずしも疑わしいとはいえない。

しかし元暦元年（一一八四）四月十四日に源光行とともに康信が鎌倉に到着して頼朝に仕えるようになったという記事はどうであろうか。康信は「本自其志在二関東一、仍連々恩喚之故也」と特別に召されたことが記され、しかも翌日条には「武家政務」の補佐を頼朝に委嘱されたとある。武家の政務の補佐というのは明らかに康信を顕彰しようという意図に基づくものであり、相当に疑わしい。

やがて元暦元年十月二十日に康信は問注所の執事に任じられたが、大江広元ほどの活動の記事が見えないのは、出家という身分的な制約もあったろうが、実際にそれほどに大きな活動はしていなかったと考えるべきであろう。

そうしたなかで文治二年（一一八六）十一月五日条には、逃亡中の源義経を義行と改名することについて、康信が、義行は能行に訓で通じるから能隠《よくかく》る意味になるので、改名はよくないと提言したことにより、それが摂政家に伝えられた、と見える。また文治三年十二月七日条には、梶原景時が美作《みまさか》から白い鵯《ひよどり》を献上した時に、霊鳥が献上されると朝廷は年号を変えてきたことを朱雀・白雉《はくち》・朱鳥《しゅちょう》の改元の例から引いて語っている。

建久二年（一一九一）五月三日条には頼朝の奏状が康信の草で記されたと見え、その文章が『吾妻鏡』に載せられている。また同十二日条には後白河上皇が近江国高島郡に安置した毘沙門天《びしゃもんてん》について、康信がこの像は養和元年（一一八一）に造り始めたものであると語っている。六月九日条には、一条能保の娘が九条良経に嫁ぐにあたっての衣装が期日までに出来ずに問題になった際、康信が次のような「秀句」を語って人々を興に入らせたという。

すなわち、早く届けた絹は早馬で付けたが、まだ到来しない絹は練り参っているものであろう、と練絹にかけて語ったことから、この一言によって遅参した人々に頼朝からの咎《とが》めはなかったという。

総じてエピソードに付加されたような記事に康信はよく登場していることがわかる。もちろん、康信関係の記事をすべて創作とみなすわけにはゆかないにしても、康信に関わる多くの記事は注意して読む必要があろう。

ではこのように顕彰されているのは康信だけだったのであろうか。康信以外にも顕彰されている人物はおり、たとえば大江広元もその一人である。文治元年（一一八五）六月七日に頼朝が広元に対して、平宗盛と対面すべきかどうかを問うた時、広元は、朝敵で無位の囚人に対面するのは「軽骨」であると答え、対面が行われなかったという。

また同年十一月十二日条には、広元が国衙荘園ごとに守護地頭を置くことを朝廷に求めることを献策すると、頼朝がこれに「甘心《かんしん》」して守護地頭の設置がなされたという。さらに文治二年閏七月十九日に広元が京都から帰ってきた記事中で、広元は「二品腹心専一者」という「公家御沙汰」があったということなどが語られている。

しかしこうした記事がはたして創作かどうかの判断は難しいところである。広元の活動は広範囲に及んでおり、しかも重要な役割を果たしていたことからすれば、顕彰のために創作されたとのみは一概にみなしがたいからである。

ただ実朝の政所に関わった二階堂行光の場合はどうであろうか。元久元年（一二〇四）九月十五日、実朝は北条義時の邸宅を訪れ、月蝕のために逗留《とうりゅう》を余儀なくされたが、その時に側にいた行光が白河院の古事を語ったため、義時から賞されたという。行光の語った古事とは次のようなものである。

行光候レ座、申云、京極太閤御時、白河院御二幸于宇治一、擬レ有二還御一、余興不レ尽之間、猶被レ申二御逗留一、而明日有二還御一者、自二宇治一洛陽当二于北一、可レ有二方忌之憚一云々、殿下御遺恨甚之処、行家朝臣引二喜撰法師詠歌一、今宇治非二都南一、為レ巽之由申レ之、因レ茲其日被レ止二還御一云々、

白河上皇が宇治に御幸して帰るのを引き止めたエピソードを語ったものであるが、実はその行光の語った古事は、次にあげる、鎌倉中期に成立した『十訓抄』一の二十四話そのものに他ならない。

京極太閤の御時、白河院宇治に御幸ありけり、余興尽きざるによりて、今一日御逗留あるべき由を申さるゝを、明日還御あらば、花洛宇治より北にあたりて、日塞がりの憚りあり、これがためいかが、殿下、御遺恨深きのところに、行家朝臣申していはく、宇治は都の南にあらず、喜撰が

歌にいはく、

わが庵は都のたつみしかぞ住む　世をうぢ山と人はいふなり

とよめり、なにの憚りかあらむ、と申されけり、この旨を奏聞ありければ、その日、還御延びにけり、殿下、御感歎あり、人美談とす、

両者を比較すれば、極めて字句や構成の似ていることが知られよう。もちろん、行光が『十訓抄』との同話をほかの説話集などから知っていた可能性もなくはないのだが、『吾妻鏡』の編者が行光にかけてこの話を付け加えたことは十分に考えられるところである。『十訓抄』の成立は建長年間のことで、その写本を六波羅《ろくはら》の関係者が所持していた[20]ことからすれば、『吾妻鏡』の編纂者がそれを見ていた可能性は高い。

また建保元年（三三）十二月二十日条の、実朝が行光の宅に逗留し、そこで進呈された馬に付けられている和歌を見て、数遍ほど吟じた後、「行光所為優美」の由で再三の御感に及び、それへの返歌を自筆で記して行光に送った、という記事については、『金槐和歌集《きんかいわかしゅう》』から採録されたものであろうことがすでに八代著によって指摘されている。

その顕彰の程度は、康信と比較すればさほどではないものの、行光もまた顕彰されていたことは間違いあるまい。

(2) 北条泰時の周辺の記事

『吾妻鏡』の顕彰記事といえば、最も注目されてきたのが北条泰時である（八代著）。そこで改めて北条泰時の関係記事を拾ってみると、幼少の頃から顕彰記事に満たされていることが知られる。

その初出は建久三年（一一九二）五月二十六日条で、泰時が歩いている前を多賀重行が乗馬して通り過ぎたことに頼朝が怒り、その所領を没収したという記事である。泰時が重行をかばってその事実はなかったと述べたところ、頼朝は泰時の「仁恵」の所為を「優美」と称えて剣を与えたという。建久五年二月二日には、十三歳の泰時の元服《げんぷく》が幕府で盛大に行われ、頼朝の一字が与えられて頼時と命名され、三浦義澄の孫女との婚姻が命じられている。

こうした泰時の顕彰記事のなかでも著名なものが建仁元年（一二〇一）九月二十二日条から十月十日条に至るまでの記事である。九月二十二日に泰時が頼家の近習の中野能成を召して、将軍頼家の頻繁な蹴鞠《けまり》の会を諫《いさ》めるよう伝えたところ、十月二日に泰時の館を訪れた親清法眼《ほうげん》が泰時に向かって、頼家の御気色《ごきしょく》を違えたらしいので北条に下るようにと忠告をしている。これに対して、泰時は、諫めたのではなく、相談したものである、と答えたが、北条に下ることを承知し、すぐに下って行った北条では、困窮している庶民の借財を帳消しにするとともに、飯酒などを施したという。

これらの記事は頼家の蹴鞠熱を批判し、泰時の徳政を顕彰するものとなっており、どこまで事実に立脚したものか問題となろう。また正治二年（一二〇〇）四月十日条には、大江広元が義時に対して、三月に京都で若狭《わかさ》前司保季《やすすえ》を殺害した男の処分についての意見を求めたところ、泰時が「為二郎従身一殺二害諸院宮昇殿者一、於二武士一又非二指本意一、白昼所行罪科重哉、直召二進使庁一、可レ被レ誅者歟」と語ったという記事が載っている。

しかるに『明月記』正治二年三月二十九日条には、若狭前司保季の殺害犯が佐々木左衛門尉の許に行き、主人の親能入道の手に引き取られ、検非違使に渡されるところとなったという記事が見え、そこに「諸院殿上以上物、白昼殺害」「従者又寄打殺云々、於二武士一又不二高名一」と記されているので、先の泰時の言がこの『明月記』によって作りあげられたものとわかる。また『吾妻鏡』はその殺害の報を四月九日条に佐々木左衛門尉広綱から届いたとして載せ、保季について「此保季、容顔花麗、不レ異二潘安仁一」と記しているが、これもまた『明月記』に見える「容顔美麗、不レ異二潘安仁一」という記事に基づくものであろう。

ここでも『明月記』を使って泰時を顕彰していることは注目すべきことであり、三善康信を顕彰すると同時に、泰時を顕彰する『吾妻鏡』の編纂者の意図がよくうかがえる。

また建保六年（一二一八）七月九日条は、実朝の夢に沿って、義時が大倉郷に薬師堂を造営しようとした際、北条時房と泰時二人が撫《ぶ》民《みん》の儀に叶わぬとしてこれを諫めたという記事であるが、これはその後に執権となる二人の共同行動の最初であって、執権政治への展開を遠望する逸話として載せられたものと見られる。

泰時と時房は、承久の乱ではともに上洛の大将軍となり、乱後には六波羅探題《たんだい》となったが、さらに元仁元年（一二二四）六月二十七日に両人は政子の邸宅で「武家事」を執行すべきことを命じられて執権となっている。

それとともに『吾妻鏡』には、泰時とその周辺の人物の顕彰記事が目立ってくるが、その周辺の人物のなかでも特に注目されるのが三善康信の子の康連《やすつら》で、貞永《じょうえい》元年（一二三二）正月二十三日条にはこう見える。

朝廷ではこの年正月十二日に朝覲行幸《ちょうきんぎょうこう》が行われたが、その日は道嘘日《とうこにち》として憚ることになっていたのに実行されたのはなぜかと、泰時が康連らに尋ねたところ、康連がそうした所見があることを指摘し、その記録を持参して泰時から褒められている。『吾妻鏡』にはその記録も載せられている。

さらに貞永元年五月十四日条には、泰時が御成敗式目を制定するに際し、「偏所レ被レ仰二合玄蕃允康連一也」と、相談はひとえに康連となしたことが記されており、天福元年（一二三三）十一月十日条には、泰時が評議の終了した後、康連や矢野倫重《みちしげ》、佐藤業時《なりとき》らに盃を賜って、その勤務の厚いことを賞したとある。なお顕彰記事ではないが、仁治《にんじ》元年（一二四〇）二月二十五日条には、泰時が鶴岡八幡宮の鎌倉中の地に関して定めた禁制三ヵ条を康連が奉行しており、禁制の全文が載せられている。

この時期の『吾妻鏡』は総じて実務的な記事に徹しているので、このように康連に関して特筆されていることは注目に値しよう。なお康連については、『吾妻鏡』の原史料の一つとして康連の記録があったという指摘がなされている。

すなわち建長六年（一二五四）五月一日条は、人質事と題する法令が時頼から「問注所」に伝えられたとあるが、これは『新編追加』に見える法令と同じものであり、そこでは政所執事の筑前前司二階堂行泰と問注所執事の大田民部大夫康連に充てられていることから、この記事は問注所の記録によっていたであろうことを八代著は指摘している。

こうして泰時から時頼の時代にかけても『吾妻鏡』における三善氏の位置は特別であったことがわかるが、その系統を見ておこう（一〇八頁、三善系図参照）。

康信の長子の行倫《ゆきみち》、その子倫重の系統は矢野と称され、北条氏の得宗の近くに仕えることになった。康信の次子の康俊は問注所の執事を継承して町野を称したが、寛元四年（一二四六）の宮騒動で失脚した後、この系統は京都にあって六波羅評定衆《ひょうじょうしゅう》として仕えるようになる。

康俊に替わって問注所執事となったのが弟の康連で、備後《びんご》国大田荘を康信から与えられて大田と称したが、この系統が康宗・康有・時連・貞連と、問注所執事《しつじ》を代々、輩出したのである。したがって『吾妻鏡』の編纂者が康連に注目したのは、康連の子孫が『吾妻鏡』の編纂に大きく関わっていたからであろう。康連は北条泰時の時代に評定衆となり、時頼の代には兄康俊に替わって問注所執事に任じられた吏僚であった。

さらに泰時の周辺で顕彰されている人物に、文暦《ぶんりやく》元年（一二三四）八月二十一日に尾藤景綱に代わって北条泰時の家令《かれい》に任じられた平盛綱がいる。嘉禄三年（一二二七）正月四日条には、前年の大晦日《おおみそか》に伊豆の走湯山の拝殿以下が焼失していたのを、元三《がんざん》の間ということで盛綱が四日まで抑えていたと見える。寛喜《かんぎ》三年（一二三一）七月二十七日条には、名越《なごえ》辺で騒動があって越後守北条朝時の邸宅に敵が討ち入ったという噂を聞いた泰時が、評定の座からすぐに駆け付けたことに対し、盛綱が諫めた記事が載っている。重職におる者がしてはならないことであり、こうしたことは「乱世之基」となり、「世之謗《そしり》」を招くもの、と盛綱が諭したところ、これに対して、泰時は、親類を思うが故であり、兄の志す所なのであって、そうした時には重職も栓はない、と答えたという。

これについては、盛綱の諷詞と泰時の陳謝のどちらが妥当かということで話題になったものの、どちらとも決することがなかったといい、盛綱の高名のあがったことが語られている。なお延応《えんのう》元年（一二三九）五月二十六日条には、泰時が政子の法華堂の近くに温室を建てて置文を定めているが、それは盛綱の執筆になるもので、置文の全文は『吾妻鏡』に載せられている。

北条氏一門では、北条（金沢《かねさわ》）実時が顕彰されている。文暦元年六月三十日に年少ながら父実泰が病で辞退したのを受けて小侍所《こさむらいどころ》の別当になった実時は、暦仁元年（一二三八）二月の将軍の上洛の途次において、舞沢松原に野宿した。するとそれを知った泰時が小侍所の別当は重職であり、それならば自分もそうすると語ったために、結局、実時は御所の近所に旅宿をとるようになり、「面目《めんもく》」を施すところとなったという。

仁治二年（一二四一）十一月二十五日には、泰時が酒宴での雑談において、家督の経時に向かって、文を好み、武家の政道を助けるように示すとともに、実時とよく相談して、互いに水魚の思いをなすようにと語ったという。

以上、顕彰記事を見てきたが、それらはいずれも北条泰時に関連して見えていることがわかった。ここに『吾妻鏡』の編纂の意図がはっきりと見えてきたことから、改めて『吾妻鏡』の構成を考えておこう。

『吾妻鏡』は、京からもたらされた以仁王の令旨を源頼朝と北条時政とが開いたところから始まり、頼朝の将軍記が語られてゆくが、それは頼家・実朝の将軍記という形で引き継がれている。そして『吾妻鏡』の記事の終わりが宗尊《むねたか》将軍が京都に追い返される記事であれば、首尾一貫した将軍記の体裁をとるかのごとくであるが、実朝暗殺後の記事はやや異なっている。

というのもその死をもって実朝の将軍記は閉じられることなく、そのまま頼経《よりつね》将軍の最後までが連続した記事となっているからである。実朝の跡の幕府は北条政子の「禅定《ぜんじように》二位家《いけ》」として位置づけられ、幼い頼経が九条家から迎えられるが、他方で義時・政子の死後には北条泰時・時房が執権として幕府の政治を握ることになり、頼経が元服して将軍となり、そしてやがて子の頼嗣《よりつぐ》に将軍が譲られるまでが一連の記事としてつながっているのである。

それは『吾妻鏡』の記事が将軍記の性格とともに、執権記の性格をも担っていたからであろう。執権記の発端は将軍記の発端と同じく、京からもたらされた以仁王の令旨を源頼朝と北条時政とが開いて見たことにあり、そこから時政の執権記が始まっている。続く義時執権記は、元久二年（一二〇五）閏七月二十日条の、時政が伊豆に退けられ、義時が「執権事」を行うところとなったという記事に始まり、さらに泰時執権記は元仁元年（一二二四）六月二十七日条の、時房・泰時二人が政子の邸宅で「武家事」を執行すべきことを命じられた記事に始まっている。

このような執権記を作成するなかで、それぞれの時期の執権の顕彰記事を載せる必要があったのであろう。なかでも泰時によって執権政治の体制が確立をみたことから、その顕彰記事は最も多く作られるところとなった。しかもそこではその体制を築くのに寄与した人々も顕彰されており、特に三善康信・康連が顕彰されたのは、『吾妻鏡』の編纂の中心にあったのが三善氏の流れを引く奉行人であったからと見られる。

4　『吾妻鏡』の編纂者

『吾妻鏡』はいつ、誰によって編集されたのか、この問題についてはこれまでに幾つかの試論が出されてきているが、決定的な論はまだ出されていない。ただ北条氏の関係者が深く絡んでいることや、金沢文庫周辺が関与していることは疑いないようである。

そこでこれまでの『吾妻鏡』の筆法の分析を通じて明らかになった諸点を手掛かりにして、編纂者と編纂時期を見定めることにしよう。

(1)　編纂の時期と関係者

八代著は『吾妻鏡』の二段階編纂説を提示した。源氏三代の将軍記は文永（一二六四〜一二七五）の頃、以後の将軍記はそれより遅く正応三年（一二九〇）から嘉元二年（一三〇四）の頃の成立というものである。二段階説の論拠は、源氏三代の記事と藤原将軍・宗尊将軍の記事とを比較して、筆録態度が大きく異なる点にあるが、それを裏付ける証拠は乏しく、記事の内容の違いはその原史料の性格の違いに大きく起因していることを考えれば、さらにまた全体の構想から見ても、二段階編纂を積極的に裏付ける材料はない、とすべきであろう（五味稿）。

もちろん五十数巻にわたる大部の書物であって、年月を相当に費やしたことであろうから、いつの成立であると特定するのは困難であるが、ひとまず全体が同じ頃に成立したと見るのが妥当なところであろう。そしてその時期は八代著が指摘した第二段階の時期が目安になる。つまり第四十二巻の宗尊将軍記の袖書《そでがき》に、後深草院《ごふかくさいん》が「院」とのみ記され、正応三年二月に出家していることが記されている点から、正応三年二月以後、亡くなる嘉元二年七月以前の成立というのが大枠になる。

そこでさらに編纂時期に関する様々な情報・史料を吟味してゆく必要があるが、まずは『明月記』が『吾妻鏡』の原史料に使われた点から、この記事が幕府関係者の手に入った時期を考えよう。『明月記』を藤原為家から伝えられた冷泉為相《れいぜいためすけ》は所領の相論などで鎌倉に滞在することが多く、訴訟の関係、また和歌や蹴鞠の関係においても幕府の奉行人との繋《つな》がりは深かった。その為相が幕府に二条為世との所領の訴訟をおこして裁許を得たのは正応二年十一月七日であり、正和二年（一三一三）七月に再度の裁許を獲得している。先に指摘した編纂の時期はここに含まれることになる。

次に元久二年（一二〇五）閏七月二十九日条の基になった、伊予国の御家人交名が作成された時期であるが、笠松宏至氏の指摘するごとく、伊予国三島大祝安俊の代官安胤《やすたね》がその交名を提出して争って、裁許を得たのは正安二年（一三〇〇）八月十八日の六波羅下知状においてであった[21]。

その下知状によれば、元久二年閏七月日の右大将家御下知、貞応二年（一二二三）三月日の近藤国盛田畠注進状《ちゅうしんじょう》、文永元年（一二六四）十二月二日の関東御下知などを帯して提訴されており、係争の地が御家人役を勤める地であること、文永年中に土地を売ったので「新式目」により濫妨《らんぼう》を停止して欲しいことなどが訴えられている。ところが永仁七年（一二九九）正月二十六日以後に三回にわたって召文《めしぶみ》が論《ろん》人《にん》に示されたものの、それへの請文の提出がなかったため安俊の勝訴となったという。

これらからすると、元久二年閏七月日の右大将家御下知の交名は永仁七年頃には作成されており、六波羅の関係者の知るところとなっていたことになる。したがって『吾妻鏡』の編纂の時期は永仁七

年以後のことになると笠松氏は指摘している。(22)

この場合、さらに注目したいのは、伊予の三島社の訴えが「新式目」こと永仁の徳政令を契機になされていることである。御家人による質地や売買地の取り戻しを認めたこの法令が出されると、御家人は自らの権利を主張するため、また反対にそれの適用外であることを主張するために訴訟が広く起こされた。そうした訴訟において提出された証拠文書が『吾妻鏡』に載るところとなったその一例が、先の元久の伊予国の御家人交名であることからすれば、ほかにも同様な例はあるに違いない。

特に頼朝将軍記の最初には多くの権利関係の文書が載っていることはすでに見たところであれば、そのなかには同様な文書があったのではなかろうか。たとえば治承四年（一一八〇）十月二十一日条に載る次の文書は伊豆三島社への頼朝の寄進状である。

伊豆国御園　河原谷　長崎

可㆔早奉㆓免敷地三島大明神㆒、

右、件御園者、為㆓御祈禱安堵公平㆒、所㆓寄進㆒、如㆑件、

治承四年十月廿一日

源朝臣（花押）

伊豆国の河原谷・長崎という二つの御園《みその》を三島大明神の敷地として寄進したもので、この文書は三島社の「矢田部文書」に見えているが、総じて問題の多いことは八代著も明らかにしているところで

ある。しかるに同日には伊豆国の馬宮庄が伊豆権現《ごんげん》の敷地として寄進されており、こちらは『吾妻鏡』に載っていないが、「尊経閣古文書《そんけいかくこもんじょ》」に現存している。また箱根権現への相模国早川本庄を頼朝が寄進した寄進状は『吾妻鏡』治承四年十月十六日条に載っている。

これらはいずれも形式・内容ともに問題が多く、後世に作られた可能性は高いと見られるが、それらの作成の契機として考えられるのが永仁の徳政令を契機とした神領保護の主張である。たとえば伊豆権現については次のような文書が「一条家蔵日吉記紙背文書《しはいもんじょ》」に見える。(23)

質券売買地事、不レ及ニ御沙汰一由、就ニ仰下一、当山坊地并熱海郷田畠等、有ニ濫妨一云々、太以無ニ其謂一、於ニ寺社領一者、別所レ有ニ御沙汰一也、彼落居之程者、不レ可レ有ニ違乱一、若至下致ニ狼藉一之輩上者、可レ被レ行ニ重科一、存ニ其旨一、普可レ有ニ触沙汰一之由也、仍執達如レ件、

永仁五年三月廿六日　丹治
沙弥
沙弥
左衛門尉

走湯山寺家政所

端裏書《はしうらがき》には「関東政所書下案《かきくだしあん》」とあるが、このように質券《しちけん》売買地に関する濫妨排除のために提出された証拠文書などが『吾妻鏡』の編集に役立てられたのではなかったか。なお当時、伊豆山では社

殿の造営がなされており、それに際して由緒を語る文書が提出されたことなども考えられるところであろう。(24)

こうして編纂の時期は十四世紀初頭に特定されてきたが、では編纂者は誰だったのであろうか。すでに『明月記』の利用に絡んで、三善康信・康連の子孫が候補にあがると指摘したが、時期的に見て、その子孫で該当しそうなのは大田時連《ときつら》である（一〇八頁、三善系図参照）。

時連は弘安六年（一二八三）に父の跡を受けて問注所執事に十五歳で就任し、翌々年に一旦は職を摂津親致《ちかむね》に奪われるが、永仁元年（一二九三）に再任され、以後、正和元年（一三一二）の配流で一年ほど執事を交替させられる時期を除いて、元亨《げんこう》元年（一三二一）まで執事の任にあった。(25)

その活動で注目されるのは、永仁元年の評定衆、永仁四年の寺社奉行、正安元年（一二九九）の京下《きょうくだり》執筆《しっぴつ》、正安二年の引付頭人《ひきつけとうにん》、延慶《えんきょう》二年（一三〇九）の寄合衆《よりあいしゅう》であり、寺社関係の文書や六波羅関係文書を入手する機会は十分あったことが指摘できよう。父の康有には『建治三年記』と称される日記の抄録があり、さらに自身も『永仁三年記』を記していて、室町幕府にも「武家宿老故実者」として仕えている。『吾妻鏡』の編纂には最も相応しい人物である。

次に注目したいのは二階堂氏である。『吾妻鏡』が二階堂行光について特筆していたことは先に指摘したところであるが、その顕彰記事の作成に関わった子孫も編纂にタッチしていたと見られる。そこで承久元年（一二一九）九月に行光が亡くなった後を見てゆくと、代わって伊賀光宗が政所執事に任じ

〔二階堂系図〕

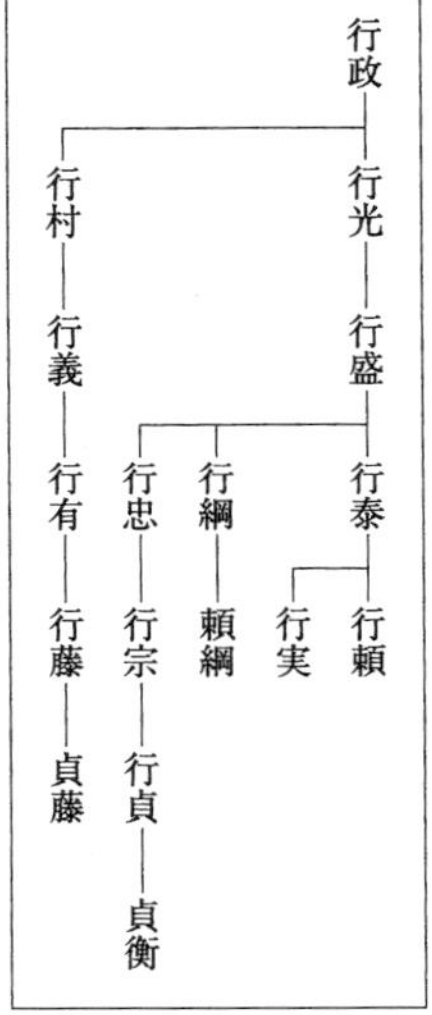

られ、元仁元年（一二二四）閏七月二十九日にその光宗が解任されると、行光の子の行盛が政所執事に補任され、以後、政所執事は二階堂氏に継承されていった。そして行盛の後は幾つかに分流し、行光の弟の行村の流れも含めて、政所執事の職はそれらの間において転々と動いている。

そこで正安の頃の政所執事を見ると、正応三年に執事となった行貞は、永仁元年に行藤に代えられるが、乾元《けんげん》元年（一三〇二）に再任されている。そうであればこの行貞と行藤の二人が編纂に関与したものと見られるが、行藤は行光の弟の行村の流れに属しているので、行貞が有力候補となろう。

そうであれば、系図に見える、行盛と行貞を結ぶ存在の行忠が『吾妻鏡』でどう扱われているのかが注目されよう。そこで行忠の記事を見てゆくと、宝治元年（一二四七）六月五日の宝治合戦で「決二殊勝負一、獲二分取一」とその軍功が特筆され、以後も弓の射手などの交名に見えるなど、文士の家柄には珍しく武芸での活動が記されている。だが最も注目すべきは『吾妻鏡』貞応元年（一二二二）九月二十一日条の「藤民部大夫行盛妻男子平産」という記事であろう。この時に生まれたのが行忠であった。『吾妻鏡』は行盛から行貞につながる系譜を暗に語っていたのである。

かくして行貞が政所の執事に再任された乾元元年以後、そして嘉元二年（一三〇四）以前の時期が『吾妻鏡』の編纂に最もふさわしい時期ということになろう。

次に大江広元について探ってみよう。広元の孫の泰秀については、『吾妻鏡』貞永元年（一二三二）十二月五日条に、祖父の大江広元が存生の時に幕府の巨細を執行していた際の文書や記録などの散在しているのを、北条泰時が集めて目録に整えて送られたとあり、文士として重用されていたことが特筆されていて、その所持していた記録類は『吾妻鏡』の原史料には役立てられた可能性さえある。

そこでその子孫を探ってゆくと長井宗秀の存在が注目される。永仁三年（一二九五）に寄合衆・評定衆、正安年間（一二九九〜一三〇二）に引付頭人などを歴任している。そして宗秀の子の貞秀には、京都の金沢貞顕《さだあき》に充てて、「鎌倉治記、六代勝事記、此等可レ申候」と、「鎌倉治記」と「六代勝事記」の二つの書物の借用について記した書状があり、ここに見える「鎌倉治記」という書物については、かつて『吾妻鏡』あるいはその原形となる書物であった可能性があると指摘したことがある。[26] 貞秀は延慶二年（一三〇九）に亡くなっており、貞顕の六波羅探題の在任時期は乾元元年から延慶元年であるから、『吾妻鏡』がその頃にはすでに成立していたとしても問題はなかろう。

(2)　出産・元服記事を読む

『吾妻鏡』の顕彰記事が、北条泰時に関わる人物に多かったことから、さらに泰時の周辺で特筆されている人物の子孫について、『吾妻鏡』の編纂された十四世紀初頭にどのような位置を占めていたのかを見てゆくと、泰時を支えた北条氏の一門の金沢実時の子孫では、貞顕が乾元元年に六波羅探題となり、延慶二年には得宗の貞時を支える寄合衆となっている。泰時の家令であった平盛綱の子孫の長崎高綱も延慶二年に寄合衆に見えている。

そこで逆に貞時周辺の人物について、その祖が泰時の時代にどう遇されていたのか、また『吾妻鏡』にどう記載されていたのかを考えてみよう。

延慶二年の寄合衆は『金沢文庫文書』に残る書状からたまたま知られており、北条氏の一門の師時《もろとき》、大仏《おさらぎ》宗宣、北条熙時《ひろとき》、金沢貞顕らのほかに、外様の安達時顕、大江氏の長井宗秀、三善氏の大田時連らがおり、さらに得宗被官の長崎高綱、尾藤時綱らもいる。[27]

まず外様の安達時顕の祖は頼朝の挙兵以来の側近であった盛長であり、頼朝の時代には宿老として遇されていた。その子の景盛は元久二年（一二〇五）の畠山討伐に活躍した後、義時が執権になるに及んで、大江広元と並んで義時を補佐する評議のメンバーとなっている。さらにその子の義景は得宗家の外戚となっており、得宗が経時から時頼に移った寛元四年（一二四六）には、得宗を中心とした内々の会合のメンバーとなっている。

すなわちその年六月十日の得宗亭での「深秘の沙汰」の出席者は、亭主の時頼、北条政村、金沢実時、秋田城介安達義景と得宗被官の諏訪入道盛重、尾藤太《びとうた》景氏《かげうじ》、平三郎左衛門尉盛時らであって、義景はやがて宝治合戦では三浦氏を滅ぼす切っ掛けをつくっている。

次に得宗被官の尾藤時綱であるが、祖の景綱は得宗家の最初の家令であった。『吾妻鏡』元仁元年（一二二四）閏七月二十九日条に次のように記されている。

尾藤左近将監景綱為武州後見、以前二代無家令、今度始置之、是武蔵守秀郷朝臣後胤、玄蕃頭知忠四代孫也、

尾藤氏が初めて得宗家の家令になったことを簡潔に記しており、記事は得宗家の整備という面では重要な意味をもつものである。同年八月二十八日条にも、得宗家の家務条々が定められたという記事に景綱は平盛綱とともに奉行したと見えている。泰時の嫡子時氏の乳父《めのと》であって、安貞元年（一二二七）六月に時氏が殺害されると出家したが、その後も泰時の近くに仕え、その家令職を文暦元年（一二三四）八月二十一日に辞すると、その代わりに任じられたのが盛綱であった。得宗家の整備に尽くした人物として特筆されていると見てよかろう。

このように貞時の時期の寄合衆は、溯って泰時の時代に家を形成していることが『吾妻鏡』によく記されていることがわかったが、さらに北条氏の一門についても探ってみよう。

大仏宗宣の祖は北条時房であり、泰時とともに元仁二年には「武家事」を命じられており、特筆されていたことはいうまでもない。北条煕時の祖は寛元の内々の会合に見える北条政村で、政村は元久二年六月二十二日条に「相州室（伊賀守朝光女）男子平産（左《さ》京兆《けいちょう》是也）」とあって、政村の晩年の官途が示されてその誕生であったことが記されるなど存在が強調されている。

〔北条系図〕

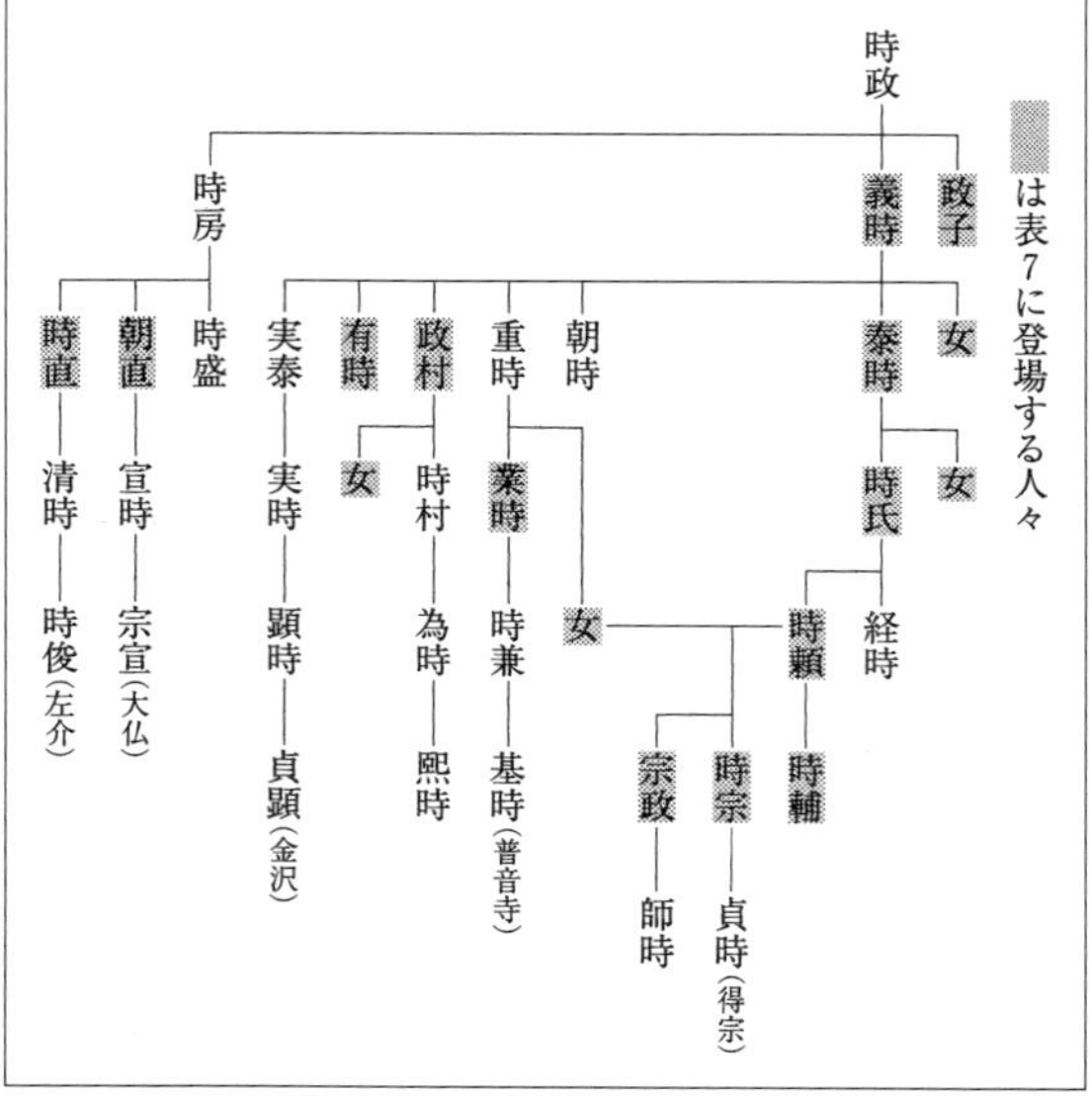

最後に残った師時であるが、その父宗政の出産記事が建長五年（一二五三）正月二十八日条に「相州室家令平産男子」と見えており、翌日に名が福寿と付けられたことが記されている。

こうして延慶二年（一三〇九）の寄合のメンバーの祖は、泰時や時頼の時代に得宗を補佐しており、その動きが『吾妻鏡』の記事によく記述されていることを知ることができた。

そこで見たいのが『吾妻鏡』の出産記事である。先に二階堂行忠や北条政村・宗政についてその出産記事があることを根拠にして彼らが特筆されると見たのであるが、そうであれば広く出産記事を探って、そこから逆に特筆されている人物を探すことができよう。また果たして出産記事にはそのような意味が含まれていたのかを改めて考えることにもなろう。

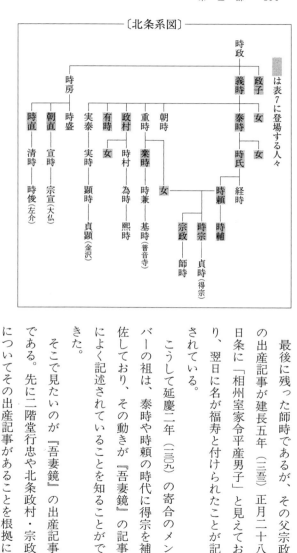

『吾妻鏡』に見られる出産記事を示した表7によれば、父や母のいずれかが将軍家や朝廷、北条得宗家などが関係する場合に見えることが知られ、二階堂行盛の男子行忠の誕生が記されていたのはやはり重要な意味をもっていたことがわかる。そこに泰時の出産記事は見えないが、それは寿永二年（一一八三）であったために『吾妻鏡』の記事がないことによるものであろう。

次に注目したいのは、北条氏の中でも得宗の流れでない人物の出産の例である。たとえば文永三年（一二六六）三月十一日の北条業時《なりとき》の男子出産記事があるが、なぜだろうか。そこに「弾正少弼業時朝臣室（左京兆姫君）男子御平産」とあれば、まずは妻が「左京兆姫君」（北条政村女）であったことにより、載せられたものと考えられよう。政村はすでに見たように誕生記事があり、得宗に続いて特筆されている。しかし他方で業時の子孫の基時は、十四世紀の初頭の嘉元三年（一三〇五）には三番の引付頭人となっているので[28]、その基時の家の形成に触れて記されたとも考えられる。

同様な存在に北条朝直・時直兄弟がいる。寛喜三年（一二三一）四月の朝直の場合、妻の北条泰時の娘が出産した関係から載せられたとも考えられるが、朝直の直系の子孫には延慶二年の寄合衆のメンバーの大仏宗宣がおり、宗宣の流れの祖として位置づけられていた可能性が大である。ただこの時に生まれた朝直の子は宗宣の親の宣時ではなく、宣時の出生は没年から暦仁元年（一二三八）と推定されており、母は足立遠光《とおみつ》女であったから、泰時娘との間に生まれた子は早世したのであろう。しかしその事実は大仏氏の家の形成において重要なものと考えられていたのではなかったか。

表7　出産記事一覧

年　月　日	子	父	母
寿永1・8・12	源　頼家	源　頼朝	北条政子
文治2・2・26	男子	源　頼朝	藤原時長女
2・5・6	女子	一条能保	頼朝妹
4・1・22	男子	比企朝宗	政子官女（越後局）
建久1・8・9	源　実朝	源　頼朝	政子
正治2・5・25	北条有時	北条義時	妾（伊佐朝政女）
元久2・6・22	北条政村	北条義時	伊賀朝光女
建保6・1・16	藤原頼経	藤原道家	藤原公経
6・10・10	仲恭天皇	後鳥羽上皇	藤原良経女
承久2・8・6	男子	藤原実雅	義時女
3・11・23	女子	北条義時	伊賀朝光女
4・2・9	女子	藤原実雅	義時女
貞応1・9・21	藤原行忠	藤原行盛	
1・12・12	男子	北条義時	伊賀朝光女
嘉禄3・5・14	北条時頼	北条時氏	安達景盛女
安貞2・5・16	男子（清時）	北条時直	三浦家連女
寛喜2・7・15	女子	三浦泰村	北条泰時女
3・2・12	四条天皇	後堀河天皇	藤原頼経姉
3・4・19	男子	北条朝直	泰時女
貞永1・9・13	女子	後堀河天皇	頼経姉
延応1・11・21	藤原頼嗣	藤原頼経	藤原親能女（大宮局）
寛元1・6・10	後深草天皇	後嵯峨上皇	藤原実氏女
宝治2・5・28	北条時輔	北条時頼	幕府女房（讃岐局）
建長3・5・15	北条時宗	北条時頼	北条重時女
4・7・4	堀内殿（時宗妻）	安達義景	
5・1・28	北条宗政	北条時頼	北条重時女
6・10・6	女子	北条時頼	北条重時女
文永2・8・21	女子	宗尊親王	藤原兼経女
3・3・11	北条時兼	北条業時	北条政村女

また安貞二年五月の時直の場合、妻が三浦家連の娘であり、載せられた理由はほかに求めて考える必要がある。この時に生まれた時直の子は嘉禎二年（一二三六）八月四日に「遠江太郎」と見える清時と考えられるが、その流れは時俊へと至っており、時俊は延慶三年（一三一〇）七月の一番の引付番文《ばんぶん》に見える「安芸守」とされる。[29] その時の引付頭人は北条熙時で、評定衆の長井宗秀よりは上位にあるので、時俊の流れの祖を示す必要から載せられた記事と考えられよう。

こうしたことからも、『吾妻鏡』は十四世紀の初頭に大田時連などの得宗周辺の人物を中心にして編纂された歴史書であること、そしてその祖がいかに家を形成してきたのかを示すべく編纂されたものであることが指摘できようか。

そこで次に元服記事についても探ってみたい。いうまでもなく元服は家の形成にとって重要な意味を担っていたからである。

表8からまずうかがえるのは、将軍家や北条氏の家督の得宗の元服についてはすべて載せている点である。これは今までに見てきたことをよく裏づけているが、さらに北条氏一門では金沢氏が実泰・実時・顕時三代にわたって記されている点も注目される。出産記事には見えなかった名越氏の朝時の建永元年（一二〇六）十月の元服記事もあり、名越氏の祖についても触れられていることから、『吾妻鏡』が北条氏一門の家の形成に留意していたことがわかる。

それと同時に注目されるのが将軍家や北条氏以外の御家人の元服記事である。そのうちの小山《おやま》朝光

表8　元服記事一覧

年　月　日	元服童	父	場
治承4・10・2	小山朝光	政光	頼朝御前
文治2・3・25	一条高能	能保	
5・4・18	北条時房	時政	頼朝御所
5・8・12	河村秀清	秀高	頼朝御前
建久1・9・7	曾我時致		時政御前
4・10・10	斎藤時員	基員	幕府
5・2・2	北条泰時	義時	幕府
建仁3・10・8	源　実朝	頼朝	時政亭
建永1・10・24	北条朝時	義時	御所
建保1・12・28	北条政村	義時	御所
2・10・3	北条実泰	義時	御所
嘉禄1・12・29	藤原頼経	道家	御所
天福1・12・29	金沢実時	実泰	泰時亭
2・3・5	北条経時	時氏	御所
嘉禎3・4・22	北条時頼	時氏	泰時御前
仁治2・1・5	四条天皇	後堀河	
寛元2・4・21	藤原頼嗣	頼経	御所
建長2・12・3	佐々木頼綱	泰綱	時頼亭
6・1・28	近衛基平	基経	
8・8・11	北条時輔	時頼	
康元2・2・26	北条時宗	時頼	御所
正嘉1・11・23	金沢顕時	実時	時頼亭

の場合は母が頼朝の乳母《めのと》であったためであり、文治五年(一一八九)八月十二日の河村秀清や建久元年(一一九〇)九月七日の曾我時致《ときむね》の場合、奥州合戦や曾我兄弟の敵《かたき》討《う》ちにまつわる挿話として見えるものであるから、特に問題とするにはあたらないであろう。

　しかし建久四年十月十日の斎藤基員《もとかず》の息や建長二年(一二五〇)十二月三日の佐々木頼綱の場合、どうしてこの記事が載ったのかは改めて考えてみる必要がある。

　斎藤基員は野本を名字とし、『吾妻鏡』への登場は、この童《わらべ》の元服の記事のほかには、建久六年七月十七日に頼朝の代官として相模国の大山に参詣に赴いた記事しかない。またこの時に元服した童と見られる時員は、在京したことから『吾妻鏡』にはほとんど見えておらず、わずかに六波羅探題北条時盛に属して在京中に能登守に任じられたことについて、その息の野本次郎行時が建長二年十二月八日に名国司所望《みようこくし》を訴えた訴状から知られる。

こうしたことからすると、なぜ、『吾妻鏡』に記されたのか、ますます疑問となるが、『尊卑分脈《そんぴぶんみやく》』の系図によれば、時員の実父は下河辺政義と見える。ここで思い起こされるのは、元暦元年（一一八四）四月二十三日条に載る、下河辺政義の常陸国の南郡の知行を安堵した俊兼奉書であろう。この奉書は野本氏から提出された可能性が考えられ、野本氏の記す記録が『吾妻鏡』編纂者の手に入って、こうした記事が生まれたと想定されよう。そうであれば野本氏が『吾妻鏡』の編纂者と特別な関係にあったことが想定されるが、残念ながらその関係については不明である。

次に佐々木頼綱の佐々木氏であるが、近江の佐々木氏の嫡流だけに『吾妻鏡』の記述は多く、頼朝の挙兵時には相模の渋谷重国の許にあった秀義・定綱が挙兵にかけつけたことを治承四年八月九日条は記しており、以後、幕府に仕えて「十七ヶ国守護職」に任じられるほどの「大名」に成長したことについても、弘長元年（一二六一）五月十三日条に見える。

そこでさらに見てゆくと、建久二年に定綱は日吉社《ひえしや》の神人《じにん》との争いで薩摩に配流され、子の定重が処刑される事件を起こしたが、建久四年には流罪が解かれ、近江守護に復職し、在京御家人として活躍している。その子の信綱は承久の乱での宇治川の合戦で勲功をあげ、この勲功をめぐっては相論があって、安貞元年（一二二七）九月二十二日に恩賞として近江国豊浦庄がやっとあたえられたものの、嘉禎元年（一二三五）七月五日には豊浦庄に代えて尾張国長岡庄があたえられており、この時の将軍家政所下文は『吾妻鏡』に載せられている。

したがって佐々木氏から提出された記録が『吾妻鏡』の編纂に利用されたことが考えられるが、興味深いのは元服記事が見える佐々木頼綱のその娘が『尊卑分脈』の佐々木系図に「信濃守三善時連妾」と見えている点である。あるいは三善（大田）時連は妻の家の記録をここに載せたのではなかったか。このことからも大田時連が『吾妻鏡』の編纂の中心的な立場にあったことは疑いないようである。

おわりに

本稿は『吾妻鏡』に載る文書と交名に考察を加え、さらにその考察に基づいて地の文がいかに作成されたのかを探って、編纂者や編纂時期、編纂の意図などを考えてきた。以上の考察を踏まえると、『吾妻鏡』について次のようなことが指摘できよう。

『吾妻鏡』は武家政権が築かれてきた歴史の流れを年代順に記したものであり、強い主張によって貫かれていた。まず頼朝によっていかに武家政権の基礎が築かれ、継承されていったのかが語られているが、この後白河《ごしらかわ》から後鳥羽《ごとば》に至る時代には、朝廷を構成する貴族や寺院などでも様々な家の基礎を確立させており、藤原定家の御子左《みこひだりけ》家の歌の家や飛鳥井《あすかい》氏や難波《なんば》氏の蹴鞠の家などの芸能の家もまたこの時期に確立していて、[30]武家の確立もその一環であったといえよう。

しかし『吾妻鏡』はそうした武家の形成と発展を描くだけではすまなかった。武家を構成する武士の個々家の形成と展開とをあわせて描いており、その中心に位置していたのが北条氏であり、そのうちでも特にその家督の得宗家であった。さらに得宗家を補佐する評定衆や寄合衆の家の成立についても言及しており、『吾妻鏡』は、そうした家々の多くが承久の乱後に確立をみたことをも主張したものとなっている。

『吾妻鏡』は、文永三年（一二六六）に宗尊親王が京に追われたことをもって終了しているが、これを契機にして幕府の体制は新たな段階を迎え、以後は文永・弘安の蒙古襲来に見舞われ、また幕府内部の政争が起きるなど、政治の迷走することが多かったから、それらを書き込むのは難題が多かったに違いない。またそうであるが故に、そうした混乱した時代において、歴史を見つめ直す必要が生まれ、『吾妻鏡』は編纂されたともいえよう。

また、この時代には武士の家の内部で広く分流がおき、家督や庶子の地位をめぐっての争いも起きていたから、自らの家の流れを確認し、その正統性を主張する必要からも、『吾妻鏡』の編纂は求められたに違いない。同じ時期には芸能の家々においても、自己の流れの正統性を訴えるために多くの著作が生まれており、[31]『吾妻鏡』の制作動機もそれと大きな関係があったと見られる。

注

(1) 八代国治『吾妻鏡の研究』(明世堂書店、一九一三年)。
(2) 本書第Ⅰ部所収。
(3) 石井進『日本中世国家史の研究』(岩波書店、一九七〇年)。
(4) 拙稿「花押に見る院政期諸階層」(『院政期社会の研究』、山川出版社、一九八四年)。
(5) 拙稿「天皇と軍事制」(石上英一他編『前近代の天皇4　統治権的機能と天皇観』、青木書店、一九九五年)
(6) 大石直正「奥州藤原氏の貢馬について」(『中世東国史の研究』、東京大学出版会、一九八八年)
(7) 小代伊重置文(『東松山市史』資料編2、一九八二年)。なおこの置文については、石井進「武士の置文と系図」(『鎌倉武士の実像』、平凡社、一九八七年)、拙著『殺生と信仰―武士を探る―』(角川書店、一九九七年)を参照。
(8) 拙稿「初期鎌倉幕府の二つの性格」(『日本歴史』三四五号、一九七七年)。
(9) なお『吾妻鏡』の宣旨の本文は誤りが多く、『玉葉』によって修正した。
(10) なかに東園(二品親能)、黒田庄(二位経俊)、天花寺(二位久気次郎)、新屋庄(二品近衛局)、永平名(二品宇佐美三郎)などと、「二位」「二品」とあるのは頼朝のことであり、これらの荘園は関東御領であったと考えられる。
(11) 石井進前注(3)書、上横手雅敬「吾妻鏡文治三年九月十三日条をめぐる諸問題」(『鎌倉時代政治史研究』、吉川弘文館、一九九一年)など。
(12) 拙稿「女院と女房・侍」(前掲注(4)書所収)。

(13) 前注(4)拙稿。
(14) 安房判官代高重の場合、『尊卑分脈』によれば安房守になっていたかのごとくであるが、安房守になった場合には特別に判官代と記されることはないので、安房権守の誤りであろう。
(15) 拙稿「相模国と三浦氏」(『三浦一族研究』二号、一九九八年)。なお石井進「相武の武士団」(前注(7)書所収)は三浦荘を三浦庄司の存在から、また後に見る相模国の中村荘を中村庄司の存在から推定しているが、それぞれ荘園の存在は確認されていない。
(16) 『吾妻鏡』文治二年六月一日条によれば、頼朝は三浦介義澄と中村庄司宗平とに命じて、相模国の有力百姓に米を分け与えるように指示しているが、前注(15)石井論文はこの点について、両人が相模の国衙をとりしきる有力在庁官人であったことを物語ると見ている。
(17) 武田氏の動きについては、拙稿「甲斐国と武田氏」(『武田氏研究』十九号、一九九八年)も参照。
(18) 佐藤進一『増補鎌倉幕府守護制度の研究』(東京大学出版会、一九七一年)。
(19) 笠松宏至「徳政・偽文書・吾妻鏡」(『中世人との対話』、東京大学出版会、一九九七年)。
(20) 妙覚寺本『十訓抄』には「或人云、六波羅二臈左衛門入道作」という奥書がある。
(21) 「伊予国大山積神社文書」(『鎌倉遺文』二〇五八三号)。
(22) 笠松前注(19)論文。なお「河野通堯氏所蔵文書」(東京大学史料編纂所蔵、影写本)には、袖判が北条時政の花押によく似た、元久の下知状とほぼ同文のものが見える。あるいはこれが偽作の下知状案の元になったものとも考えられるが、逆にそれから作られた可能性もある。
(23) 『静岡県史　資料編5　中世1』八五八頁。
(24) 嘉元四年九月七日関東下知状(『高野山文書』、前注『静岡県史』八九九頁)。

(25) 以下、大田・二階堂・長井・北条などの諸氏の動きについては、細川重雄『鎌倉政権得宗専制論』(吉川弘文館、二〇〇〇年)所収の「鎌倉政権上級職員表」に負うところが大きい。

(26) 拙稿「『吾妻鏡』の構想」(本書所収)。なお『吾妻鏡』の北条本や島津本・毛利本などは応永年間に金沢文庫本により書写されたものの系統をひくことが知られており、吉川本はそれとは別系統のものといわれている(村田正志「吾妻鏡の一古写本」『国史学』五八号、一九五三年、福田栄次郎「毛利家旧蔵本吾妻鏡について」『駿大史学』八号、一九五八年)。少なくとも『吾妻鏡』の一本は金沢文庫にあったことが知られ、また本稿の考察から問注所の大田氏の文庫にも一本はあったと考えられる。大田時連の日記『永仁四年記』の奥書によれば、その日記は大田の家に伝えられ、やがて室町時代になって町野加賀前司淳康が継承したという。したがってこれら金沢文庫本と大田家本が後に二つの系統の本を生む基になったのかもしれない。

(27) 金沢貞顕書状(『金沢文庫古文書』三二四号)。本文書については、田井秀「金沢文庫古文書三二四号金沢貞顕書状の年代について」(『金沢文庫研究』一一八号、一九六五年)を参照。

(28) 『鎌倉年代記』嘉元三年条。

(29) 佐藤進一「鎌倉幕府職員表復原の試み」(『鎌倉幕府訴訟制度の研究』、岩波書店、一九九三年)。

(30) 拙稿「京と鎌倉」(『岩波講座日本文学史4　変革期の文学1』、岩波書店、一九九六年)参照。

(31) 拙稿「中世芸能の諸段階」(五味編『芸能の中世』、吉川弘文館、二〇〇〇年)。

二　『吾妻鏡』とその特徴

成立時期と編纂の意図

鎌倉幕府の将軍の年代記の体裁をとる歴史書『吾妻鏡』は、治承四年（一一八〇）四月九日の東国の武士に挙兵を促す以仁王の令旨《りょうじ》が出された記事に始まる。京都で出された平氏を討てという以仁王の令旨が伊豆の北条の館にもたらされ、源頼朝・北条時政の手によって開かれるが、その場面を治承四年（一一八〇）四月二十七日条は次のように記す。

高倉宮令旨。今日到着于前武衛伊豆国北条館。八条院蔵人行家所持来也。武衛装束水干。先奉遙拝男山方之後。謹令披閲之給。（中略）爰上総介平直方朝臣五代孫北条四郎時政主者。当国豪傑也。以武衛為聟君。専顕無二忠節。因茲最前招彼主。令披令旨給。

（高倉宮の令旨、今日、前武衛《さきのぶえい》の伊豆国北条の館に到着す。八条院蔵人行家の持ち来《きた》る所なり。武衛、水《すい》干《かん》を装束《しょうぞ》き、先ず男山《おとこやま》の方を遥拝し奉るの後、謹しんで披閲せしめ給ふ。（中略）爰《ここ》に上総介平直方朝臣五代の孫北条四郎時政主《ぬし》は、当国の豪傑なり。武衛を以て聟君と為し、専《もっぱ》ら無二の忠節を顕わす。茲《これ》に因《よ》り、最前に彼《か》の主を招き、令旨を披《ひら》かしめ給ふ）

令旨に象徴される朝廷の権威と、頼朝という武士の長者、さらに時政に代表される東国の武士団、これら三つの結びつきによって幕府が始まった、というのが『吾妻鏡』の考える幕府成立であり、文永三年（一二六六）七月二十日に、前将軍宗尊親王が鎌倉を追われ京都に戻った記事をもって終える。鎌倉殿の始まりを令旨到来からはじめて、将軍の京都追放で終えており、ここに編纂の意図が端的にうかがえる。

『吾妻鏡』の編纂については、二段階編纂説が提唱されてきている。それによれば源氏三代の将軍記は文永の頃（一二七〇年代前半）に成り、以後の将軍記は正応三年（一二九〇）から嘉元二年（一三〇四）の頃に成立したとする。その論拠は、源氏三代の記事と藤原将軍・宗尊将軍の記事との比較から、筆録態度が大きく異なっている点にあるが、その点を裏づける積極的な証拠は乏しく、記事の内容の違いは原史料の性格によることも考えねばならない。

編纂の時期については、この第二段階の成立時期が目安となる。第四十二巻の宗尊将軍記の袖書に、後深草院が「院」とのみ記され、正応三年（一二九〇）二月に後深草院が出家したことが記されているので、『吾妻鏡』の成立は後深草院が出家した正応三年二月以後、亡くなる嘉元二年七月以前と考えられ、これが大枠となる。

『吾妻鏡』には多くの文書が収録されているので、それらを編纂者が入手した時期を探ると、永仁の徳政令の発布と関連するものが多くあり、したがって成立は永仁五年（一二九七）以降に絞られる。この時期は御家人の家の内部で所領をめぐる争いが激化していて、幕府を形成しその後の執権政治を担ってきた御家人の家々では動揺が始まっていた。『吾妻鏡』の編纂はこうした事態と関係があろう。彼らの家の形成の歴史を探ることで、家の由緒を記し、その家の立て直しを行おうという意図もあって、この歴史書が編纂されたものと考えられる。

記事は将軍の年代記の体裁をとるので、編纂は将軍ごとに担当者が定められて行われた、と考えられる。将軍の代末期の記事が欠けているのはそのことを物語っていよう。たとえば頼朝年代記について見れば、建久七年（一一九六）、八年、九年の記事を全く欠き、次の頼家年代記は建久十年二月六日の記事から始まっている。

実朝年代記は建仁三年（一二〇三）九月十五日に始まり、承久元年（一二一九）正月の実朝の死後、三月までは記事があるが、続く藤原頼経の年代記が鎌倉に下ってからの七月十九日に始まるので、その間の記事はない。なお頼経・頼嗣については将軍年代記として整理されていないが、次の宗尊親王については将軍記として整理されて書かれている。実朝の死後から宗尊親王が将軍になるまでの時期は、将軍親裁から執権政治への転換期であるから、その影響が反映しているものと考えられる。

記事が欠けるのは将軍年代記の末年だけでなく、寿永二年（一一八三）、建長元年（一二四九）、弘長二年（一二六二）など重要な事件が起きた年の記事についてもない。それが何故なのかは明らかでないが、それらの年が朝幕関係において重要な時期だっただけに書くのが困難であったことも考えられる。

こうしたことなどから見ても、『吾妻鏡』は未完成な作品であったと言えよう。

編纂はどう行われたのか

『吾妻鏡』の編纂の材料は、第一には、朝廷に仕えていた文士が鎌倉に下ってきて幕府の奉行人となるなか、彼らが記した日記があげられる。幕府の政所に関わった大江氏や二階堂氏、清原氏、問注所に関わった三善氏などの日記である。

第二には、その奉行人の家に残された文書や記録があげられる。朝廷から届いた文書や武士が提出した文書など、また裁判に関係して提出された文書の数々である。なお幕府には文庫もあったが（『沙汰未練書』）、それに集積されていた文書や書物が利用されたかというとやや疑問である。

記事の内容は、合戦の記録を記した右筆や軍奉行の記録・報告、合戦に従軍した武士たちが軍忠を求めた訴え、そこからの聞き取りなどに基づくものと考えられ、比較的信頼度が高い。それもあって頼朝が奥州の平泉に進駐した時の記事は、奥州藤原氏を考えるうえで基本史料となっている。

第三には歌人の藤原定家の日記『明月記』など、貴族の日記も利用されている。将軍実朝の時代には京の文化が移植され、その時の京都の情勢や動きを記すために『明月記』などが材料として用いられた。この点は『明月記』と全く同じ記事が載ることでわかる。

（建仁四年正月）十二日丙子。晴。将軍家御読書〈孝経〉始。相模権守為御侍読。此儒依無殊文章。雖無才名之誉。好集書籍。詳通百家九流云々。御読合之後。賜砂金五十両。御剣一腰於仲章。

（十二日丙子。晴る。将軍家御読書〈孝経〉始。相模権守、御侍読たり。此の儒、殊なる文章無きに依り、才名の誉れ無しと雖《いえど》も、好んで書籍を集め、百家九流に詳通すと云々。御読合の後、仲章に砂金五十両、御剣一腰を賜ふ）

相模権守源仲章が侍読となって実朝の読書始が行われたという記事だが、このうち「此儒」以下の仲章を紹介した一文は、『明月記』建暦二年（一二一二）九月二十六日条の次の部分を使ったものと考えられる。

天晴。未時許。弾正大弼源仲章朝臣不慮来臨。閑談移漏。此儒依無殊文章。無才名之誉。好集書籍。詳通百家九流。不可卑。

（天晴る。未時許《ひつじのときばかり》、弾正大弼源仲章朝臣、不慮に来臨す。閑談、漏《ろう》を移す。此の儒、殊なる文章無きに依り、才名の誉れ無し。好んで書籍を集め、百家九流に詳通す。卑《いや》しむべからず）

『明月記』の相当部分が、定家から為家を経て冷泉為相に伝えられており、その為相は所領相論などで鎌倉に滞在することが多く、そうした訴訟の関係上、また和歌や蹴鞠の関係からも幕府の奉行人との接触があったことなどから、この時期に編纂者が入手したのであろう。なお為相が二条為世との所領の訴訟を幕府におこして裁許を得たのは正応二年（一二八九）十一月七日のことである。

日記といえば、源平の争乱期の幕府の動きをよく記す『玉葉』『吉記』もあるが、これらが材料とされた形跡は認められない。奉行人らが容易に入手できるものではなかったからであろう。軍記物語の『平家物語』や『承久記』も使われた形跡がなく、これらは性格の異なる作品であり、別個に編まれたものと考えられる。

記事の特徴

『吾妻鏡』の記事は貴族の日記と同じく和風漢文で記されている。頼朝が政子を鎌倉に迎えた時と、鶴岡八幡宮を浜から遷した時の記事をみよう。

（治承四年十月）十一日庚寅。卯剋。御台所入御鎌倉。景義奉迎之。去夜自伊豆国阿岐戸郷。雖令到着給。依日次不宜。止宿稲瀬河辺民居給云々。

（治承四年十月）十二日辛卯。快晴。寅剋。為崇祖宗。点小林郷之北山。構宮廟。被奉遷鶴岡宮於此所。以専光坊暫為別当職。令景義執行宮寺事。

（十一日庚寅。卯剋、御台所、鎌倉に入御し、景義、之を迎え奉る。去夜、伊豆国阿岐戸《あきど》郷より到着せしめ給ふと雖《いえど》も、日次《ひなみ》、宜しからざるに依り、稲瀬河辺の民居に止宿し給ふと云々）

（十二日辛卯。快晴。寅剋、祖宗を崇めんがため、小林郷の北山を点じ、宮廟を構へ、鶴岡宮を此の所に遷し奉る。専光坊を以て暫らく別当職と為し、景義をして宮寺の事を執行せしむ）

このように通常は干支に天候、時刻を記し、その時に起きた事柄を記すが、天候や時刻などを記さない場合も多い。この点は原史料の違いに基づくものと考えられる。

一連の事件ではそれぞれに起きた日に分割して記され、同じ日に違った内容の記事がある場合、多くは「今日」という形で続けて記す。記事の構成はその日に起きた出来事を記す地の文と、それに関連する文書や、人名を列挙する交名《きょうみょう》などからなる。

（治承四年十月）十八日丁酉。大庭三郎景親為加平家之陣。伴一千騎欲発向之処。前武衛引率二十万騎精兵。越足柄給之間。景親失前途。逃亡于河村山云々。今日。伊豆山専当捧衆徒状馳参路次。兵革之間。軍兵等以当山結界之地。為往反路之間。狼藉不可断絶歟。為之如何云々。仍可停止諸人濫吹之旨。下御書被宥仰。其状云。

謹請　走湯山大衆解状旨

　早可令停止彼山狼藉等「令」喜悦御祈禱次第事

右。所致祈念。法力已以令成就畢。是無他念。偏仰権現御利生旨也。不可致狼藉事。彼山。是新皇幷兵衛佐殿御祈禱所也。仍乱悪之輩不可乱入。故所仰下知如件。

　　治承四年十月十八日

（十八日丁酉。大庭三郎景親、平家の陣に加はらんがため、一千騎を伴ひ発向せんと欲するの処、前武衛、二十万騎の精兵を引率し、足柄を越え給ふの間、景親、前途を失ひ、河村山に逃亡すと云々。今日、伊豆山の専当、衆徒《しゅと》の状を捧げ路次《ろし》に馳せ参ず。兵革の間、軍兵等、当山結界の地を以て往反の路と為すの間、狼藉、断絶すべからざるか。之を如何に為《せ》んと云々。仍って諸人の濫吹《らんすい》を停止《ちょうじ》すべきの旨、御書を下して宥《なだ》め仰さる。其の状に云はく、／謹しんで請《う》く　走湯山大衆解状《そうとうさんだいしゅげじょう》の旨／早く彼《か》の山の狼藉等を停止し、喜悦して御祈禱せしむべき次第の事／右、祈念を致す所、法力、已《すで》に以て成就せしめ畢《おわ》んぬ。是れ他念無く偏《ひとえ》に権現の御利生《りしょう》の旨を仰げばなり。狼藉の事を致すべからず。彼の山は、是れ新皇并びに兵衛佐殿御祈禱の所なり。仍って乱悪の輩、乱入すべらず。故《ことさら》に仰する所、下知、件《くだん》の如し。／治承四年十月十八日）

このように地の文があって、その次に文書が載せられることが多く、特に頼朝将軍記において顕著である。なお『吾妻鏡』に載る文書については、花押の所在が記されていないのが普通である。治承四年八月十九日に頼朝が山木兼隆を破って初めて下文を出した記事を見よう。

下　蒲屋御厨住民等所

可早停止史大夫知親奉行事

右、至于東国者、諸国一同庄公皆可為御沙汰之旨、親王宣旨状明鏡也者、住民等存其旨、可安堵者也、仍所仰（如件）、故以下、

治承四年八月十九日

（下す　蒲屋御厨住民等の所に／早く停止すべき史大夫知親奉行の事／右、東国に至りては、諸国一同庄公皆御沙汰たるべきの旨、親王の宣旨の状明鏡なりてへり。住民等其の旨を存じ、安堵すべきものなり。仍って仰する所（件の如し）、故《ことさら》に以て下す。／治承四年八月十九日）

史大夫の中原知親の非法を停止することを命じた下文で、藤原邦通が奉行して「関東事施行之始」

として出されたものだが、頼朝の花押は袖にあったと考えられるも、そのことは記されていない。

主要な人物の場合にはその死亡記事が載せられており、寿永三年正月二十日に死去した木曽義仲の場合は次のようにその経歴が記されている。

征夷大将軍従四位下行伊予守源朝臣義仲〈年三十一〉。

春宮帯刀長義賢男。寿永二年八月十日任左馬頭兼越後守。叙従五位下。同十六日遷任伊予守。十二月十日辞左馬頭。同十三日叙従五位上。同・叙正五位下。元暦元年正月六日叙従四位下。十日任征夷大将軍。

人名の記載は基本的に官位で記される。源頼朝の場合でいえば、兵衛佐であったことからその唐名である「武衛」や「前武衛」、二位に叙された後には「二位」「二品」などと記され、頼朝の妻政子は「御台所」「尼御台所」と記され、頼朝の兄弟や源氏の一門などは次の記事の義経の場合のように、「廷尉」（検非遺使）といった官職によるか、「義経主《ぬし》」のごとく実名の後に「主」がつけられた。

（元暦二年二月）廿一日乙亥。平家籠于讃岐国志度道場。廷尉引八十騎兵。追到彼所。平氏家人田内左衛門尉帰伏于廷尉。亦河野四郎通信粧三十艘之兵船参加矣。義経主既渡阿波国。熊野別当湛増為合力源氏同渡之由。今日風聞洛中云々。

（廿一日乙亥。平家、讃岐国志度《しど》の道場に籠もる。廷尉、八十騎の兵を引《ひき》い、彼《か》の所に追い到る。平氏の家人田内左衛門尉、廷尉に帰伏す。亦《また》、河野四郎通信、三十艘の兵船を粧ひ参り加はる。義経主、既に

阿波国に渡る。熊野別当湛増、源氏に合力せんがため、同じく渡るの由、今日、洛中に風聞すと云々）

北条氏の場合、時政に官職がない時には「北条殿」と記され、その子らについても実名や苗字に「主」を付しており、『吾妻鏡』は北条氏には特別な記載を施している。

記事の真偽

誤りは編纂物である限り多く認められるが、その一つに切り貼りの誤りがある。年次を間違えて記事を入れてしまったものである。

（治承五年閏二月廿日条）丙寅。武衛伯父志田三郎先生義広忘骨肉之好。忽率数万騎逆党。欲度鎌倉。縡已発覚。出常陸国。到于下野国云々。

（丙寅。武衛の伯父志田三郎先生《せんじょう》義広、骨肉の好《よしみ》を忘れ、忽《たちま》ち数万騎の逆党を率い鎌倉を度《はか》らんと欲す。縡《こと》、已《すで》に発覚し、常陸国を出でて下野国に到ると云々）

このように始まる志田義広の反乱とそれ以後の北関東での戦乱については、多くの徴証から寿永二年（一一八三）の記事と考えられている。問題はどうして貼り間違えたのかであるが、この場合、記事の量が多く、内容も重要なものであることから不用意に誤ったとも考えられない。おそらく『吾妻鏡』が寿永二年の記事を欠くことから、治承五年に所載したものであろう。

一般的な誤記載は次のようなものである。

（文治三年四月）廿九日庚子。三月公卿勅使駅家雑事。伊勢国地頭御家人等多以対捍之間。召在庁等注進状被下之。仍今日二品覧彼目録。仰不法之輩。可被誡向後懈緩之由。及厳密御沙汰云々。
件目録云。

（廿九日庚子。三月の公卿勅使駅家雑事、伊勢国地頭御家人等、多く以て対捍《たいかん》するの間、在庁等の注進状を召し、之を下さる。仍って、今日、二品、彼の目録を覧じ、不法の輩《ともがら》に仰せ、向後《きょうこう》の懈緩《けかん》を誡しめらるべきの由、厳密の御沙汰に及ぶと云々。件《くだん》の目録に云《い》ふ）

文治三年四月二十九日条に載るもので、この年三月に伊勢国の地頭御家人に課された公卿勅使駅家雑事を勤めない人々を、朝廷が幕府に報告したところ、その御家人らに早速対応するよう頼朝が命じた記事である。文治三年三月三十日付けの「公卿勅使伊勢国駅家雑事勤否散状事」と題する勤めない人々のリストもこの次に載っているので、一見すると間違いはなさそうであるが、朝廷側の記録にはこの年に伊勢神宮へ公卿が派遣されたとは見えず、文治五年三月に派遣されている。その記事を文治三年に貼り間違えてしまったのであろう。三と五の違い、三月と五月、三年と五年などの間違いは多くあるので、注意しなければならない。

次の『吾妻鏡』文治二年三月九日条に見える甲斐源氏の武田信義の死亡記事については、どう考えればよいであろうか。

武田太郎信義卒去〈年五十九〉。元暦元年。依子息忠頼反逆。蒙御気色。未散其事之処。如此云々。

（武田太郎信義、卒去《しゅつきょ》す（年五十九）。元暦元年、子息忠頼、反逆するに依り、御気色《けしき》を蒙《こうむ》り、未だ其の

事を散ぜざるの処、此《かく》の如しと云々）

信義が元暦元年の子忠頼の反逆に連座して籠居するなかで亡くなったというが、建久元年（一一九〇）十一月九日に上洛した頼朝が、六波羅の宿所から院の六条殿御所に赴いた行列の後陣随兵の最末一騎に「武田太郎信義」の名があるばかりか、建久五年六月二十八日の東大寺の造営に頼朝が助成したという記事にも、また同年十一月二十一日に頼朝が御霊前浜で千番の小笠懸を催した時の射手としてもその名が見える。

信義の生存を物語る三つの記事は、他にも関連記事があって疑う余地がないのに対し、死亡記事は信義のみが対象であることから疑わしい。信義は建久五年までは生存していたことになろう。

誤りのなかには、よく調べもしなかったり、誤った解釈によって記事を作ったりするような例もある。その一例が『吾妻鏡』元久二年（一二〇五）閏七月二十九日条に載る将軍の下知である。

（元久二年閏七月）廿九日甲寅。河野四郎通信。依勲功異他。伊予国御家人卅二人止守護沙汰。為通信沙汰。可令勤仕御家人役之由。被下御書〈載将軍御判〉。件卅二人名字。所被載御書之端也。

善信奉行之。

頼季〈浅海太郎同舎弟等〉　公久〈橘六〉　光達〈新三郎〉（中略）

安時〈三島大祝〉　頼重〈弥熊三郎〉　遠安〈藤三大夫同舎弟〉

信任〈江二郎大夫〉　紀六太郎信忠〈寺町五郎大夫〉　時永〈寺町小大夫〉

助忠〈主藤三〉　　　忠貞〈寺町十郎〉　頼恒〈太郎〉

已上三十二人云々。

（廿九日甲寅。河野四郎通信、勲功、他に異なるに依り、伊予国御家人卅二人、守護の沙汰を止《とど》め、通信の沙汰と為《し》て、御家人役を勤仕せしむべきの由、御書を下さる〈将軍の御判を載す〉。件《くだん》の卅二人の名《みょう》字《じ》、御書の端《はし》に載せらるる所なり。善信、之を奉行す）

この記事は、次に掲げる伊予の「大山積神社文書」所収の下知状（『鎌倉遺文』一五七〇号）に基づくものであることは一見して明らかである。

（花押）

通信相共候御家人交名事

頼季〈浅海太郎同舎弟等〉　公久〈橘六〉　光達〈新三郎〉（中略）

安時〈三島大祝〉　頼重〈弥熊三郎〉　遠安〈藤三大夫同舎弟〉

信任〈江二郎大夫〉　紀六太郎信忠〈寺町五郎大夫〉　時永〈寺町小大夫〉

助忠〈主藤三〉　忠貞〈寺町十郎〉　頼恒〈太郎〉

已上参十二人

右件御家人等、止守護所沙汰、為通信之沙汰、可令勤仕御家人役也、但於致犯過之輩者、為通信之沙汰、可召進之状、依鎌倉殿仰、下知如件、

（（花押）／通信、相共に候ふ御家人交名《きょうみょう》の事／（中略）已上《いじょう》参十二人／右、件《くだん》の御家人等、守護所の沙汰を止《とど》め、通信の沙汰と為《し》て、御家人役を勤仕せしむべきなり。但し犯過を致すの輩に於いては、通信の沙汰と為て、召し進むべきの状、鎌倉殿の仰せに依って、下知、件の如し）、

この文書に据えられている花押は、『吾妻鏡』には「将軍御判」とあるが、実朝のものとはとても考えられず、文書の形式や文言にも問題点が多い。御家人交名を記した下知状とは、伊予国三島大祝安俊の代官安胤が六波羅探題に提出し、その勝訴によって正安二年（一三〇〇）八月十八日の六波羅下知状（『鎌倉遺文』二〇五八三号）として出されたものである。

すなわちこの伊予国の御家人交名は永仁の頃に作成されたものであり、それが幕府の関係者の知るところとなって、『吾妻鏡』の編纂に用いられたのであろう。頼朝年代記の初期の頃には多くの権利や由緒を語る文書が載っているが、後年に幕府に提出された可能性が高いので注意を要する。

なお一年ほどの間違いはよくあるようだ。建暦元年（一二一一）十月十三日条を見よう。

鴨社氏人菊大夫長明入道〈法名蓮胤〉。依雅経朝臣之挙。此間下向。奉謁　将軍家。及度々云々。而今日当于幕下　将軍御忌日。参彼法花堂。念誦読経之間。懐旧之涙頻相催。註一首和歌於堂柱。

草モ木モ靡シ秋ノ霧消テ　空キ苔ヲ払ウ山風

〈鴨社の氏人菊大夫長明入道〈法名蓮胤〉、雅経朝臣の挙に依り、此の間下向す。将軍家に謁し奉ること度々に及ぶと云々。而るに今日幕下将軍の御忌日に当たり、彼の法花堂に参り、念誦読経の間、懐旧の涙頻

りに相ひ催し、一首の和歌を堂の柱に註す。（下略）

鴨社の氏人菊大夫の長明入道蓮胤が飛鳥井雅経の推挙によって鎌倉に下ってきて将軍実朝とたびたび会い、十月十三日が頼朝の忌日であることから法華堂に参って読経し、懐旧の涙を催して歌を詠み、堂の柱にその歌を記したという。

しかし長明の歌論書『無名抄』の「関清水」の記事によれば、建暦元年（一二一一）十月二十日過ぎに長明は三井寺の円宝房阿闍梨と対面しているので、十月十三日に鎌倉で涙を流した長明が二十日過ぎに三井寺で人と会ったとはとても考えがたい。

建暦二年三月に長明は『方丈記』を書上げて修行の旅に出ていること、この建暦二年には実朝が京文化の摂取の意欲が強かったことから見て、一年ほど間違えたのであろう。

さらに『吾妻鏡』建保四年（一二一六）九月十八日条には、北条義時が大江広元を招いて次のような相談をしたという記事が載る。

相州招請広元朝臣。被仰云。将軍家任大将事。内々思食立云々。右大将家者。官位事宣下之毎度。固辞之給。是為令及佳運於後胤給也。而今御年齢未満成立。壮年御昇進。太以早速也。御家人等亦不候京都兮。面々補任顕要官班。可謂過分歟。尤所歎息也。下官以愚昧短慮。縦雖傾申。還可蒙其誡。貴殿盍被申之哉云々。

（相州広元朝臣を招請し、仰せられて云はく、将軍家任大将の事、内々思《おぼ》し食《め》し立つと云々。右大将家は官位の事宣下の度ごとに、これを固辞し給ふ。是れ佳運を後胤に及ばしめ給はんが為なり。而るに今御年齢未だ成立に満たずして、壮年の御昇進、太《はなは》だ以て早速なり。御家人等亦た京都に候せざるに、面々顕要の官班に補任するは過分と謂ふべきか。尤も歎息する所なり。下官愚昧短慮を以て、縦《たと》ひ傾ぶけ申すと雖《いえど》も、還《かえ》って其の誡めを蒙むるべし。貴殿盍《なん》ぞこれを申されざるやと云々）

実朝が大将を望んでいることの相談であって、年齢も若いことであるし、御家人たちが京都で勤めもせずに官職を望んでいるような風潮があるゆえ、是非とも諫めてほしい、私が言ってもかえって不快に思われるだけなので長老である貴殿に頼みたい、と義時が依頼したという。

しかし建保四年九月頃のものとしては、実朝は中納言中将になったばかりで直衣始もまだ行っていない段階であり、いささかおかしい。関連記事がなく説話的内容であることなどをも考えると、仮にこうしたことがあったとしても、大陸に渡航を企画した唐船が浮かばなくなった、その一年後の建保五年九月頃のことであろう。

吾妻鏡の特質

東国に生まれた武家政権の歴史を綴り、鎌倉幕府の動きや東国の情勢を始めとする朝幕関係や武士のあり方などを描いた『吾妻鏡』は、武家という家の形成を初めて描いたことから、後世に大きな影響を及ぼした。なかでも武家政権がどのように形成され、展開していったのかを記していることから、戦国時代になってから多くの関心がもたれるようになった。

鎌倉時代の甲斐守護の系譜を引く武田氏では、信玄が父を駿河に追放し、妻を京都から迎え、八幡宮を館の西に勧請するなど『吾妻鏡』に倣ったと見られる動きが認められる。小田原の北条氏では、伊豆の北条の近くの堀越御所にあった堀越公方を追放した後、小田原に拠点を築くと北条氏と名乗るようになり、鶴岡八幡宮を修築するなど、明らかに『吾妻鏡』を読んでいた形跡が認められる。

徳川家康が好んで『吾妻鏡』を読んでいたということはよく知られているところである。武士たちをまとめて、いかに朝廷に対して自立した政権を築いてゆくのか、頼朝がそのことにいかに腐心したのかを知ることができ、武士たちの祖先の活動を知ることができた。

度重なる合戦の記事や幕府の御所でのエピソードは、武士たちがいかに行動してきたのか雄弁に伝えており、興味をもって読まれたことであろう。源平合戦や義経の動きについて詳しく記し、続く奥州の藤原氏との合戦についても詳しい。

武家の家の物語という点では『平家物語』があるが、これは本来は「治承物語」というべき内容であり、『保元物語』や『平治物語』と同様な軍記物語の一つであって、それが『平家物語』として発展してゆくのには、『吾妻鏡』の形成の動きと大きな関連があったのであろう。

三　鎌倉における武家地の形成

はじめに

都市の内部に戦士・軍人身分の武士が特別な場を占め、やがて武家地という独特な空間を創出していった過程と事情とを明らかにすること、ならびに武士が自前の都市をいかに形成し、支配していったのかを探ること、この二つが本論の目的である。

このテーマに関しては都市史研究、武士研究として個別に進められてきた。京都の都市研究(1)、鎌倉の都市研究(2)が先行し、平泉の柳之御所《やなぎのごしょ》跡遺跡の発掘を通じての研究の進展があって(3)、それに武士論の研究があわさり論じられるようになったのである。

すなわち京都では、検非違使《けびいし》や六波羅探題《ろくはらたんだい》による都市支配の研究が先行し(4)、続いて平氏の根拠地である六波羅の研究から、さらに福原《ふくはら》の研究が進んで現在にいたっている(5)。鎌倉では『吾妻鏡』という史料に恵まれている故、武士による鎌倉の支配の研究が多方面でなされてきたところに(6)、鎌倉の発掘の成果とがあわさり(7)、豊かな研究の蓄積がなされてきている(8)。

だが今までこれら三つの都市の動きの連関に注目した研究は僅《わず》かなので、(9) その連関に注目しつつ、武士による都市支配がいかに進められ、武家地がいかに形成されてきたのかを探ることにしよう。

1　武家地の形成

(1)　六波羅の形成

保元元年（一一五六）に起きた保元の乱は、後白河《ごしらかわ》天皇の内裏高松殿《たかまつどの》に集められた源義朝《よしとも》・平清盛《きよもり》らの武士と、崇徳《すとく》上皇の御所白河殿《しらかわどの》に集った源為義《ためよし》・平忠貞《ただのり》らの武士との戦闘で始まり、先を制した前者の勝利に終わった。それから三年後に起きたのが平治の乱である。

平清盛は熊野《くまの》参詣の途中で源義朝・藤原信頼挙兵の報を聞くや、急ぎ帰洛を試みて六波羅邸に到着したのが平治元年（一一五九）十二月十七日のこと、すぐに二条《にじょう》天皇を六波羅に迎え、上皇や摂関家の人々も駆けつけたことから、大内裏の源氏と六波羅の平氏との戦闘となり、平氏はその要塞の堅固さを利し信頼《のぶより》・義朝軍を打ち破って勝利したのである。

六波羅は清盛の「先祖の旧宅」とあるように（『山槐記《さんかいき》』）、清盛の祖父正盛《まさもり》の時に平氏の根拠地となった。天永三年（一一一二）八月の東山珍皇寺《ちんのうじ》内諸堂注文には、珍皇寺境内に「左衛門大夫堂」や「陰陽大夫堂」などの堂があり、「内蔵安富」平正盛はこの地を借用して堂を構えていた。(10) それが翌年十月一日に正盛が建立した六波羅《ろくはら》蜜堂《みつじ》（常光院《じょうこういん》）であり、三間四面檜《ひ》皮葺《わだぶき》で丈六《じょうろく》の阿弥陀仏《あみだぶつ》が安置された。(11)

堂を構えるに相応しい地は都の西北の仁和寺《にんなじ》境内にもあったが、平氏が東南の六波羅の地を選んだのは、六波羅が「くぐめ地」から山科《やましな》を経て東国へと向かう道の起点にあり、平氏が伊勢《いせ》・伊賀《いが》を基盤として成長してきたことと関係があろう。(12) また大和大路を経て南の奈良を結ぶ道の起点にもあたる交通の要衝であった。この地に平氏の邸宅が置かれて整備されたのは、正盛の子忠盛《ただもり》の時期からで、『今鏡《いまかがみ》』には忠盛が六波羅の池殿に崇徳院皇子重仁《しげひと》親王の母兵衛佐《ひょうえのすけ》を招いた話がみえ、忠盛の後妻の藤原宗兼《むねかね》娘は「池殿《いけどの》」と称され、その邸宅は子頼盛《よりもり》に譲られて、頼盛は「池大納言」と称された。

『延慶本平家物語』には最盛期の六波羅邸が次のように描かれている。

> 故刑部卿忠盛出し世に吉所也。南門は六条末、賀茂川一丁を隔つ。元、方町なりしを、此相国《しょうこく》四丁に造作あり。是も屋敷二十余宇に及べり。是のみならず、北の倉町より初て専ら大道を隔て辰巳の角の小松殿に至るまで、廿余町に及ぶまで造営したりし、一族親類殿原及び郎従《ろうじゅう》眷属《けんぞく》の住所に至るまで、

「相国」清盛が方四町に拡大したとあり、忠盛の時には方一町であったらしい。清盛の邸宅である泉殿を中心にして、弟頼盛の池殿、同教盛の門脇殿《かどわきどの》、嫡男重盛《しげもり》の小松殿《こまつどの》など一門の屋敷や倉町が立ち並び、東南の隅に常光院があってその惣社として安芸《あき》の厳島《いつくしま》の神が勧請され、周辺には殿原や郎従・

眷属の住居が広がっていた。

六波羅が武家地として発展したのは、平治の乱後の二条天皇と後白河上皇との対立という状況下で、清盛がその両主に仕え、重きをなしたからである。清盛は「押小路東洞院《ひがしのとういん》ニ皇居ツクリテオハシマシテ、清盛ガ一家ノ者サナガラソノ辺ニトノヰ所ドモツクリテ、朝夕ニ候ハセケリ」（『愚管抄』）と、二条天皇の皇居に武士を派遣し宿直させ、警護する体制を整えた。

押小路東洞院の内裏の上棟は応保元年（一一六一）十一月三日で、それが完成して高倉内裏から二条天皇が行幸したのは翌年三月二十八日のこと。そこに宿直所《とのいどころ》を設けて警護する体制がとられたわけであり、これにより鎌倉幕府に継承される内裏大番役《おおばんやく》が成立したものと考えられる。[13] こうして治承二年（一一七八）十一月に六波羅池殿で安徳《あんとく》天皇が誕生しており、武家地に天皇が誕生したのである。

(2)　西八条と福原

平氏は六波羅とともに、京の南西の西八条にも屋敷を構えていた。忠盛の時にすでに西八条に邸宅があったことは、西行《さいぎょう》の『聞書残集《ききがきざんしゅう》』に「忠盛の八条の泉にて、高野の人々仏かきたてまつることの侍りけるにまかりて」という詞書の歌が載っていることからわかる。この地は南に行けば鳥羽《とば》殿に至り、そこから淀川を経て西国へとつながっていて、その便を考えてのことであろう。

『拾芥抄《しゅうがいしょう》』には、八条大宮周辺の方六町の地を西八条殿として「仁安元入道大相国清盛公家」とみえ、これも忠盛から清盛に譲られたもので、清盛の妻の時子《ときこ》が住んで光明心院という御堂を営んでいる。『愚管抄《ぐかんしょう》』には「平相国ハ世ノ事シオホセタリト思テ出家シテ、津ノクニ福原ト云所ニ常ニハアリケル」とあって、出家後の清盛は福原にいたが、何か事が起きると上洛してまず西八条に入った。

治承元年（一一七七）六月に平氏を討つ鹿ヶ谷の謀議が洩れた時には、清盛は上洛して西八条邸にあって事件の処理にあたっており、治承三年三月には法皇をここに迎え厳島の巫女の舞を御覧に入れている。さらに同年十一月に清盛は大軍を擁して摂津の福原から上洛すると、ここに到着して反平氏勢力を一掃し、法皇を鳥羽殿に幽閉している。西八条邸は六波羅邸と並んで京のもう一つの平氏の武家地であった。

こうして洛中を東西から挟むように武家地を形成するとともに、『愚管抄』の記事にもあるように、清盛は摂津の福原に目につけ、新たな根拠地を形成していた。応保二年（一一六二）に清盛は家人「安芸前司（藤原）能盛《よしもり》」を派遣して、摂津の八部《やたべ》郡の検注を実施し、小平野・井門・兵庫・福原など四つの平家領荘園の領域を拡大させている。国司に働き掛けて一郡の支配権を獲得し、その郡の検注を実施し、荘園の拡大を図ったのである。永万の頃（一一六五・六）には八部郡の山田庄を越前国大蔵荘との交換により獲得している[14]。他の荘園との交換で平家の所領を福原周辺に集中したのである[15]。

白河院が鳥羽殿を造営した際には、貴族たちには土地を進上させ、寺社には代わりの土地を与える形で広大な空間を確保したが[16]、福原では寄進や売得、交換によって土地を広げていった。治承四年には大輪田泊《おおわだのとまり》の修築を朝廷に求めて認められており、ここに武家は新たな都市形成へと動いていった。

それを一挙に推し進めたのが、以仁王《もちひとおう》の令旨《りょうじ》が出されて反平氏の挙兵の情勢に押され清盛が強行した福原京への遷都である。公権力によって武家の都市を実現しようとしたのであろう。しかし東国に派遣した源頼朝追討軍が惨敗したため、比叡山《ひえいざん》勢力の要請や平宗盛の主張に沿って還都を迫られ、清盛は都を戻さざるをえなかった。都を戻すと清盛は法住《ほうじゅうじ》寺殿《どの》の南の九条周辺に新たな根拠地を築こうとしていたらしい。治承五年正月二十五日に九条末・鴨川東に宗盛が建てた新造堂の周辺の地を「武士の宿館」とするために人家を点定している(17)。

高倉上皇の突然の死によって後白河院政が再び始まるなか、法皇の居所である法住寺殿を、この地と六波羅邸によって挟んで影響力を与えようとする動きと考えられるが、その四十日後に清盛は近くの河原口にあった平盛国《もりくに》の屋敷で亡くなっており、この計画はならなかった。

このように平氏は都の中に武家地を形成して徐々に拡大するとともに、福原に新たな武家地や都市を形成しはじめたが、都落ちとともに挫折してしまう。これに対して京から遠い地では院の権力に顧慮することなく、武家地の形成が進んでいた。それは平泉に始まって鎌倉に継承されていった。

(3)　平泉の街区と武家地

奥州藤原氏の基礎を築いた藤原清衡《きよひら》が平泉を根拠地としたのは十一世紀末のことで、平泉を選んだのは、ここが陸奥・出羽両国へと勢力を広げつつあった領域の中央に位置していたからである。白河関《しらかわのせき》から津軽の外浜《そとがはま》にいたる行程二十日余りの奥大道《おくのだいどう》の中央に位置し、そこに中尊寺《ちゆうそんじ》を建て、平泉館を中尊寺金堂を正面方向から拝む位置に設けた。

平泉に街区を形成したのは清衡の跡を継いだ基衡《もとひら》であって、基衡は円隆《えんりゆうじ》寺や嘉勝寺《かしよじ》といった都の四円寺や六勝寺に因む寺院を建立してあわせて毛越寺《もうつうじ》と称し、その毛越寺周辺に街区を形成したのである。平泉の主要な宗教施設を書き上げた『吾妻鏡』文治五年（一一八九）九月十七日条に載る「平泉寺塔已下」注文には、毛越寺の東に位置する観自在王院《かんじざいおういん》の南大門の南北路に、東西に数十町に及んで、倉町が造り並べられ、数十宇の高屋が建てられていたとある。この注文は平泉の僧が進駐してきた源頼朝に平泉の寺などをして提出し、その安堵を願ったものである。

平泉の街区の様子は観自在王院一帯の発掘からも明らかになっている。基衡の時期からの道路や建物遺構、遺物が多く出土し、なかでも倉町遺跡からは注文にみえる「高屋」と思しき建物遺構が発掘されていて、その柱穴は深さ、直径とも大きく、中からは八角形に整形された柱材が出土し、周辺からは中国産陶磁器の破片が多数出土、高屋と観自在王院の間には、幅の広い道路が走っていたこともわかっている(18)。

基衡の居館はどこであったか。街区の基準になる観自在王院に牛車を繋ぎとめる車宿があった、と注文にみえており、境内の西南には石を敷き詰めた車宿跡が発掘されていること、貴族の屋敷を描く絵巻には邸宅の門を入ってすぐ左手に車宿が描かれることで、車宿の存在は邸宅を象徴するものと考えられることから、居館はここにあったのだろう。観自在王院を建てたのは基衡の後家であるが、基衡死後に居館を相続し、そこに観自在王院を建てたと考えられる。発掘によってその下層には邸宅らしき遺構のあるといわれており、基衡はここに館を構えて周辺を整備していたとみられる。

この時期には、東海道で源義朝が鎌倉にあって勢力を広げ、西国では平氏が鳥羽や六波羅を拠点に勢力を広げるなど、武士の活動が全国的に広がっており、奥州の藤原氏もその動きに対応していたのであろう。その平泉に武家地が現れるのは、基衡の跡を継承した秀衡の時であって、先の注文にはこうみえる。

一　館の事〈秀衡〉

金色堂の正方に無量光院の北に並べて宿館を構へ〈平泉館と号す〉、西木戸には嫡子国衡《くにひら》の家有り。同四男隆衡《たかひら》の宅これに相並ぶ。三男忠衡の家は泉屋の東に有り。無量光院の東門に一郭を構へ〈加羅御所と号す〉、秀衡常の居所也。泰衡これを相継ぎて居所となす。

最初に「秀衡」という注記があるのは、清衡の建てた金色堂の正方に位置する平泉館を改めて秀衡が整備し、一門を平泉館の周囲に配置したからであろう。西木戸に嫡子国衡と四男隆衡の家を、泉屋の東に三男忠衡の家を、自らは宇治《うじ》の平等院《びょうどういん》に模した無量光院を造営して、その近くに小御所を構えていたのである。

この地は北上川の近くの柳之御所遺跡であって、「人々給絹日記《ひとびとにたまうきぬのにっき》」という絹を人々に与えるリストを記した折敷《おしき》（木板で作った食器）が出土し、宴会用の大量の土器や大陸渡来の白磁なども発掘され、郭内には多くの家の遺構もある。まさに平泉に武家地が形成されていたことがわかる。

この時期、京都では六波羅が整備され、後白河上皇の法住寺殿が建てられたが、その都の動きとよく対応している。平泉館の一門配置も六波羅での平氏一門の動きに応じていて、平泉の鎮守として新熊野社がみえるが、これも後白河上皇の法住寺殿御所の鎮守の新熊野《いまくまの》社に倣ったのであろう。嘉応二年（一一七〇）五月に秀衡は鎮守府将軍に任じられているが、平泉館はそれにふさわしい居館として形成されたのである。このことをさらに物語っているのが、平泉館に隣接して建てられた無量光院であって、先の注文にはこう記されている。

一　無量光院〈新御堂と号す〉の事

秀衡これを建立す。其の堂内四壁の扉に観経の大意を図絵す。しかのみならず秀衡自ら狩猟の体を図絵す。本仏は阿弥陀丈六也。三重宝塔、院内の荘厳、悉く以て宇治の平等院を模する所也。

無量光院の東門に加羅御所を構えて常の御所としていたとあるが、無量光院は秀衡の持仏堂として機能していたのであって、それは宇治の平等院と同様な浄土への憧れに基づいていた。無量光院の壁に秀衡自らが狩猟の体を図絵したのも、殺生の罪業に基づくものであり、武士としての自覚を抱いてのことであった。

『古事談《こじだん》』にみえる源頼義の説話によれば、「伊予入道頼義は壮年の時より、心慚愧《ざんき》無く、殺生を以て業となす。況や十二年征戦の間、殺人の罪勝計《しょうけい》すべからず」と、武士の長者として殺生を業にしてきた源頼義について、晩年に持仏堂に籠もると我が罪を悔いて涙を流したが、その際に奥州の合戦において必ず城を落とそうと思った時のごとく、必ず往生するであろうと念じたところ、思うごとくに往生を遂げたという。

その頼義は鎮守府将《ちんじゅふしょう》軍《ぐん》になったが、奥州藤原氏につながる清原氏も鎮守府将軍となり、さらに奥州藤原氏の先祖とされる藤原秀郷《ひでさと》も鎮守府将軍となっていたので、「嫡流の正統として三代にわたる鎮守府将軍の号を汲《く》む」という言説が平泉藤原氏の中に形成され、ついに秀衡は鎮守府将軍となったのである。それだけに源頼朝も藤原氏を容易に攻めることができず、秀衡が亡くなり武門の継承の混乱を待って始めて兵を動かすことができたわけである。

文治五年（一一八九）七月に出された藤原泰衡追討の宣旨は「陸奥国住人泰衡」が「辺境に雄飛し」と記している（『吾妻鏡』以下、特に注記しない場合は、『吾妻鏡』による）。平泉の藤原氏は辺境の王という性格を有し、境外の地と向き合いつつ、中央の王に従属しつつも、その王権を成立させ、維持させていたのである。

2　鎌倉の武家地

(1)　鎌倉の武家政権

治承四年（一一八〇）四月に以仁王の令旨が出され、伊豆の北条の館に到来すると、源頼朝は父祖以来の御家人を動員して挙兵し伊豆の目代の館を襲い勝利したが、すぐに伊豆を出て鎌倉に向かった。しかし三浦《みうら》半島・鎌倉《かまくら》を根拠地とする三浦氏との合流はならず、石橋山《いしばしやま》の合戦で大敗して房総《ぼうそう》半島に逃れた。下総の千葉氏に向かうと、鎌倉が三方を山に囲まれ、南を海とする軍事上の拠点である要害の地であり、かつ先祖からの根拠地であるとして、鎌倉に居を求めるように勧められた。

鎌倉を源氏の基礎を築いた源頼義や父義朝が東国の拠点としていた。頼義は鎌倉を義父の平直方《なおかた》から譲られており、義朝は「上総曹司」と称されて房総半島で育ったが、成長すると海を渡って鎌倉に移ったのである。当時の鎌倉には、南の浜辺の由比《ゆい》、西の山際の甘縄《あまなわ》、北東部の大倉《おおくら》周辺に集落があって、そのうち甘縄にはかつて鎌倉郡家があり、房総半島から鎌倉に入ってきた義朝はその北の亀谷《かめがやつ》に根拠地を占めた。

鎌倉に入った頼朝は、亀谷に御所を造ろうとしたが、広い土地を得ることができず、東の大倉の地に御所を建てることにして、治承四年十一月、頼朝追討で下ってきた平家方を迎え、富士川《ふじかわ》合戦に勝利した。上洛も考えたが、後方の常陸の佐竹《さたけ》氏を退け、鎌倉に戻って、和田義盛《わだよしもり》を侍所別当《さむらいどころべっとう》になし、主従関係の整備をはかって、十二月十二日に新造なった大倉の御所に「移徙《わたまし》の儀」を執り行っている。御所は相模の武士大庭景義《おおばかげよし》が奉行となり十月から造られていた。

頼朝は上総の武士平広常《たいらのひろつね》の宅から御所の寝殿に入ると、伴の人々は十八間の侍所に二行で対座して伺候し、侍所別当の和田義盛が中央にあって、その着到を受け付けた。出仕したのは三百十一人、彼ら御家人も鎌倉に宿館を構えた。「しかりしより以降、東国は皆その道有るを見て、推して鎌倉主となす」と、『吾妻鏡』は記している。ここに鎌倉での武家地の形成が始まり、頼朝は「鎌倉の主」として推戴された。

それとともに鎌倉の道が真っ直ぐにされ、村里に名がつけられ、家屋が甍《いらか》を並べるようになった。十二月二十日には御所で三浦義澄《よしずみ》が「椀飯」を献じ、「御弓始《おゆみはじめ》」が行われ、続いて「御行始《みおなりはじめ》」として頼朝は安達盛長《あだちもりなが》の甘縄の家に赴いた。「椀飯」「御弓始」「御行始」という後々まで続く武家の三つの重要な儀礼がこの時に始められたのである。

こうして多くの武士が各地から鎌倉にかけつけて武家の傘下に入った。十二月二十二日には新田大《にったおお》炊助入道上西《いのすけにゅうどうじょうさい》（義重《よししげ》）が参上しようとしたが、遅いことを咎められて鎌倉中に入ることを拒否され山内辺に逗留し、翌年九月十六日には頼朝への反乱に関与した桐生六郎《きりゅうろくろう》が鎌倉中に入ろうとしたのを拒否され、腰越《こしごえ》に向かうように命じられるなど、鎌倉は東国の武家の根拠地として整えられていった。

その鎌倉の整備の上で重要な事業が、由比浜にあった鶴岡《つるがおか》八幡《はちまん》を鎌倉の中央の谷奥に遷したことである。由比八幡は前九年の合戦において頼義が安倍《あべ》貞任《さだとう》を討つに際し、康平六年（一〇六三）八月に潜かに京の男山鎮座の石清水《いわしみず》八幡を勧請した社であって、それを頼朝は治承四年十月十一日に「祖宗を崇めんがため、小林郷の北山を点じ、宮廟を構へ、鶴岡宮をこの所に遷し奉る。専光坊を以て暫く別当職となし、景義をして宮寺の事を執行せしむ」と、小林郷の山際に遷したのである。

これにより鎌倉は新たな発展の方向へと向かった。八幡宮は小高い丘の上にあって鎌倉の地を見下ろし、八幡宮からまっすぐ由比浜に向かってのびる若宮大路《わかみやおおじ》は鎌倉の中心軸をなすに至った。十月十六日に八幡宮で長日の勤行が始まり、十二月十六日に鳥居が立って最勝王経《さいしょうおうきょう》の講演が行われた。治承五年正月一日には元旦を八幡宮への奉幣《ほうへい》の日と定め、閏二月二十一日に東西逆徒の蜂起の鎮圧を祈る神楽を行い、五月十三日には改めて本格的な造営を始めた。鶴岡八幡は武家を宗教的に護持する宮寺に位置づけられた。

養和二年（一一八二）四月には若宮辺の水田三町が停止されて池に改められるなど、鶴岡若宮の境内の整備が進み、政子が嫡子の頼家を産むにあたっては、浜から宮に参る道である若宮大路が養和二年三月十五日に整備された。

鶴岡社頭より由比浜に至るまで、曲横を直して詣往の道を造る。是れ、日来の御素願たりと雖も、自然日を渉る。しかるに御台所の御懐孕《かいほう》の御祈に依り、故《ことさら》に此の儀を始めらる也。武衛手自らこれを沙汰せしめ給ふ。仍て北条殿巳下各の土石を運ばると云ふ。

若宮大路を直線道路にするため、頼朝自らが石を運んだところ、北条時政以下の御家人たちもそれに倣ったという。これを契機に浜と八幡宮とが結びつけられ、明確に鶴岡八幡は鎌倉の中心に位置するようになった。

平氏の場合、氏神の安芸厳島社が遠方にあって、武家地との結びつきは薄かったが、鶴岡八幡は御所の近くにあって大きな役割を担った。その際、同じく八幡神であっても、若宮であったことが重要な意味をもっていた。若宮とは十一世紀に疫病の頻発とともに各地に生まれた神の子であって、民衆はそれへの信仰により疫病などの災いから逃れようとした。石清水八幡や春日社にも若宮が生まれるようになり、そこには巫女が置かれ、神と民庶との間の交信を媒介した。民衆の願いを神に伝えるとともに、神託を民衆にもたらしていた(20)。

鶴岡の若宮にも巫女が置かれ、民衆の信仰を集めることになった。文治二年（一一八六）十二月六日には「鶴岡、神楽有り、巫女・職掌面々に禄を給ふ」とある。鶴岡八幡は源氏の武家の神としてだけでなく、鎌倉に集まる民衆の信仰をも獲得していったのである。さらに頼朝は御所の南に父義朝の霊を祀る寺院として南御堂《みなみのみどう》（勝長寿院《しょうちょうじゅいん》）を造営し、文治元年十月に供養を行っている。御所は西に八幡、南に勝長寿院があって護持されるところとなり、平氏や奥州藤原氏と同様に、鎌倉の武家地は宗教的色彩の濃いなかで成立し、成長していった。

(2) 鎌倉中の支配

頼朝は、平氏が院の支配権を顧慮しつつ武家地を形成せざるをえなかったのとは違い、比較的自由に鎌倉を支配できたが、その支配権はどこに根拠が求められたのであろうか。まず考えられるのは、先祖から鎌倉を譲られてきた領主としての支配権であるが、次いで挙兵してから以後、実力によって所領を獲得してきた支配権であって、それに基づいて武士の所領を安堵し、給与してきていた。さらに寿永二年（一一八三）十月の宣旨によって得た東国の支配権、ならびにその後に得た平家没官領の支配権もあった。

頼朝はこれらの支配権を梃子に、鎌倉を中心にして、その鎌倉近国、さらに東国へと政治的編成を行っていった。文治二年（一一八六）には平泉の藤原秀衡に対して自らの立場を「東海道惣官」と語っているが、これは東国支配権を意味するもので、文治三年八月に鶴岡八幡の放生会《ほうじようえ》を開催するにあたって、東国一帯に殺生禁断を命じている。それとともに鎌倉中や近くの海浜河溝には特に雑色《ぞうしき》を派遣して伝えており、翌文治四年六月になると、春秋二季彼岸の放生会の間は東国で殺生を禁断し、焼狩毒流の類を停止することとし、朝廷にも諸国に同内容の宣旨を下すように求めている。

これらの行為は頼朝が東国の王としての立場にあったことを示すものであり、鎌倉は武家政権・王権の本拠として本格的に整備されてゆく。文治三年三月十日には、頼朝の御前での対決によって訴訟に敗れた梶原景時《かじわらかげとき》に「讒訴《ざんそ》の科」で「鎌倉中の道路」を作るよう命じたが、これ以後、鎌倉中の道路の整備が折りに触れて進められた。建久五年（一一九四）四月十日に「鎌倉中の道路」を梶原景時の奉行で作るように命じている。

その鎌倉中の都市行政は政所《まんどころ》が担っていた。頼朝の死後のことだが、建久十年四月二十日に、梶原景時と中原仲業《なかはらのなかなり》が奉行し、次の命令が政所に伝えられている。

> 小笠原弥太郎・比企三郎・同弥四郎・中野五郎等の従類は、鎌倉中においてたとへ狼藉を致すと雖も、甲乙人敢て敵対せしむべからず。若し違犯の聞え有るの輩においては、罪科となし、たしかに交名を尋ね注進すべきの旨、村里に触れ廻らすべし。

頼朝の後継者である頼家が側近の武士に鎌倉中での特権をあたえ、それを政所に命じているのがわかる。記事そのものは頼家の強権を誇張する性格のものであるから、やや問題もあろうが、当時、政所が鎌倉の都市行政の中心にあったことは疑いなかろう。(21) 建保三年（一二一五）七月十九日には「町人以下の鎌倉中諸商人」の員数を定める法令が出されているが、これも政所に命じられたものであろう。

このように鎌倉中が一段と整備されるにあたり、重要な契機となったのが建久元年の頼朝の上洛である。上洛して大納言・右大将に任じられたが、これを辞して年末に鎌倉に帰った頼朝は、政所を整備するなど幕府体制の強化を図った。その整備が一段と進んだのは翌年三月四日の大火によって幕府御所や鶴岡若宮が焼失したことによる。

南風烈し。丑剋、小町大路辺失火す。江間殿・相模守（中略）佐貫四郎已下の人屋数十宇焼亡す。余炎飛ぶがごとくして鶴岡馬場本の塔婆に移る。この間、幕府同じく災す。すなはちまた若宮の神殿の廻廊・経所等悉く以て灰燼と化す。

小町大路辺の失火により、鎌倉の山の手地区が焼失したのである。小町大路は『吾妻鏡』の記事ではこれが初見であって、若宮大路の東を通るこの道がすでに主要な道路となっていたことがわかる。火事とともに御所が新たに造られ、鶴岡八幡には改めて石清水八幡宮から八幡神が勧請されて一段と小高い地に上宮として祀られた。

さらに新たに武家の寺として永福寺《ようふくじ》が御所の東北の地に造営された。頼朝は奥州藤原氏を滅ぼした合戦の際に、藤原氏の建立した精舎をみて、「数万の怨霊を鎮め、三有の苦果を救ふ」ための寺院建立を計画した。それは中尊寺の「二階大堂（号大長寿院）」を模したもので、文治五年（一一八九）十二月九日には造営の事始が行なわれた。

しかし寺をどこに建てるかが決まっておらず、奥州の騒動も続いたため造営は延期され、頼朝が上洛から鎌倉に帰った後の建久二年二月十五日、大倉山辺を歴覧した末、御所の東北の地と定められた。建久三年十月二十五日に惣門が立てられ、二十九日には堂の扉と仏後の壁画が完成し、十一月二十日には造営が終了、二十五日に堂供養が行われている。

永福寺は頼朝が初めて寺号をもつ寺院として造営したもので、ここで遊宴や蹴鞠・和歌会が行われた、幕府や頼朝にとって格別に重要な寺院であり、後に頼朝は「永福寺殿」と称された。供養後も新たな堂が造営されてゆき、建久五年十二月二日に鎌倉中の御願の寺社の奉行人が改めて定められた際には、奉行人の数が最も多かった。鶴岡八幡宮の上下社が大庭《おおば》平太景能《かげよし》ら四人、勝長寿院が因幡前司広元《ひろもと》ら四人であるのに対し、永福寺は惣寺で三浦介義澄ら三人のほか、永福寺の阿弥陀堂で前掃部頭藤原親能ら三人、同薬師堂で豊後守季光ら三人、総計九人もの多くが任じられた。こうして鎌倉は武家の都市としての諸機能を十全に備えるにいたった。

(3)　鎌倉の成長

頼朝に続く将軍頼家・実朝の時期に武家の都市として鎌倉が格段に成長することになるが、その機動力は由比浜の浜地の成長にあった。頼朝期には、文治二年（一一八六）二月二十六日に、頼朝の子（貞《じょう》暁《ぎょう》）が長門景遠の浜の宅で出生し、建久三年（一一九二）七月十八日に、実朝が浜御所で生まれるなど、浜には御家人や幕府関係者の家があったが、建久五年五月二日の由比浦辺の漁夫が病無くして頓死し、往生の瑞相を示していたという記事から浜の住人の存在が『吾妻鏡』にみえるようになる。

正治元年（一一九九）五月二十二日条には、浜辺で人屋三十余家が焼け、そのなかに平民部大夫・中沢兵衛尉・飯富源太らの家があったとみえ、これ以後、浜の火事が頻出する。建仁元年（一二〇一）三月十日に「若宮大路の西頬焼亡す。懐島平権守旧跡・土屋二郎・和田左衛門尉等宅以南、由比の人屋に至るまで、片時の間、数丁災す」とあり、若宮大路の西側から起きた火事が浜にまでいたっており、承元四年（一二一〇）八月十六日には、広瀬四郎と西浜の住人鬼童丸が相撲の勝負をしたといい、様々な人々が浜に雑居していた。浜を中心とした経済活動が広がった結果であって、建暦二年（一二一二）三月十六日には由比浜の前浜辺の屋地が御家人に与えられ、建保二年（一二一四）正月三日には由比浜の人屋等が焼失し、建保三年（一二一五）七月十九日に「町人以下の鎌倉中諸商人」の員数が定められているが、なかに浜の町人もいたであろう。

この時期の鎌倉の成長にとっての重要な事件が和田合戦《わだがっせん》である。建暦三年（一二一三）五月に起きた侍所別当の和田義盛が将軍に反旗を翻して戦ったもので、その主戦場は五月二日が御所周辺、五月三日が若宮大路と由比浜であった。保元の乱により戦場となった京都が整備されたように、鎌倉もこの合戦を機に整備されていった。

鎌倉の検断などを握っていた侍所別当に北条義時《ほうじょうよしとき》が任じられ、義時は政所別当とあわせて執権としての立場を固め、鎌倉の支配権を握るにいたった。将軍実朝は、和田合戦で焼失した御所の再建にあたり、中門を建てるように指示して御所を京都風に完全に造り替え、鎌倉とその周辺の文化空間を整えた。建暦三年九月十二日に御所での「駒御覧《こまごらん》」では、出され馬を「今日の護持僧《ごじそう》」や「当番の陰《おん》陽師《みょうじ》」に下賜しており、この時期までに護持僧や陰陽師が番を組んで、将軍の身体を護持する体制が整備されていたことがわかる。

建保四年十一月二十四日、実朝は中国に渡るための唐船を造るように宋人陳和卿《ちんなけい》に命じて、造船が行われたが、翌建保五年四月十七日に造った船は由比浦に浮かばず、渡唐は失敗してしまう。失敗したとはいえ、由比浜の交通上の位置がよくうかがえる。失意の実朝は、子が産まれないこともあって後継者に上皇の皇子を招いて、それを補佐することを考え、そのことを行うに相応しい官位昇進を求めたので、破格の右大臣に昇進したが、そこに起きたのが将軍殺害の事件である。

大臣拝賀のために実朝が鶴岡八幡宮に詣でた承久元年（一二一九）正月、甥の公暁《くぎょう》によって親の敵として殺害されてしまう。九月二十二日には、阿野四郎の浜の宅の北辺から出火した火事は、南は浜の庫倉前、東は名越《なごえ》山の際、西は若宮大路、北は永福寺惣門にまで広がり、「鎌倉中」の東側が焼失した。実朝が殺害されたのが鶴岡八幡宮の境内であったことは、その後の八幡宮の位置づけに大きな影響をあたえた。実朝の後継者に招いたのが藤原氏であったということもあり、八幡宮は源氏の武家の神という存在から、広く武家鎮護の神の存在へと転換した。

将軍殺害による幕府の混乱から、やがて後鳥羽上皇は挙兵した承久の乱がおきると、承久三年五月二十六日に幕府は鶴岡八幡で「世上無為の祈禱」として仁王百講を行ったが、これは関東初めての例であった。こうして鎌倉は源氏の武家の都市から、東国の武士たちによる新たな都市へと展開していったのである。

3　武家の都市・鎌倉

(1)　都市行政の展開

承久の乱で北条泰時らの幕府軍は、京方の軍を破って六波羅の地に入り、京における武家地である六波羅を再構築し、そこに六波羅探題を置いて洛中の支配と朝廷の監視、及び西国支配の出先機関となし、ここに幕府の全国支配は達成された。

泰時は父義時の急死の報を聞いて鎌倉に帰って、政子《まさこ》の支援により執権の地位につくなか、北条氏の家督である得宗の地位を確立することに力を注ぎ、幕府体制の転換をはかった。嘉禄元年（一二二五）七月の尼将軍政子の死と後継者の藤原頼経《よりつね》の幼少という将軍権力の空白を狙い、御所を若宮大路の近くに移転して、政治決定の場である評定から将軍を排除して政治を行う体制（執権《しっけん》体制）を築く。

ここに執権政治が本格的に展開する。幕府御所に東国の御家人が勤番で詰める鎌倉大番役が整備され、護持僧や陰陽師が番を組んで将軍を護持する体制が整えられた。寛喜三年（一二三一）に大飢饉が起きると、それを契機に翌貞永元年には朝廷の律令とは別に『御成敗式目《ごせいばいしきもく》』（貞永式目）を制定した。

鎌倉の市政では、京都の保の制度を導入し、鎌倉に幾つかの保を設定し、保の奉行人が都市行政を進めることになった。文暦二年（一二三五）正月二十七日の鎌倉中の僧徒が兵杖を帯びるのを禁じる法令に「保々の奉行人に仰せらるべし」とあり、同年に道心が堅固でない念仏者の家を壊し鎌倉を追放する法令にも同じく保がみえており、これ以前から保の制度は設けられたのであろう。泰時は京に進駐して律令や都市行政を学んできていた。

さらに延応二年（一二四〇）二月二日には次の法令を出している。

鎌倉中の保々奉行知すべき条々

一盗人の事

一旅人の事

一辻捕の事

一悪党の事

一丁々辻々売買の事

一小路を狭く成す事

一辻々盲法師ならびに辻相撲の事

一押買の事

右条々、この旨を存知し、保々を警固奉行せしむべき也。更に緩怠有るべからざるの状、仰せにより下知件の如し。

延応二年二月二日　　前武蔵守

鎌倉中の検断・売買・芸能・土地に関する禁制令が、執権前武蔵守泰時から保の奉行人に対し命じられている。これまで鎌倉の内部の地は村里と称されていたが、これからは保と称されるようになって、ここに幕府は鎌倉における公権力として立ち現れたことがわかる。京都の保が東西の大路と大路の間にあったのに対し、鎌倉では由比・甘縄・亀谷・名越・大町・小町・大倉など七〜八の保からなっていたであろう。

この年には鎌倉の都市整備事業が大々的に行われた。それは彗星と地震で新年が始まり、連署《れんしょ》の北条時房《ときふさ》が亡くなるなど異常事態が起きたので、将軍頼経の上洛を延期して徳政として行ったのであろう。その第一弾が二月二日の先の法令の制定であり、第二弾は、二月二十五日に出された、鶴岡八幡宮の神官が所持する鎌倉中の地を保護する法令で、第三弾は、十月十日に泰時が山内の邸宅で定めた、「山内道路」を造ることである。これは「嶮難」のために「往還」の煩いがあったため、泰時の所領山内庄と鶴岡八幡宮を結ぶ巨袋坂《こぶくろざか》を整備したものである。

十一月には鎌倉と東の六浦《むつら》とを結ぶ「六浦道」も整備したが、こちらは「縄」を曳き「丈尺」を打って、「御家人」の負担としている。三方が山に囲まれている鎌倉の出入り口である切通《きりどおし》といわれる鎌倉と周辺の地を結ぶ道を整備したのである。続いて京都に倣って十一月二十一日に鎌倉中の警固のために篝屋《かがりや》を置き、保内の在家が番を結んで勤めるように定めた。

泰時は浜の整備にも熱心で、早くは貞永元年（一二三二）七月十二日には、勧進《かんじん》聖の往阿弥陀仏《おうあみだぶつ》の申請を入れて、舟船着岸の煩いをなくすために浜に和賀江島《わかえじま》を築くことを援助しており、嘉禎四年（一二三八）三月二十三日に鎌倉の西の深沢里に大仏堂の造営に僧浄光《じょうこう》が勧進して行い始めると、これを援助した。大仏殿と八丈余の阿弥陀大仏像の供養は寛元元年（一二四三）六月十六日に行われている。

こうして鎌倉は行政制度とインフラの整備によって、京都にならいつつもさらに独自の都市として発展していったのである。

(2)　首都整備事業

泰時の跡を継承した孫の北条経時《つねとき》は、訴訟制度を改革するなど、泰時死後の幕府の体制の整備に力を入れたが、鎌倉中についても寛元三年（一二四五）四月二十二日にまとまった形で禁制を保の奉行人に示している。その内容は「道を作らざる事」「宅檐を路に差し出す事」「町屋を作り漸々路を狭むる事」「小家を溝上に造り懸くる事」「夜行せざる事」の五カ条であって、触れてから七カ日を経ても守られない場合には、家の破却を命じている。内容は延応二年の禁制を継承するものだが在家に対する住宅規制と道路規制を具体的に定めており、強制力があるものであった。

町屋の規制をさらに強化したのが、経時の弟時頼が執権になってから出した法令で、宝治二年（一二四八）四月二十九日に、「鎌倉中の商人等」の数を定め、建長三年（一二五一）十二月三日には、鎌倉中で大町や小町・米町・亀谷辻・和賀江・大倉辻・化粧坂山上など七カ所については町屋を認め、他については認めず、小路には牛を繋がない事、小路を掃除すべき事を命じている。

町屋とあるが、建長の禁制についての『吾妻鏡』の地の文は「小町屋及び売買設の事」と言い換えているので、売買の施設までを含むものであって、商売の家を意味するのであろう。そう考えると、寛元の法令で町屋を作って道を狭くしてしまうことの意味も理解でき、建保に出された「町人以下」の商人の員数を定めた法令の意味も理解できる。すなわち町屋規制とは、道々に面して商売をする在家が道へと張り出して、鎌倉中に散在して商売を行うのを規制するものであった。建保・宝治に商人の数を定めたが、それだけでは実効性がないため、場所までを定めたのであろう。後の弘長元年（一二六一）二月の新制では、物具の色革に薬染することの停止が諸方の地頭や町屋沙汰人に命じているので、町屋には沙汰人が置かれ、取り締まりにあたっていたことがわかる。

時頼がこのように民居の地に対し規制を強化していったのは、早くから鎌倉に根拠地を占めていた三浦氏を宝治元年の宝治合戦で滅ぼし、朝廷で権威を振るっていた前将軍の父九条道家《くじょうみちいえ》をも退けたことから、鎌倉を東国の首都として整備することに向かっていたからであろう。町屋規制が出される前年の建長二年には鎌倉を対象に次のような諸法令を出している。三月十六日に鎌倉中の保の奉行人らに命じて、「無益の輩等の交名《きょうみょう》を注し、田舎に追い遣り、宜しく農作の勤めに随ふべきの由」を指示し、浪人の鎌倉からの追放を規定し、四月二十日には保の検断奉行人に、「卑しき輩が太刀を帯び、諸人が夜行の時に帯弓箭を帯びる事」を停止するように命じている。鎌倉での身分秩序を厳しく定めたものであって、さらに四月二十九日には雑人の訴訟について、鎌倉中では「地主の吹挙《すいきょ》」が必要とすることも定めている。

このように規制を強化していったのは、鎌倉への人口流入が増大したという直接的な原因とともに、将軍として後嵯峨天皇の皇子を迎えるためでもあった。建長四年四月に時頼は待望の皇族将軍として宗尊《むねたか》親王を新たに将軍として鎌倉に迎えており、これを契機に首都整備事業は本格化した。八月十七日に彼岸の第七日に当たり、深沢里に金銅の八丈の釈迦如来像が鋳始めている。木造の阿弥陀仏であったものを金銅製に造り替えようということである。九月三十日には鎌倉中の所々での酒の売買を禁じたが、その際に民家にある酒壺を数えたところ、その数は三万七二七四口に達したという。これによれば人口は酒壺の少なくとも倍はあったろう。

さらに禅院の建立を計画し、翌年十一月に建長《けんちょうじ》寺の供養を行ったが、この建長寺の寺号が年号に因んでいるのも、鎌倉がこれまでとは違う首都としての側面をもつ都市へと変貌したことを意味している。その建長寺の供養では、願文の清書を時頼自らが行い、供養の導師に宋朝の僧道隆《どうりゅう》禅師を招いているが、天平の東大寺大仏開眼供養でインド僧の菩提僊那《ぼだいせんな》を招いたのを意識していたであろう。作善の趣意は「上は皇帝万歳、将軍家及び重臣の千秋、天下太平、下は三代の上将、二位家并に御一門」の没後を祈るもので、東国の王権を護持するものとして建てられたことがわかる。

建長五年九月十六日には新制を定め、関東御家人と鎌倉居住の人々の贅沢を停止するよう命じている。これは朝廷の新制に倣って武家の王の名の下で出されたのである。

(3)　寺社地と武家地

大仏が建てられたのは鎌倉の西の谷奥であり、建長寺が造営されたのは鎌倉の西北の境界の場であったように、寺社地の多くは谷の奥や境界の場に建立されたが、中央に位置する鶴岡八幡宮にも規制は及んでいった。正和二年（一三一三）五月八日の関東御教書《かんとうみぎょうしょ》（「鶴岡八幡宮文書」）は、鶴岡八幡宮境内と近辺の地について、供僧等の濫行や谷々の在家人居住を規制したほか、「大刀を指す輩、社内に出入りの事」「輿に乗り社内を往還の事」「牛馬を瑞垣内に放ち入るの事」「瑞垣の外三方の堀汚穢の事」「魚鳥を持つ輩社頭を往反の事」などの禁制を掲げたが、これには「右条々は建長・文永・嘉元御教書に任せ、固く制止を加ふべし」とあって、建長年間に出されたものに沿って改めて命じられたものとわかる。

このことが建長年間の何時であったかは明らかでないが、建長五年六月二日の鶴岡八幡宮の修理が、嘉禄元年の修理の後、二十九年を経ていることが『吾妻鏡』に記されているので、その年の造営とともに出された法令であろう。では武家地には規制がなかったのであろうか。『吾妻鏡』からはうかがえないが、下野の宇都宮《うつのみや》氏が弘安六年に定めた法令のなかに次の一条がみえる。(22)

一　鎌倉の屋形以下の地の事

右、給人の進止として、子孫に相伝すべからず、縦へ当給人存日たりと雖も、祗候の体に随ひ、別人に充行はるべし。兼ねてまた白拍子・遊女・仲人の輩、彼の地に居ゑ置く事、一向に停止すべし。

これによれば宇都宮氏には鎌倉に屋形があって、その一部を給人に宛行っていたことがわかる。白拍子や遊女・仲人らをその地に据え置くことが停止されているのは、おそらくは幕府の武家地規制に基づいて定められたものであろう。しかしこれからしても武家地にはあまり幕府の規制が及ばなかったと考えられる。もともと武士のイエの内部にまで規制をしないのが幕府の方針であった。僅かに白拍子・遊女・仲人などの風俗に関わる人々については屋形に据え置くのを停止していた程度であったと言えよう。鎌倉の武家地を発掘すると、多くの半地下式の竪穴建物や掘っ立て柱の在家などの遺構が屋形と道との間にみえるのは、その点をよく物語っていよう。町屋規制が強化されていったのは、武家地のこうした状況とも関連していたのである。

弘長元年（一二六一）二月に鎌倉の都市法の集大成ともいうべき弘長の新制が出されたが、そこでは鎌倉の行政区である保に配置された奉行人（保奉行人）を通じて、土地や検断など各種法令の執行が命じられている。文永二年（一二六五）三月五日には鎌倉中の散在町屋が再び停止され、御免の箇所が改められ九カ所となっている。これらは大町・小町・魚町・穀町・武蔵大路下・須地賀江《すじかえ》橋・大倉辻であって、和賀江がみえず、魚町や須地賀江橋が新たに加わっている。魚町や須地賀江橋は鎌倉の経済的発展とともに新たに認められたものであり、和賀江は港湾としての交易機能が高まった結果、逆に外されたのであろう。

建長五年十月十一日に和賀江津での材木取引が近年に不法が多いので、取引材木の寸法を公定化しているが、これを幕府の命により伝えた奉行人は得宗の御内人の小野沢左近大夫入道と内島左近将監盛経入道であって、おそらく和賀江津は得宗管理下に入り鎌倉中の特別行政区域とされたと見られる。

こうして鎌倉には、近世城下町の武家地・寺社地・町人地の区別にみまがうほどの都市が生まれたが、それは鎌倉が三方が山、南が海という極めて閉鎖的な空間であったことと関係があろう。後深草院二条『とはず語り』は、鎌倉が袋につめたように家が立ち並んでいて息苦しい、と語っている。

とはいえ、近世の城下町とは違って、鎌倉への武士の集中はなされず、武士の本拠地は他にあり、幕府に奉仕するための屋地や館が鎌倉に設けられることが多かった。そのため武家地と寺社地とは入り組んでいて、町人地に対応する庶民の家も武家地へと入り込むこととなった。近世城下町の萌芽は鎌倉に見出せるにしても、その違いも大きい。武家はやがて京都に幕府を形成したことにより、鎌倉型の都市はその後、戦国期の城下町形成まで待つことになる。

おわりに

武士が独自な都市を形成する過程を詳しくみてきた。平氏の武士が院御所や内裏の警固を通じてその空間に入り込むことを通じて武家の力を伸ばし、武家地が設定するようになった。これが第一段階。平家はさらに福原の都市を形成するべく努力したが頓挫し、これに対して、奥州の藤原氏が武士化するなかで平泉館の周辺に武家地を形成し、寺院の周辺に街区を造って都市形成へと進んだ。これが第二段階。

しかしこれもまた東国の武士に推された源頼朝の前に頓挫し、その頼朝の手によって東国に生まれた武家の根拠地の鎌倉が武家の自前の都市として発展をみることになった。これが第三段階である。御所を中心に武家地が設けられ、それを守る形で寺社地が形成された。

そして鎌倉の経済的発展とともに庶民の在家が浜を中心にして広がるなか、北条泰時は京都から保という制度を導入し、都市行政を展開させていった。それをさらに独自に展開させたのが北条時頼であって、庶民の在家規制を強め、町屋を限定的に認めたのである。

注

（1）京都の研究は『京都の歴史2』（学芸書林、一九七一年）による京都史の概観や、『京都市の地名』（平凡社、一九七九年）による地名の集成とその解説でまとめられてきた。

（2）鎌倉の研究は『鎌倉市史』（吉川弘文館、一九六二年）により研究の端緒が開かれた。

（3）平泉については、『平泉町史』（平泉町、一九八五年）にまとめられた後、斉藤利夫『平泉―よみがえる中世都市―』（岩波書店、一九九二年）に続き入間田宣夫・本澤慎輔編『平泉の世界』（高志書院、二〇〇二年）、入間田宣夫『都市平泉の遺産』（山川出版社、二〇〇三年）などがある。

（4）黒田紘一郎『中世都市京都の研究』（校倉書房、一九九六年）、五味「使庁の構成と幕府―一二～一四世紀の洛中支配―」（『歴史学研究』三九二号、一九七三年）、高橋康夫『京都中世都市研究』（思文閣出版、一九八三年）。

（5）高橋昌明『清盛以前』（平凡社、一九八四年）、同『平清盛　福原の夢』（講談社、二〇〇七年）、高橋慎一郎『中世の都市と武士』（吉川弘文館、一九九六年）。

（6）五味編『都市の中世』（吉川弘文館、一九九二年）、石井進『中世都市を語る』（石井進著作集九、岩波書店、二〇〇五年）、網野善彦『中世都市論』（網野善彦著作集一三、岩波書店、二〇〇七年）。

（7）鎌倉をはじめとする発掘の成果は、網野善彦他編『武士の都　鎌倉　よみがえる中世3』（平凡社、一九八九年）、河野真知郎『中世都市鎌倉　遺跡が語る武士の都』（講談社、一九九五年）のほか、小野正敏編『図解・日本の中世遺跡』（東京大学出版会、二〇〇一年）、小野正敏・萩原三雄編（『鎌倉時代の考古学』（高志書院、二〇〇六年）にまとめられている。

（8）最近の研究では、高橋慎一郎『武家の古都、鎌倉』（山川出版社、二〇〇五年）、五味・馬淵和雄編『中世都市鎌倉の実像と境界』（高志書院、二〇〇四年）、秋山哲雄『北条氏権力と都市鎌倉』（吉川弘文館、二〇〇六年）など。

（9）高橋康夫・吉田伸之編『日本都市史入門』（全三巻、東京大学出版会、一九九〇年）、五味編『都市の中世』（吉川弘文館、一九九二年）、五味『王の記憶―王権と都市―』（新人物往来社、二〇〇七年）。

（10）『平安遺文』一七七〇号。

（11）高橋昌明前注（5）書。

（12）高橋慎一郎前注（5）書。

（13）五味「平氏軍制の諸段階」（『史学雑誌』八八―八、一九七九年）。

（14）『鎌倉遺文』一二九〇号。

（15）『平安遺文』三五二二号。

（16）高橋昌明前注（5）書。

（17）五味『王の記憶―王権と都市―』（新人物往来社、二〇〇七年）。

（18）五味『平清盛』（吉川弘文館、一九九九年）。

（19）入間田宣夫前注（3）書。

（20）五味前注（17）書。

（21）佐藤進一『鎌倉幕府訴訟制度の研究』（畝傍書房、一九四三年）。

（22）「宇都宮家式条」『鎌倉遺文』一五〇四四号。

後記

本書所収の論稿の成稿の経過に触れておこう。

序章は、雑誌『仏教』別冊特集号（一九八八年、法蔵館）「親鸞」に寄稿した「末法を読む」と『日本史の研究』三九七号（一九八八年、山川出版社）に寄せた「日宋貿易と奥州の世界」のそれぞれの一部を、「『吾妻鏡』の時代」という標題のもとにブレンドしたものである。両論稿はほぼ同じ時期に求められて成稿したので構想において一致することから一つにまとめてもおかしくないと思ったが、ややおさまりがつかず、かつて歴史学研究会中世史部会の例会で行なった「鎌倉時代の東国事情」という報告（一九七九年四月）をも加味して何とかおさまりをつけた。

本稿の当初の構想には、鎌倉・江戸・東京を貫いている東国の性格を究明しようという意図があったが、それにどれだけ迫りえたであろうか。

第Ⅰ部一の「『吾妻鏡』の構想」は新稿で、今年六月に成稿した。そのころに『朝日新聞』の「しごとの周辺」に載せた「事実と神話」（一九八九年六月十九日号）が成稿の事情を物語っているので、その一部をここに引用しておこう。

私の当面の仕事は『吾妻鏡』という鎌倉幕府の歴史書を解剖することにある。大学の演習でこれを使い、講義でもしゃべっている。どうして『吾妻鏡』なのか。それは一口に言えば、東国に生まれた新しい政権の記録だから、となる。朝廷に対抗してどんな風に政権が生まれたのか。これはその後の権力の形成のされ方を規定しているのではないかと考えたからである。

しかし一字一句追ってみてゆくだけでは、わからないことが多すぎるし、あまり面白くもない。違った角度から考えられないかと思いつつ『吾妻鏡』の周辺を探ってみる。まず『平家物語』はどうか。二つを対照させてみる。そうこうしているうちに『曾我物語』に到達した。あの曾我兄弟の仇（あだ）討ちの物語だが、それと並べてみると、これらはペアの作品ではないかとだんだん思えてきた。

古代国家は『日本書紀』と『古事記』の二つを作っており、幕府も同様に『吾妻鏡』と『曾我物語』を作ったとは言えないか。歴史には二様の接近のしかたがあろう。事実と神話である。私は幕府誕生の神話を『曾我物語』にみたのである。

二の「合戦記の方法」は軍記物談話会の例会での報告（一九八八年四月）に基づいて、『軍記と語り物』二五号（一九八九年、軍記物談話会）に寄せたもの。合戦記の側面から『平家物語』について考えたのだが、その際に『吾妻鏡』を手懸りに用いた。したがって合戦記が『吾妻鏡』とどう関わっているかが、この論稿で扱われている。

三の「『吾妻鏡』の構成と原史料」は新稿である。『吾妻鏡』を研究する上でどうしても必要な史料批判、それを『吾妻鏡』の原史料は何か、という古くからの問題において取り組んでみたもの。『吾妻鏡』の記事の特性を周辺の史料との比較や所載文書の性格などから探り、幕府の吏僚のどんな日記によって『吾妻鏡』が編纂されたかを考えてみた。

第II部の一「源実朝——将軍親裁の崩壊——」は『歴史公論』五—三号（一九七九年、雄山閣出版）に寄せた「源実朝——将軍独裁の崩壊」に手を入れたもの。これの成稿の経過も朝日新聞の「しごとの周辺」の「史料を探る」（六月二十八日号）に述べたのでその一部を引用しておこう。

構想を練りあげ、ふくらましている時が、仕事の一番楽しい時だ。ない知恵をしぼりしぼり、いろいろ考えてみる。そしてこんな史料があるだろうと探っていって、ズバリの史料がみつかれば、こたえられない。

論文を集めるのはそれからだ。まず構想力が豊かで全体像をおさえたもの。これと格闘する。次に史料をひろく集め、綿密な考証を展開したもの。これを手がかりにさらに多種多様な史料に目をやる。

こうした作業が容易なのも、先学の努力で便利な史料集がつくられているからである。（中略）『平安遺文』『鎌倉遺文』の編年史料集もどんなに利用させてもらったことか。しかし便利なぶん、それだけですませてしまうことがある。

何年か前、源実朝について書いた時、時間もなく『鎌倉遺文』だけで小稿をつくりあげてしまった。実朝の出している下文（くだしぶみ）という文書を整理し、変遷を追ったのである。それによって、実朝とともに殺された側近の源仲章の動きに注目できたことは、その後の私の研究にとって大きな収穫だったが、史料集の利用法としてはいかにも安易だったと、反省している。

二の「鎌倉前期の幕府法廷」は新稿ではあるが成稿は古く、何年か埋れたままになっていたものに若干の手をいれた。一の源実朝を扱った延長上で鎌倉幕府政治史への試みとして書いたのだが、投稿する機会を失っていたもの。

三の「執事・執権・得宗」は、石井進編『中世の人と政治』（一九八八年、吉川弘文館）に寄せた論稿である。この本には編者の石井先生との対談が載せてあり、本稿にも触れているのでその部分を引用しておこう。

A　何か変な話になっちゃったけど、有体にいうと、戦後の通説的幕府論に対する近年の批判や検討は、やっぱり個別的な点だけに限定されていたのが、今度の貴方の論文は三段階論の基本まで立ち入って、総体的な見方を打ち出された、そこに大きな意味があると思いますよ。

B　いえいえ。それはどうも有難うございます。ただ困ったのは、この時期はまとまった史料がないんで、結局は佐藤先生が蒐集された『中世法制史料集』に乗っかって、解釈をちょっと裏返したにすぎないようなところがあるんですね。でもだから、もし説得力があるとすればあるのかなぁというところですね。

A　そうなんだよね。三段階論自体の否定ではなくて、三段階論の再解釈だからね、そこに強味も弱味も両方あるんじゃない？　それにしても『吾妻鏡』以後は本当にまとまった史料がないから、全面的再検討のためにも素材が不十分ということは確かですね。

B　結局、今僕なんかが考えているのは『吾妻鏡』ですよね、『吾妻鏡』をどう考えるか。

A　そうでしょう。今度はそこが問題になる。

思い出してみれば暑い夏にせっせと『平家物語、史と説話』（平凡社）を書いたのは二年前であった。その時に、もう真夏の仕事はこりごりと記したのであるが、再びまた夏に本書の校正をする羽目に陥ってしまった。本づくりが私の消夏法になっているとは、何ということであろうか。

ところで『吾妻鏡』に接したのは、もう二十数年前の佐藤進一先生の演習であった。それがきっかけで日本中世史の分野に足を踏みいれることになったのであるが、今こうして『吾妻鏡』をテーマに本をなそうとは、そのころには思ってもみなかったことである。佐藤先生、それから石井先生の中世政治史の方法を学びながら、何とかこのように本を書きあげることができたことについては、内容はともかくも素直に喜びたい気持である。

なお吉川弘文館の岡恵里さんには本書の構成や体裁、さらに暑いなかでの原稿あたりから校正にいたるまで、大変お世話になった。深く感謝したい。最後になったが、喜寿をこえた母に健康を祈りつつ本書を捧げたい。

一九八九年八月

五味文彦

増補版のあとがき

早いもので旧版の出版から既に十年の年月が過ぎてしまった。この十年間の私の『吾妻鏡』の研究を振り返ってみると、多様な史料の利用を考えることに力を注いだこともあって、一昨年までは、ほとんど手がつけられず、僅かに空間論や武士論との関係から触れるにとどまっていた。

しかし科学研究費特定領域研究（A）「古典学の再構築」のメンバーに誘われ、「『明月記』『吾妻鏡』

の写本研究と古典学の方法」というテーマで、『吾妻鏡』を古典学の視点から探ることになった結果、再び本格的な『吾妻鏡』の研究に手を染めるに至ったのである。

今回、増補版を出すにあたっては、その成果を盛り込み、第Ⅲ部として「『吾妻鏡』の筆法」という論考を付け加えた。なお旧版については再考の必要な箇所もあるが、それらは適宜、第Ⅲ部で触れ、特に改訂は加えていない。

今、増補版の出版を迎えて、嬉しく思うのは、旧版を献呈した母がまだ健在であることである。今後もますますお元気に。また今回、お世話になったのは、科学研究費のメンバーと、校正そのほかで面倒をおかけした岡田久代さんである。深く感謝したい。

二〇〇〇年九月

著　者

新装版のあとがき

増補版刊行の後、『現代語訳 吾妻鏡』の仕事にとりかかって、二〇一六年に全十六巻、別巻一巻の完成をみた（吉川弘文館刊）。そこで本新装版はその別巻に収録した「『吾妻鏡』とその特徴」を載せるとともに、二〇一〇年刊行の『権力とヘゲモニー』（伝統都市2、東京大学出版会、二〇一〇年）所載の「武士と都市」のうちから、鎌倉の武家地に関する箇所を抜き出し、字句を訂正のうえで載せた。

今回は吉川弘文館の高尾すずこさんに索引その他でお世話になった。記して感謝したい。

二〇一八年八月

著　者

鎌倉時代のもっとも基本的な歴史書、その難解な原文を、待望の現代語訳化。【第70回毎日出版文化賞受賞】

現代語訳 吾妻鏡 全16巻・別巻1

五味文彦・本郷和人・西田友広・遠藤珠紀・杉山 巖編

独特の漢文体で綴られたその難解な原文が、誰でも読める現代語訳ではじめて甦る。歴史用語や人名・地名も、注釈によりもれなく解説。

四六判・上製・カバー装・平均二九六頁
本体二〇〇〇円～三二〇〇円　全17冊セット本体四三四〇〇円

〈全巻の構成〉

①頼朝の挙兵
②平氏滅亡
③幕府と朝廷
④奥州合戦
⑤征夷大将軍
⑥富士の巻狩
⑦頼家と実朝
⑧承久の乱
⑨執権政治
⑩御成敗式目
⑪将軍と執権
⑫宝治合戦
⑬親王将軍
⑭得宗時頼
⑮飢饉と新制
⑯将軍追放
別巻 鎌倉時代を探る

（価格は税別）

吉川弘文館

著者略歴

一九四六年、山梨県に生れる
一九七〇年、東京大学大学院修士課程修了
神戸大学講師、お茶の水女子大学助教授、
東京大学教授、放送大学教授等を経て
現在、東京大学名誉教授、放送大学名誉教授

主要編著書

『院政期社会の研究』（山川出版社、一九八四年）
『書物の中世史』（みすず書房、二〇〇三年）
『京・鎌倉の王権』（日本の時代史8、吉川弘文館、二〇〇三年）
『源義経』（岩波書店、二〇〇四年）
『源実朝』（角川学芸出版、二〇一五年）
『文学で読む日本の歴史《中世社会篇》』（山川出版社、二〇一六年）
『現代語訳吾妻鏡』全十六巻・別巻一（編、吉川弘文館、二〇〇七〜二〇一六年）

増補 吾妻鏡の方法（新装版）
事実と神話にみる中世

一九九〇年（平成 二）一月一日　第一版第一刷発行
二〇〇〇年（平成十二）十一月二十日　増補版第一刷発行
二〇一八年（平成三十）九月二十日　新装版第一刷発行

著　者　五《ご》味《み》文《ふみ》彦《ひこ》
発行者　吉川道郎
発行所　株式会社 吉川弘文館
東京都文京区本郷七丁目二番八号
郵便番号一一三―〇〇三三
電話〇三―三八一三―九一五一〈代〉
振替口座〇〇一〇〇―五―二四四番
http://www.yoshikawa-k.co.jp/
印刷＝株式会社 ディグ
製本＝ナショナル製本協同組合
装幀＝清水良洋・宮崎萌美

ISBN 978-4-642-08339-3

索　引

『吾妻鏡』記事

・〔　〕内は『吾妻鏡』の巻数を表わす。
・年号の後は順に年，月，日を表わし，閏月は丸囲みをもって示した。
・（　）は西暦を示す。

人　名

・原則として，名（諱）の音読みで，表音式仮名遣いによる五十音で配列した。同音異字の場合は画数順に配列した。
・（　）内には姓を示した。
・〔　〕は別名を示す。別名を参照すべき場合は→をもって表わした。

あ　行

か　行

さ　行

た　行

な～や行

ら　行